第３版

絵で見てわかる人権

岩本一郎

Ichiro Iwamoto

八千代出版

第３版　はしがき

2021年1月に日本で新型コロナウイルスの感染が報告され、この年の新学期から、大学の授業は完全非対面となりました。私の日本国憲法の授業は、新版をベースにして動画を作成し、オンデマンドで配信することにしました。その作業中、本書の記述を語り直し、パワーポイントのスライドに音声を入れながら、自らの浅学非才を痛感するばかりでした。また、恩師である中村睦男先生の逝去の報に接し、学生たちのいない大学のキャンパスでどうしようもなく落ち込む日が続きました。

動画教材を作り直す過程で記述の内容をブラッシュアップしたのが、今回の第3版になります。また、新しい最高裁判例の解説も適宜加えました。本書のように基本中の基本の最高裁判例を基礎にして“生きた憲法”を浮かび上がらせようとすると、その試みは、常に未完とならざるをえません。なぜなら、最高裁が下す最新の判例が、“生きた憲法”についてのそれまでの“語り”をがらりと変えてしまうことがあるからです。今回の改訂で加えた那覇市孔子廟訴訟の最高裁判決は、空知太神社訴訟判決とともに、政教分離の語りを一変させるインパクトを持っています。本書の記述も大幅に見直しました。また、経済的自由権の記述についても、将来大きく変わる予感がします。あわせて、同性婚の問題、在外日本人の選挙権と国民審査に関する最高裁判例に関するコラムを追加しました。

最後になりましたが、中村睦男先生のご逝去を心から悼むとともに、あらためて、先生から賜った学恩に深く感謝申し上げます。また、今回の改訂でも、八千代出版の森口恵美子さんと御堂真志さん、イラストレーターの中山昭さんに大変お世話になりました。この場を借りてお礼申し上げます。

2023年3月

岩本　一郎

新版　はしがき

初版の出版以来6年が経過しました。この間に、“家族と平等”に関する民法の規定を違憲とする2つの最高裁判決が下されました。また、投票価値の平等をめぐって、最高裁の煮え切らない判決が続いています。新版では、新しい最高裁判決をフォローしつつ、初版では触れることのできなかった重要判例について簡単な解説を加えました。さらに、初版にあったコラムを内容に応じて「IMAGE」と「STEP UP」に区別し、新たなコラムも付け加えました。

新版でも、“普通の言葉”を使って“腑に落ちる理屈”で人権を説明するというスタンスは変わっていません。今回の改訂作業でも、中村睦男先生（北海道大学名誉教授）から賜った深い学恩を感じないではいられませんでした。あらためて感謝申し上げます。また、八千代出版の森口恵美子さんと御堂真志さん、イラストレーターの中山昭さんにこの場をお借りしてお礼申し上げます。

2017年3月

岩本　一郎

は し が き

1　“私たち1人ひとりに人権がある”。このことは、誰の目から見ても疑いようのないこと、つまり「**自明の真理**」（アメリカ独立宣言）であると言われます。たしかに、“私たち1人ひとりが人権を持っている”という事実は、自明の真理かもしれません。しかし、私たちが持っている人権がどんなもので、なぜ私たちが人権を持っているのか、そして、人権を持つことが私たちにとってどんな意味があるのかということは、それほど「自明」ではありません。

私たちと人権の関係は、こんなふうに言えないでしょうか。私たちは、1人ひとり、同じ大きさの、そして同じ重さの1個の箱を持っています。その箱には、大きな文字で「人権」と書かれたラベルが貼られています。私たちが箱を持っているという事実は、自分にも、そして他の人にも否定できない事実です。しかし、多くの人は、その箱のなかに何が入っているかについてはあまりよく知りません。そして、なぜ自分たちがそんな大きくて重たい箱を持っているのか（持たされているのか？）もよくわかっていません。もちろん、箱のなかに入っているものが、実際に何の役に立つのかもよく理解していません。

私たちは、“私たち1人ひとりに人権がある”という事実だけではなく、その意味についてっと正しく理解すべきではないでしょうか。

2 私たちが憲法を作る目的の１つは、私たち１人ひとりが持っている人権のカタログを記録し、それがよりよく守られる国の仕組みを作ることにあります。しかし、憲法に載っている人権のカタログは、それ自体、味も素っ気もないものです。たとえば、「学問の自由は、これを保障する」(日本国憲法23条) といった具合にです。

人権の中身を知りたいと思っても、大学の憲法の先生が書いた憲法や人権についての本格的な教科書は、難しくて、普通の人には近寄りがたい感じがします。私たちが普段使わない言葉が、目白押しです。「制度的保障」だとか、「明白かつ現在の危険」だとか。もちろん、「明白かつ現在の危険」という言葉も、平たい言葉で「明らかに差し迫った危険」というように言えるかもしれません。しかし、それは難解な言葉を“ひらがな多めの言葉”に言い換えただけで、何の説明にもなっていません。言い換えと説明は、同じではありません。

3 私がこの本で試みたのは、憲法の難しい“概念”を、私たちが普段使っている“普通の言葉”でできるかぎり説明するということです。そして、裁判官や憲法の専門家が使う“論理”を、私たちにとって“腑に落ちる理屈”によって説明するということです。もちろん、専門家にとって一語ですむ“概念”を“普通の言葉”で説明しようという試みですから、言葉の“量”は猛烈に増えるでしょう。ただ、専門家と私たちが使う言葉の“量”は違うとしても、その理解する中身、つまり“質”はできるかぎり維持したいと思っています。

ザラメの砂糖で綿アメを作ることを考えてください。ほんの一つまみのザラメから、ふわふわの大きな綿アメができます。でも、最初のザラメの重さと綿アメの重さに、そんな大きな違いはないはずです。そして、ザラメの砂糖をガリガリと食べる人はあまり見かけませんが、できあがった綿アメなら大好きだという人は結構いるでしょう。私が、この本で目指したのは、綿アメのような人権の本です。

4 そうは言っても、憲法の○○先生と××先生と△△先生しか知らないような高尚な“秘儀”を皆さんに伝授しようというのではありません。憲法という学問の“秘儀”を修得するには、やはりそれなりの修行が必要です。この小さな本で皆さんにお伝えしたいのは、憲法を専門にしている人であれば、誰でもいちおうは知っているはずの“憲法の常識”です。“常識”は、それを知っている人にとっては空気のようなものです。しかし、そうであるからこそ、その“常識”を身につけていない人にもわかるような言葉で伝えるのは案外難しいことです。

この本での私の試みが成功しているかどうかは、読んでくれた皆さんの判断にゆだねたいと思います。甘ったるいと感じる人もいるでしょう。しかし、それはそれで仕方がありません。“綿アメ的人権論”ですから。それでも、どうか多くの人のお口に合いますように。

☆　　☆　　☆

この本の記述のほとんどは、長らく日本の憲法学を牽引されてきた故芦部信喜先生や佐藤幸治先生の議論を土台に、私なりの“味付け”を施したものにすぎません。もちろん、お二人以外の多くの先生の先行業績なしには、この本は成り立ち得ないでしょう。しかし、この本の性格から参照した文献について一々記しておりません。非礼、お詫びいたします。

ただし、3人の先生には、この場を借りて、謝辞を申し上げなければなりません。本書の記述の多くは、大学時代からご指導いただいてきた、北海道大学名誉教授であります中村睦男先生から学んできたことばかりです。先生の『憲法30講〔新版〕』（青林書院・1999年）と『論点憲法教室』（有斐閣・1990年）がこの本のお手本だと言えば、きっと先生は苦笑なさるのではないかと思いますが。また、この本は、千歳科学技術大学の学生たちと制作しているeラーニング教材から生まれた“副産物”です。このような貴重な機会を与えていただき、千歳科学技術大学の小松川浩先生にはたいへん感謝しております。さらに、この本の記述のなかに多少なりとも私の“独自色”があるとすれば、その多くは、私の勤務先である北星学園大学の齊藤正彰先生との日常の会話のなかから着想を得たものばかりです。いつも“生煮え”の議論にお付き合いいただき、ありがとうございました。

最後になりましたが、この本がほんとうに“綿アメ的人権論”と呼ぶにふさわしいものになっているとすれば、編集に当たった八千代出版の森口恵美子さんと御堂真志さんのお陰です。また私の拙い“イタズラ書き”をすてきなイラストにしてくださった、イラストレーターの絵仕事界屋・中山昭さんにもこの場を借りてお礼を申し上げます。

なお、この本の出版に当たっては、北星学園大学後援会から学術出版の補助をいただきました北星学園大学と後援会の皆さまにも感謝申し上げます。

2011年3月

岩本　一郎

目　　次

凡　例

●法令

法令名については、基本的に正式名称を用いました。

●判例

判例の典拠については、次のように略記しました。

「最大判昭48・4・4刑集27巻3号265頁」は、「最高裁判所昭和48年4月4日大法廷判決・最高裁判所刑事判例集27巻3号265頁」を示しています。

【判例の略称】

最　判：最高裁判所判決
最大判：最高裁判所大法廷判決
最大決：最高裁判所大法廷決定
高　判：高等裁判所判決
地　判：地方裁判所判決
簡　判：簡易裁判所判決

【判例集の略称】

民集：最高裁判所民事判例集
刑集：最高裁判所刑事判例集
判時：判例時報
判タ：判例タイムズ

第1章 人権の歴史

1215	イギリス	マグナ・カルタ
1628	イギリス	権利請願
1689	イギリス	権利章典
1776	アメリカ	ヴァージニア権利章典
		アメリカ独立宣言
1787	アメリカ	アメリカ合衆国憲法
1789	フランス	フランス人権宣言
1832	イギリス	第一次選挙法改正
1863	アメリカ	リンカーン奴隷解放宣言
1889	日本	大日本帝国憲法
1919	ドイツ	ワイマール憲法
1946	日本	日本国憲法
1948	国連	世界人権宣言
1966	国連	国際人権規約

人権の意味や人権の役割を理解するためには、まず、人権という考え方が、人間の歴史のなかでどのようにして生まれてきたのかを知る必要があります。もちろん、人権の歴史は、ヨーロッパとアメリカにおける人権保障の発展の歴史ということになります。

日本は、人権については（も？）後発国です。イギリスからは2周遅れで、アメリカとフランスからは1周遅れで、人権の歴史の舞台に登場することになります。それは、1889年の大日本帝国憲法（明治憲法）の制定のときでした。

しかし、日本にとって不幸だったのは、人権という考え方が政治を動かす力をほとんど失いかけていた、その時に、人権という考え方を国の政治の中に取り入れようとしたことです。明治政府は、すでにしぼみかけていた人権という考えをヨーロッパから輸入してきました。そのために、人権という考え方は、明治憲法のもとでは、本来持つべき力を発揮することなく、戦争の中で徹底的に踏みにじられていきました。

日本において人権の歴史の新しいページを開いたのが、日本国憲法です。日本国憲法のもとで、人権は、本来持つべき力を取り戻しました。日本国憲法は、人権の歴史を振り返って次のように書いています。「この憲法が日本国民に保障する基本的人権は、人類の多年にわたる自由獲得の努力の成果であつて、これらの権利は、過去幾多の試練に堪へ、現在及び将来の国民に対し、侵すことのできない永久の権利として信託されたものである」（97条）。では、人権の歴史を振り返ってみましょう。

ロックの近代自然権思想

1　日本国憲法には、きわめて詳細な人権のカタログが定められています。人身の自由や信教の自由や財産権など、近代の憲法が標準的に保障している人権は、網羅されています。また、労働者の社会・経済的地位の弱さや失業や貧困など、資本主義経済の進展にとって避けがたい社会問題に対処するため、生存権や労働基本権などの現代的な人権も定められています。日本国憲法は、このように基本的人権が憲法によって保障されるにいたった歴史について、簡潔に記しています〔☞憲法 97 条〕。

憲法 97 条　この憲法が日本国民に保障する基本的人権は、人類の多年にわたる自由獲得の努力の成果であつて、これらの権利は、過去幾多の試錬に堪へ、現在及び将来の国民に対し、侵すことのできない永久の権利として信託されたものである。

2　歴史的に見て、最初に人権を宣言した文書として有名なのが、1215 年、当時のイングランドの王であったジョン王に対して、貴族たちが突きつけた「**マグナ・カルタ**」と呼ばれる文書です。マグナ・カルタには、近代の憲法が保障している人権の萌芽と言える規定が見られます。たとえば、今の言葉で言えば、人身の自由や裁判を受ける権利の元になったと見える定めがあります〔☞マグナ・カルタ 39 条〕。

しかし、マグナ・カルタは、人権という言葉の本来の意味からすれば、「人権宣言」の文書とは言えません。人権が「人が生まれながらに持っている権利」（生来的権利）を意味するならば、マグナ・カルタが宣言する権利は、厳密には人権とは言えません。というのも、マグナ・カルタが列記する権利は、13 世紀のイギリスの慣習法によって認められてきた、貴族の特権だったからです。つまり、マグナ・カルタは、人間一般の権利ではなく、伝統的に貴族に認められてきた特権を確認した文書だったのです。

マグナ・カルタ
39 条　自由人は、その同輩の合法的裁判によるか、または国法によるのでなければ、逮捕、監禁、差押、法外放置、もしくは追放をうけまたはその他の方法によって侵害されることはない。

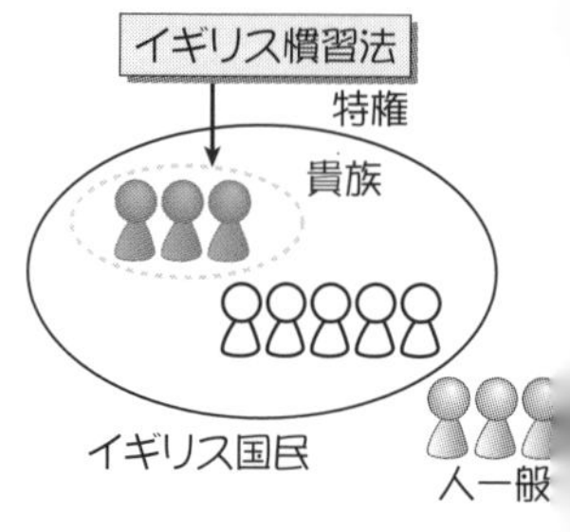

3　人が生まれながらに持っている権利という考え方は、17 世紀、イギリスの思想家**ジョン・ロック**に代表される**近代自然権思想**にその源をたどることができます。ロックは、彼の代表的な著作『統治二論』（1689 年）において、国王の統治権が神に由来するとする王権神授説を厳しく批判し、国家の統治権は自由で平等な市民による信託（社会契約）に基づくと主張しました。ロックの社会契約論は、国家による統治のない平和的な「自然状態」を想定し、そこで暮ら

す人びとは互いに自由で平等であり、自己の生命、自由、財産に対する生来的権利（自然権）を持っていると論ずるものでした。

ロックの議論のエッセンスは、次のようにまとめることができるでしょう。

- **生来的権利**：すべての人は、生まれながらにして平等であり、**生命、自由、財産に対する権利**を持っている〔1〕。
- **人民主権**：人びとは、国家のない自然状態において最初は平和的に暮らしているものの、まったく自給自足で独立して生活しているわけではない。そのため、他の人々との間で、財産などの生来的権利をめぐる争いが生ずることもある。しかし、権利をめぐる争いを裁定できる権力的な地位にある者はいない。そのため争いは容易には終結せず、実力による決着に持ちこまれることになる〔2〕。

  結果的に、生命、自由、財産に対する生来的権利は、かなり不安定な状態に置かれることになる。そこで、自然状態にある人びとは、自分たちの生来的権利の一部を譲り渡すことを約束し、共同社会（国家）を統治するために必要な権限を統治者（国王）に委ねる〔3〕。しかし、国家の統治は、**統治される人民の意思**に基づかなければならない点で、主権は人民にある。
- **抵抗権**：国家は、あくまでも、生命、自由、財産という生来的権利をよりよく保護する目的で作られる。したがって、国家の統治を任された者が、統治される人民の生来的権利を逆に損なうようなことがあれば、人民は、統治者に対して、統治のあり方を改善するよう要求できる〔4〕。生来的権利が深刻なかたちで侵害されつづけた場合には、人民は、**実力によって統治者を統治の座から引きずりおろす権利**（抵抗権）を持つ。

社会契約

1

A
B
C
D
自由
平等

2

A
B
C
D
調停
争い

C と D の間に財産上の争いが生じても、A と B にはこの争いを収める力はない。全員が対等なので。

3

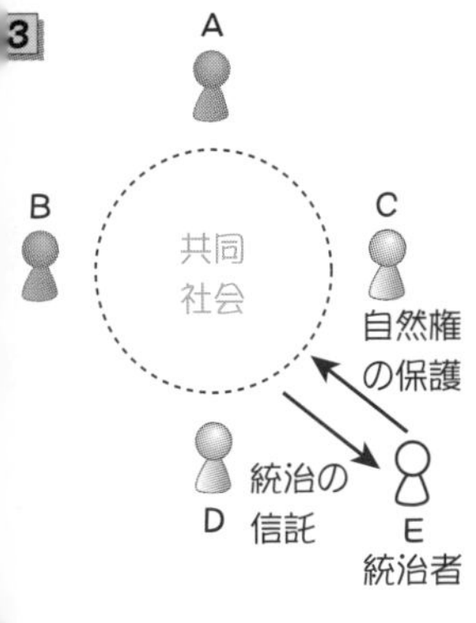

4

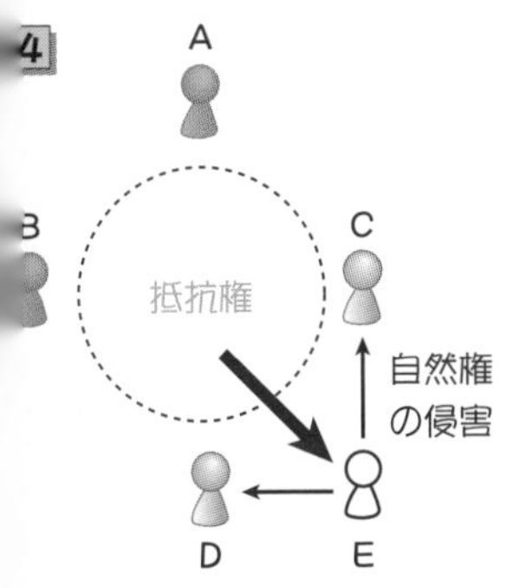

アメリカの独立とフランス人権宣言

1 ロックに代表される近代自然権思想あるいは社会契約論は、まず、イギリスの植民地であったアメリカの諸邦において受容されていきます。「人が生まれながらに持っている権利」という意味で人権を最初に宣言した文書は、**ヴァージニア権利章典**（1776年）だと言われています。そこには、ロックの社会契約論のエッセンスである、①生来的権利、②人民主権、③抵抗権の考え方がはっきりと表れています〔☞ヴァージニア権利章典1条−3条〕。

このヴァージニア権利章典は、**アメリカ独立宣言**（1776年）を起草したトマス・ジェファーソンに大きな影響を与えました。

2 歴史上最も有名な人権宣言は、**フランス人権宣言**（1789年）です。正式には、「人および市民の権利宣言」というタイトルを持つ人権宣言です。フランス人権宣言は、18世紀の人権宣言の集大成です。ヴァージニア権利章典やアメリカ独立宣言の影響を随所に見出すことができます。当然、この人権宣言も、ロックやルソーの社会契約論の思想に裏打ちされたものです。

ここで、とくに注目したいのは、フランス人権宣言16条です。この規定は、近代の憲法が備えるべき必要不可欠な要素を2つあげています。第1は、人権の保障です。第2は、権力分立です。権力分立の原理は、国家の権力を立法、行政、司法に分割し、それぞれの権能を国の別々の機関に委ねることを命じます。そのことで、相互に抑制と均衡を働かせようとする仕組みを作り出そうとするものです。フランス人権宣言は、このような権力分立の仕組みと人権の保障を定めていない国の基本法は、「憲法」と呼ぶに値しないと言っているのです。人権の保障と権力分立を規定する国の基本法は、「**立憲的意味の憲法**」と呼ばれて、そうでない憲法と区別されます。

3 フランス革命が飛び火することを恐れたヨーロッパの諸国は、当然、フランス人権宣言に対して否定的な態度をとります。その背後にある近代自然権思想についても、受け容れるはずもありません。フランス人権宣言で頂点に達した生来的権利の考え方は、19世紀に入って急速に萎(しぼ)んでいくことになります。

ヴァージニア権利章典

1条 すべての人は、生来ひとしく自由かつ独立しており、一定の生来の権利を有するものである。これらの権利は、人民が社会を組織するに当たり、いかなる契約によっても、その子孫からこれを奪うことのできないものである。かかる権利とは、すなわち財産を取得所有し、幸福と安全とを追求する手段を伴って、生命と自由とを享受する権利である。

2条 すべての権力は人民に存し、したがって人民に由来する。

3条 政府は、人民、国家又は社会の利益、保護および安全のために樹立される。……いかなる政府も、これらの目的に反するか、又は不十分であると認められた場合には、社会の多数の者は、その政府を改良し、変革し、又は廃止する権利を有する。

人および市民の権利宣言

1条 人は、自由、かつ、権利において平等なものとして生まれ、存在する。社会的差別は、共同の利益に基づくのでなければ、設けられない。

2条 すべての政治的結合の目的は、人の、時効によって消滅することのない自然的な諸権利の保全にある。これらの諸権利とは、自由、所有、安全および圧政への抵抗である。

3条 すべての主権の淵源は本質的に国民にある。いかなる団体も、いかなる個人も、国民から明示的に発しない権威を行使することはできない

16条 権利の保障が確保されず、権力の分立が定められていないすべての社会は、憲法を持たない。

立憲的意味の憲法

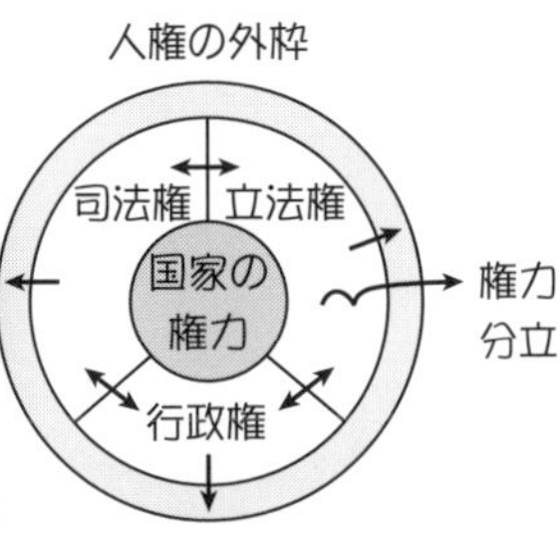

人権と権力分立で、二重に国家の権力を制限する。

法実証主義

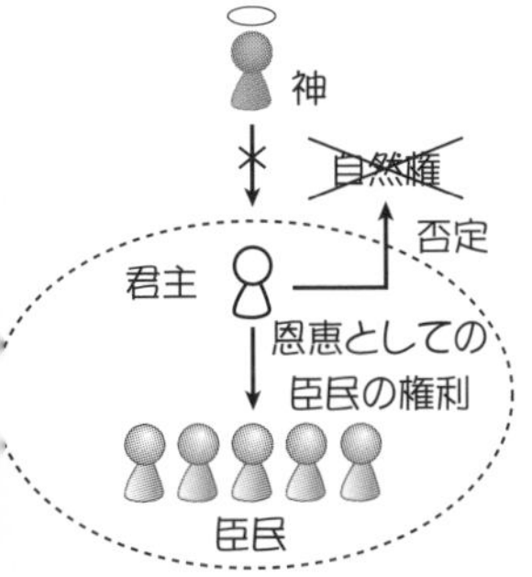

プロイセン憲法
27条 プロイセン人は、言語、文書、印刷、および具象的表現によって、その意見を自由に表現する権利を有する。
② 検閲は、行われてはならない。他のすべての出版の制限は、立法の方法によってのみ許される。

明治憲法
29条 日本臣民ハ法律ノ範囲内ニ於テ言論著作印行集会及結社ノ自由ヲ有ス

それに代わって、19世紀に台頭してきたのが、**法実証主義**という考え方でした。この考え方は、要するに、社会において法として通用するのは、人間自身が定めたルール（実定法）だけであり、したがって、神によって与えられた生来的権利などというものは法として存在しない、という考え方です。このように生来的権利を否定する法実証主義の立場からは、人が何らかの権利を持つとするならば、それは、国王によって恩恵として与えられた「国民の権利」以外にはないとされました。

4 法実証主義の影響は、国民の権利を規定した19世紀の憲法の文言にもはっきりと表れています。それは、生来的権利の宣言であるフランス人権宣言と並べてみると、いっそう明らかになります。フランス人権宣言が「人」一般の権利を宣言しているのに対して、19世紀のプロイセン憲法は、権利が与えられる者を「プロイセン人」に限定しています。憲法が保障する権利は、あくまでも、君主が与えた国民の権利だからです。

また、プロイセン憲法は、出版の自由に対する制限は、議会によって制定された法律によらなければならない、と規定しています〔☞プロイセン憲法27条〕。つまり、国王といえども、命令によって出版の制限をしてはならないということです。しかし、裏を返せば、法律さえ作れば、出版の自由はどのようにでも制限できるということでもあります。このような考え方は、「**法律の留保**」と呼ばれます。それが権利の保障を弱めることになりました。プロイセン憲法をお手本にした**大日本帝国憲法（1889年）**でも、権利は、天皇から恩恵として与えられた「臣民の権利」であり、「法律の範囲内」で認められたものにすぎませんでした〔☞明治憲法29条〕。

5 19世紀から20世紀前半は、人権の保障にとって「冬の時代」でした。ただ、人権のカタログに新しいタイプの人権が加わりました。「社会権」と呼ばれる権利です。社会権は、労働者の社会的・経済的地位の弱さや失業や貧困など、資本主義経済の進展にとって避けがたい社会問題に対処するための権利です。社会権の保障は、1919年、**ワイマール憲法**が「経済生活の秩序は、すべての人に、人たるに値する生存を保障することを目指す、正義の諸原則に適合するものでなければならない」（151条①）と定めたことに始まると言われています。しかし、第1次大戦後、多額の賠償金を課せられたドイツには、生存権を国民に保障するだけの財政的なゆとりはありませんでした。そして、ナチスの台頭後、ワイマール憲法自体が事実上効力を失います。したがって、社会権の本格的な保障は、第2次大戦の終結を待たなければなりませんでした。

第2次大戦における未曾有の悲惨な体験を経て、私たちは「自明の真理」を再発見しました。それは、「人は生まれながらにして権利を持っており、その権利は国家によっても奪うことのできない権利である」、という真理です。1世紀以上の時を隔て、生来的権利の考え方が蘇(よみがえ)ったのです。そして、その歴史の流れのなかで日本国憲法が制定されたのです〔☞憲法11条・Mini Lecture 1〕。

憲法11条　国民は、すべての基本的人権の享有を妨げられない。この憲法が国民に保障する基本的人権は、侵すことのできない永久の権利として、現在及び将来の国民に与へられる。

6　現代の人権保障の大きな特徴は、**人権保障の国際化**とそれにともなう**人権保障の重層化**と言えます。人権は、原則として、それぞれの国の憲法によって規定され、人権の保障は、それぞれの国に任されていました。そのため、ある国が他国における人権侵害を理由に、他国の政治に口を出すことは内政干渉にあたると考えられていました。しかし、ナチスによるユダヤ人の大量虐殺を食い止めることができなかったことに対する痛切な反省から、他国における人権侵害を他人事としない、という意識が国際社会に生まれました。人権侵害は、重大な国際的な関心事となったのです。その結果、国連は1948年に、**世界人権宣言**〔☞世界人権宣言1条〕を採択しました。

世界人権宣言1条　すべての人間は、生れながらにして自由であり、かつ、尊厳と権利とについて平等である。人間は、理性と良心とを授けられており、互いに同胞の精神をもって行動しなければならない。

国連はその後も、世界人権宣言を踏まえた包括的な人権規約である社会権規約と自由権規約を採択するとともに、人種差別撤廃条約、女性差別撤廃条約、子どもの権利条約、障害者権利条約など個別の人権条約を採択しています。条約に批准した国は、これらの条約を遵守し、その内容を踏まえて国内法を整備する責務を負います〔☞憲法98条②〕。現在では、「国際人権」という言葉が広く使われるようになりました。

憲法98条　この憲法は、国の最高法規であつて、その条規に反する法律、命令、詔勅及び国務に関するその他の行為の全部又は一部は、その効力を有しない。
②　日本国が締結した条約及び確立された国際法規は、これを誠実に遵守することを必要とする。

また、ヨーロッパ、アメリカ、アフリカでは、それぞれの地域に属する国同士が地域的な人権条約を結んでいます。1989年にベルリンの壁が崩壊した後、ソビエト連邦が解体し、東ヨーロッパ諸国の民主化が進むなかで、ヨーロッパ人権条約の締結国が、格段に増えました。この条約に基づき作られたヨーロッパ人権裁判所は、締約国の個人からの人権侵害の申立てを受け付け、人権侵害が認めら

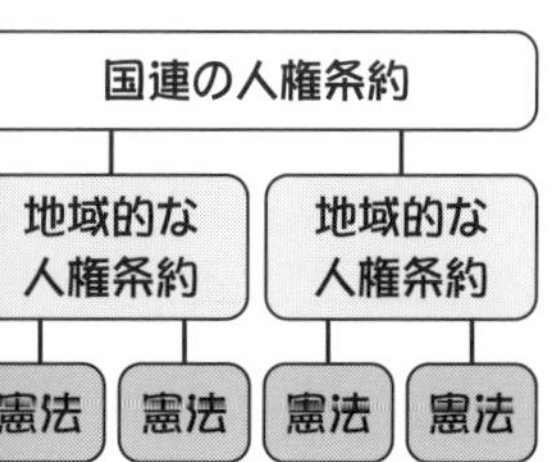

れた場合には、締約国に対して拘束力のある判決を下すことができます。ヨーロッパ人権裁判所は、現在、それぞれの国の裁判所による人権救済を補完する重要な役割を担っています。これらの締約国では、人権は、憲法－地域的な人権条約－国連の人権条約によって重層的に保障されています。

7 とはいえ、地球に暮らす80億の人々があまねく人権保障の恩恵に浴しているわけではありません。ナチスの後も、国民や民族などを構成する一つの集団を組織立って殺害する「**ジェノサイド**」も起こっています。また、世界の紛争地域から命懸けで他国に逃れる難民は、後を絶ちません。部族同士の対立や宗教的な過激派のテロにより、最低限の治安すら保つことのできない“破綻国家”で生活する人々もいます。地球の気候変動がもたらす“異常気象”のために食糧が手に入らず、貧困と飢餓により命を落とす子どもたちがいます。神の教えを固く守るという名目で、女性たちから教育や仕事や政治参加の機会を奪う国もあります。

しかし、このような大規模で深刻な人道上の危機も“国内問題”として扱われるならば、人権侵害を止めるためであっても、他国は簡単には介入できません。他国の内政には介入してはならないというのが国際法の大原則だからです（内政不干渉の原則）。世界は国境によって仕切られていて、人権保障もその壁に阻まれてしまいます。しかし、ある国で重大な人権侵害が起こっているとき、国際社会には、被害に遭っている人々を保護する責任があるのではないでしょうか。ジェノサイドのような緊急事態は、内政不干渉の原則の例外として、他国がそれをやめさせるために武力をもって介入することも国際法上許されるのではないでしょうか。人権は、こういった新しい課題を私たちに突きつけています。

Mini Lecture 1　日本国憲法の制定過程

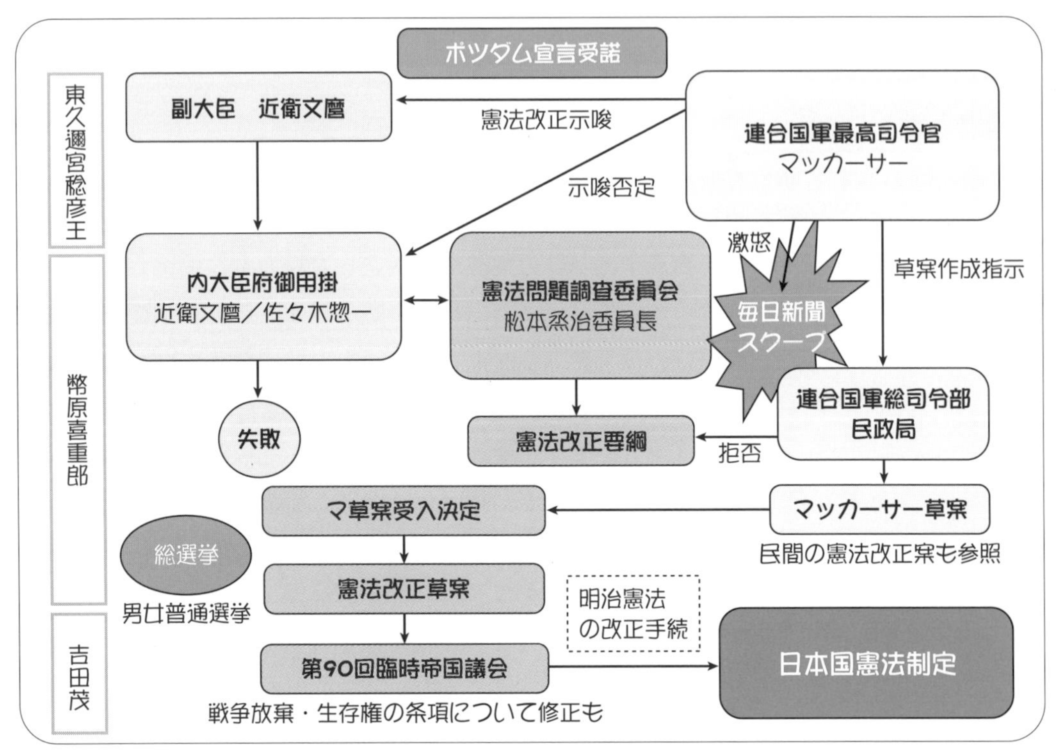

1　1945年8月15日、日本は**ポツダム宣言**を受け容れ、日中戦争から太平洋戦争に至る15年の戦争が終結しました。軍国主義の一掃、民主化と人権の保障を日本に求めるポツダム宣言は、明治憲法の改正を求める含みを持っていました。そこで、まず、**連合国軍最高司令官のマッカーサー**からの示唆を受けて、戦後最初の内閣である東久邇宮内閣の副総理であった近衛文麿がこの作業に着手しました。しかし、この内閣が発足後すぐに倒れ、近衛自身戦犯として裁かれる可能性があったことから、この改正は実現しませんでした。

その後成立した幣原内閣のもと、政府として憲法改正の必要性を検討するために、「**憲法問題調査委員会**」が発足しました。しかし、委員長の松本烝治は、明治憲法の問題は運用の問題だったとし、憲法改正にはきわめて消極的でした。

2　政府内部で秘密裏に進められていた改正案の作成が新聞にスクープされるに至り、事態は急変しました。天皇制の維持を決めていたマッカーサーは、小幅の改正では国際世論を抑えられないと判断し、部下に対して新憲法の制定を指示しました。その際に、天皇制の維持、戦争放棄、封建制度の廃止を改正の原則とするノートを部下に示しました。作られた草案が日本国憲法の原案となりました。

男女普通選挙の後に招集された第90回帝国議会において、明治憲法の改正手続に従い現在の日本国憲法が制定されました。

第2章 人権の理念

人権とは、“人が生まれながらに持っている権利”であるとか、“人間がただ人間であるということから持つ権利”であるとか言われます。では、なぜ人間に人権という権利が保障されているのでしょうか。人間以外の動物には、権利はないのでしょうか。そもそも人間って何でしょうか。

“人間が人権を持っているのは、当然じゃないか”と言う人もいるでしょう。つまり、それは「自明の真理」（アメリカ独立宣言）であるというわけです。しかし、それは、“三角形の内角の和は 180 度である”ということと同じように、誰もが当たり前だと考えるほど「自明」でしょうか。

アメリカ独立宣言を起草したジェファーソンは、黒人を奴隷として使っていました。また、フランス人権宣言に言う「人間」には、女性は含まれていませんでした。人権の歴史が示しているように、“人間には生まれながらに人権がある”ということは、1 つの「真理」ではあるけれども、繰り返し、繰り返し確認しなければならない「真理」なのです。そのためには、まず、“なぜ人間に人権という権利が保障されているのか”を私たちは十分理解しなければなりません。

しかし、“なぜ人権か”という問いは、たいへん難しい問いです。人権を保障することの大切さや、保障すべき人権のリストについては、大まかなところでは一致するでしょう。拷問は許されませんし、民主社会には表現の自由の保障が欠かせないということは、誰もが認めるでしょう。ところが、人権を保障する根拠を突き詰めて考えると、その根拠は、人によっても国によっても異なります。そこで、世界人権宣言を起草した人たちは、多くの国々が一致できる最大公約数である「人間の尊厳」という理念に人権の根拠を求めました。この難しい問いにチャレンジすることにします。

人権の性質と根拠

1 人権とは、人間がただ人間であるという理由から当然に導かれる権利です。誤解を恐れずに言えば、三角形はただ三角形であるということから当然に、内角の和が 180 度であるということが導かれるのと同じです。人権は、憲法があってはじめて認められる権利ではないし、ましてや天皇によって恩恵として認められた権利ではありません。人権が人間であることにより当然認められる権利である――**人権の固有性**――、ということから人権が持つ 2 つの性質が導かれます。

人権の固有性

三角形　a　b　c　↓　“内角の和は 180° である”

人間

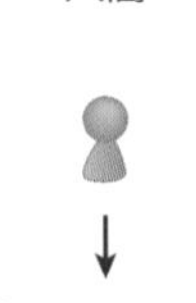

↓　“人権を持つ”

- **人権の不可侵性**：人権が、人間であることに由来する権利であるとすれば、人間が人間でありつづける限り認められるべき権利である。したがって、私たちが人間として生きているかぎり、人権は、いかなる理由があっても奪われることはない。日本国憲法は、人権を「侵すことのできない永久の権利」として宣言することで、人権の不可侵性を確認している〔☞憲法 11 条〕。
- **人権の普遍性**：人間は、人種や宗教、性別、身分などによって区別することができる。しかし、人権は、そういった区別とは関係なく、人間であるというただそれだけで当然に認められる権利である。したがって、人権はすべての人間に等しく認められる、普遍的な権利である。この人権の普遍性は、「国民は、すべての基本的人権の享有を妨げられない」とする憲法の規定に示されている（同条）。

憲法 11 条　国民は、すべての基本的人権の享有を妨げられない。この憲法が国民に保障する基本的人権は、侵すことのできない永久の権利として、現在及び将来の国民に与へられる。

人権の性質

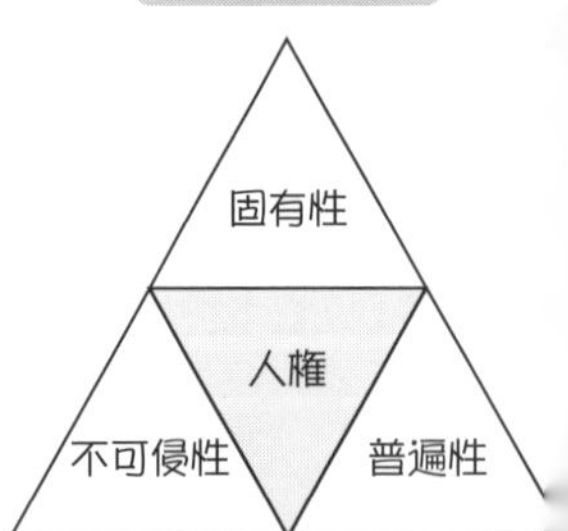

2 人権は、人種や宗教、性別、身分に関係なく、すべての人に認められる普遍的な権利です。したがって、人権が認められる根拠もまた、すべての人に共通に備わった何らかの性質に求めなければなりません。たとえて言えば、それぞれの人間が持つさまざまな違いを、タマネギの皮をむくように 1 枚 1 枚はがしていったときに、最後に残る共通のものということになるでしょう。それを「**人間性**」（human nature）という言葉に言い換えてもよいでしょう。

人間性

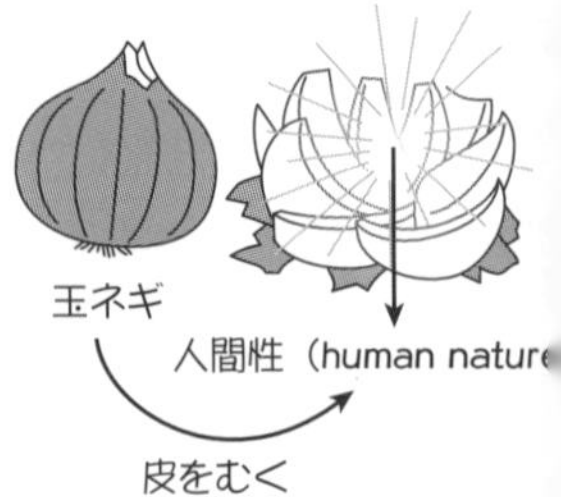

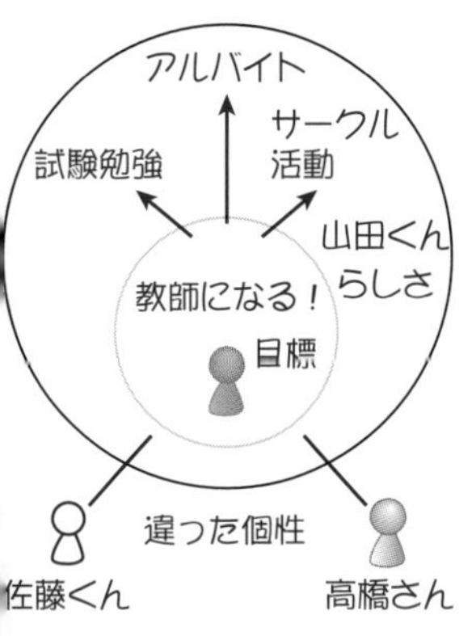

日本国憲法は、1人ひとりの人間を、自分が善いと考える生き方を誰に強制されることなく自由に追求する能力を持つ存在であると捉えています。“自分はどんな人間になりたいか”“自分は何をなすべきか”を深く考え、自分らしい生き方を見つけ出して、その目標に向かって真面目に生きること、この人間の能力は、一般に「自律」(autonomy) の能力と呼ばれています。この自律の能力が、人権保障の基礎にある人間性です。

自律の能力と人権との関係は、次のように考えることができます。たとえば、教師になろうと真剣に考えている山田くんは、その目標に照らして自分の生活や行動を見つめ直すはずです。大学のサークルも子どもと触れ合う機会のあるボランティア・サークルに入ったり、アルバイトを減らして教員採用試験の勉強をしたり、そのときどきで何を大切にすべきかが、“教師になる”という目標に照らして判断されます。そのことが、山田くんらしさを作り出し、佐藤くんや高橋さんとは違った個性を生むのです。そして、人権の役割は、1人ひとりの人間が自律的に生きるために必要な最低条件を保障することにあります。

IMAGE

“人権を根拠づける人間性とは何か”という問いは、たいへん難しい哲学的な問いです。ただ、ここで問題にしている人間性は、あくまでも日本国憲法がその根本において前提にしている人間性です。人権の保障が、憲法が前提にする人間性を尊重するための最低限度の条件だとするならば、憲法が保障する人権を相互に関連づけることで、憲法が前提とする人間性を浮き上がらせることも可能なはずです。

夜空の1つひとつの星に目をこらすのではなく、いくつかの星をひとまとまりの集まりと見たとき、思いがけず、1つの大きな絵柄が浮かび上がることがあるでしょう。たとえば、北の空に輝く7つの星の並びが、柄杓（ひしゃく）に見えるようにです。そして、その絵柄は1つひとつの星に意味を与えることになります。憲法が保障する1つひとつの人権の並びに隠されていて、1つひとつの人権に意味を与える大きな絵柄こそが、人権を根拠づける人間性であると言えます。

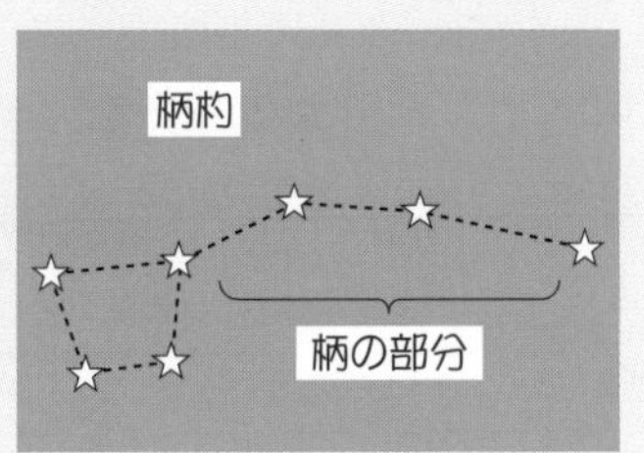

第2章　人権の理念

人権と個人の尊重

1 日本国憲法が想定する人間とは、自分の将来のヴィジョンを頭に描きつつ、その目標に向かってできる限り一貫した生き方を選ぶ、そういった自律的な生き方をする人間です。もちろん、人生に失敗や挫折はつきものですし、甘い誘惑に負けてしまう意志の弱さは、誰にでもあります。逆に、人生の目標に関係のないものをすべて余計なものとすれば、その人の人生は、本当に味気ないものになるでしょう。したがって、自律的な生き方とは、長いスパンで見たときに一貫した態度や行動をとっているということであり、また、たった1回の気まぐれで、それまで積み重ねてきた努力を全部駄目にするような馬鹿げたことはしない、最低限の合理性を持った生き方を意味します。

生き方の一貫性

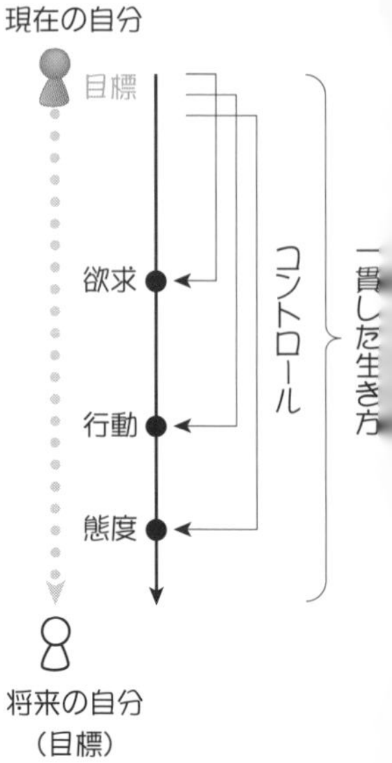

自律的に生きようとすれば、自ずとその人の生き方に自分らしさ、つまり個性が生まれてきます。法律をしっかり勉強して弁護士になりたい、と考える人はたくさんいます。でも、どんな弁護士になりたいかと自問したとき、その答えは十人十色でしょう。弁護士を志すきっかけとなったエピソードは、1人ひとり違うからです。経営していた会社が破産し苦労した父親を見ながら育った人と、弁護士として活躍する父親の姿を見ながら育った人とでは、同じく弁護士になることを目指していても、理想とする弁護士像はたぶん違うでしょう。そこに、人間の個性が生まれるはずです。憲法は、自律的な生き方を追求することから生まれる個性を尊重することを国に求めます。これが、憲法13条の基礎にある考え方です〔☞憲法13条〕。

憲法13条 すべて国民は、個人として尊重される。生命自由及び幸福追求に対する国民の権利については、公共の福祉に反しない限り、立法その他の国政の上で、最大の尊重を必要とする。

2 憲法が、国民を個人として尊重することと、「**生命、自由及び幸福追求に対する国民の権利**」(憲法学では縮めて「幸福追求権」と呼ばれています)を国政の上で最大限尊重することを、同じ条文のなかに並べて規定していることには意味があります。憲法が国に対して尊重を求める個人の個性は、自分にとって善いと考える生き方を真面目に追求する自律的な生き方から生まれます。そうだとすれば、憲法は、自律的な生き方そのものを可能にする社会の条件についても配慮しているはずです。自律的な生き方が保障されないところでは、憲法が尊重を求める個人も成り立たないからです。憲法13条

幸福追求権

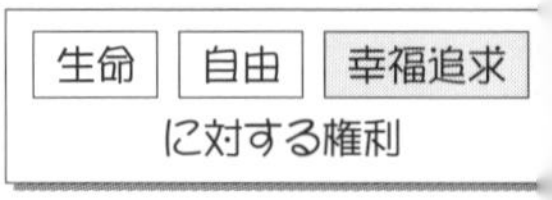

自律的な生き方の条件

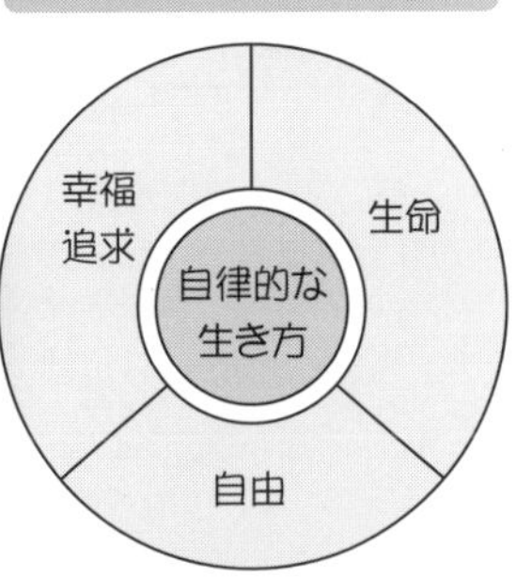

幸福追求権は、自律的な生き方を可能にする前提条件。

人生の目標の違い

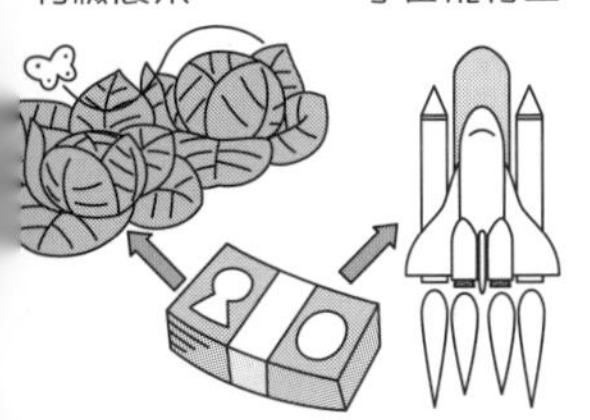

Bの人生の目標を実現するためにAに我慢を強いるのは、平等に人権を保障することに反する。

人権のカタログの平等

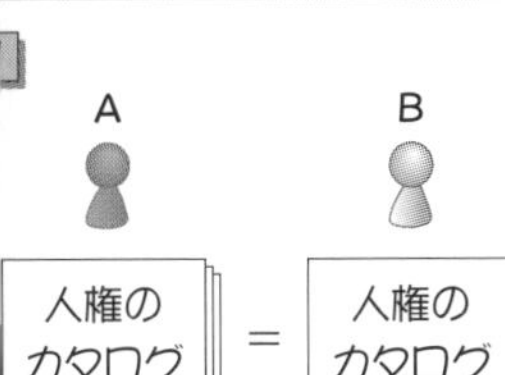

の規定は、人間の自律的な生き方を可能にする前提条件として、「生命、自由及び幸福追求に対する国民の権利」の保障が必要であると規定しているのです。そして、この「生命、自由及び幸福追求に対する国民の権利」、つまり幸福追求権は、すべての人権を包括する人権の根っこにある権利――**包括的人権**――です〔☞第3章〕。

しかし、人権が、人間の自律的な生き方を可能にする前提条件であるからと言って、人びとの人生の目標にとって必要なすべての事柄が人権として保障されるわけではありません。有機農法で安全で美味しい野菜を作りたいと考えて、農家になりたいと考える人もいるでしょう。また、小さいときから星が好きで宇宙に憧れて、宇宙飛行士を目指す人もいるでしょう。しかし、国が、2人の人生の目標に必要な条件や環境をすべて整えることは不可能です。有機農法に適した土地には限りがあるし、宇宙飛行士を養成するために必要な国の財源にも限りがあります。だからと言って、宇宙飛行士を目指す人に国の予算を集中的に投入して、他の人に我慢を強いることは、すべての人に平等に人権を保障するという、人権の普遍性に反します。したがって、人権が保障する条件は、人がどんな生き方を選ぶにせよ、最低限必要とされる自由や利益ということになります。それが、人身の自由や信教の自由、財産権などの自由権であり、生存権や教育を受ける権利などの社会権なのです。

人権と公共の福祉

1　人権は、人が何を目標にしてどう生きるにせよ、何をおいても必要となる自由や利益を保障するものです。だからこそ、人権は、人種や宗教、性別、身分とは関係なく、人間がただ人間であるという理由だけですべての人に認められるのです。これが人権の普遍性という性質でした。そして、すべての人が手にしている人権のカタログは、まったく同じ内容を持つはずです〔1〕。人権のカタログは、現実の世界に生きる人間が持つ違い（人種や宗教、性別、身分）をすべて消し去った後で作られたカタログだからです。したがって、人種や宗教の違いから、カタログの内容に違いを設ける理由は、人権それ自体からは出てきません。

このような人権の普遍性、もっと簡単に言えば、“人権のカタログの平等”は、私たち1人ひとりが人権を現実に行使する際にも問題になります。人権として保護されたAさんの行為が、Bさんの人権を侵害したとします。たとえば、表現の自由として保護されたAさんの発言が、Bさんの名誉やプライバシーを傷つける場合などが考えられます。Aさんの行為は、Bさんの人権のカタログに載っている人権の一部分を奪うことと同じことです。その一方で、Aさんの人権のカタログが無傷なままだとすれば、AさんとBさんの人権のカタログに違いが出てきます〔**2**〕。これは、“人権のカタログの平等”を意味する人権の普遍性に反します。そこで、人権同士の調整が必要になるのです〔**3**〕。

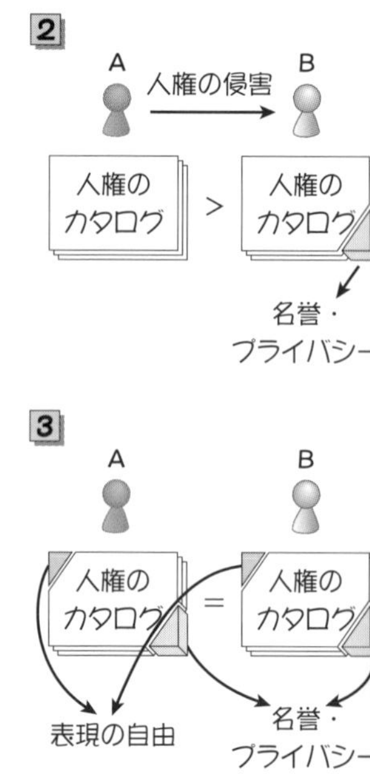

人権同士の調整が必要になる。

2　「**公共の福祉**」は、人権を制約するための原理であると言われます〔☞憲法12条〕。しかし、この公共の福祉という言葉ほど曖昧な言葉は憲法にはありません。公共の福祉を“社会全体の利益”などという言葉に言い換えても、事情はほとんど変わりません。そして、この言葉は伸縮自在であるため、人権の制約の拡大に歯止めがかからなくなるおそれがあります。そこで、この公共の福祉という言葉が膨張しすぎないように、言葉の意味を明確にして歯止めをかけることが大切になります。

しかし、公共の福祉という言葉をじっと睨(にら)みつけていても、何か意味が見えてくるわけではありません。「公共の福祉」が人権を制約する原理だと言うならば、“公共の福祉とは何か”を直接問うよりも、“人権が制約されるのはどんな場合か”というように、逆さまから問うほうが生産的です。

まず考えられるのが、人権と人権とが衝突しているとき、人権の普遍性（“人権のカタログの平等”）の観点からその調整を図った結果、人権の制約が認められる場合です。衝突する人権を天秤にかけて、お互いの立場が入れ替わっても納得できる均衡点を見つけ出して、それぞれの人権がどこまで制約されるかを判断することになります。このような制約は、人権に内在する制約──「**人権－内在的制約**」──と言われます。

憲法12条　この憲法が国民に保障する自由及び権利は、国民の不断の努力によつて、これを保持しなければならない。又、国民は、これを濫用してはならないのであつて、常に公共の福祉のためにこれを利用する責任を負ふ。

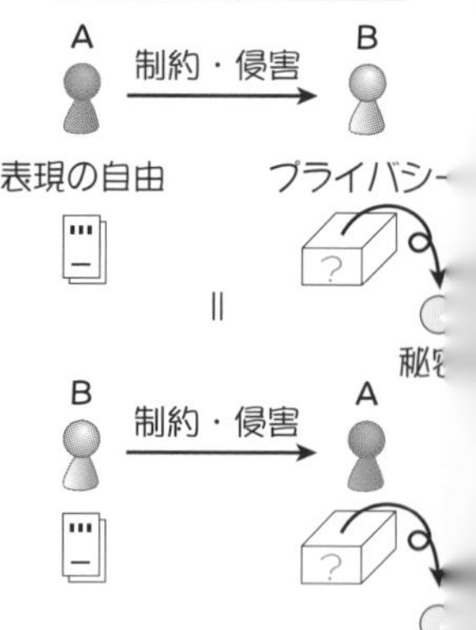

AがBの秘密を明かすとき、BがAの同じような秘密を暴露した場合、それを受け容れることができるかが問題。

3　人権は、自律的な人間を想定し、そのような人間に必要不可欠な自由や利益を保障するものでした。自分で自分自身の人生を切りひらいていくような自律の能力をまだ十分に備えていない子どもには、まだ、“大人並みの人権のカタログ”は保障されません。

たとえば、大人であれば問題なくても、子どもが読むにはまだ早い本（子どもの成長を害するような「有害図書」）も世の中にはあります。そのような有害図書を子どもに売ることを書店に禁止し、結果として、子どもの“本を読む自由”（表現の自由の一種）が制限されることになったとしても、そのことが、子どもの人権を不当に侵害することにはならないでしょう〔☞第9章〕。これもまた、自律的な個人を想定して権利を保障するという、人権の性質に由来する制約と言えます。その意味で、子どもの人権の制約は、人権－内在的制約の一種と言えるでしょう。このような制約は、「**限定されたパターナリズム**」に基づく制約とも言われます。

有害図書の規制

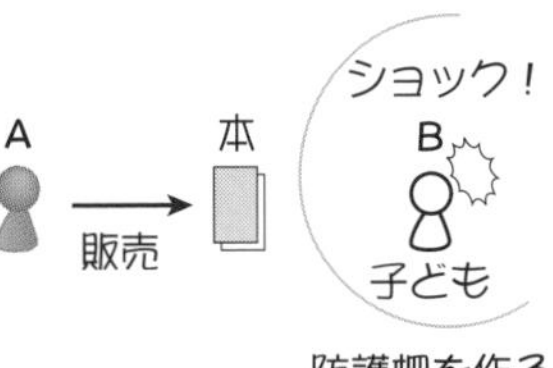

防護柵を作る

パターナリズム

“君のためだから”と言って、相手に何かを無理矢理させたり禁止したりする、“お節介”な行為。相手を一人前の大人と扱っていない。

4　人権の制約は、人権同士が衝突したときにのみ問題となるわけではありません。それぞれの国の憲法が統治の基本とする政治の理念から導かれる制約もあります。たとえば、日本国憲法は、国の経済を市場に完全に委ねるのではなく、社会的あるいは経済的に弱い立場に置かれた人びとに配慮するために、国が国民の経済活動に積極的に介入することを予定しています。このことは、すべての国民に「健康で文化的な最低限度の生活を営む権利」（生存権）を保障し〔☞憲法25条①〕、労働者に勤労の権利と労働基本権を保障していることに表れています。これらの規定は、いわゆる福祉国家の理念を反映したものと理解されています〔☞第11章〕。

憲法25条　すべて国民は、健康で文化的な最低限度の生活を営む権利を有する。

国の経済政策も、このような福祉国家の理念を基本にしながら実施されなければなりません。たしかに、社会的あるいは経済的に弱い立場に置かれた人びとを適切に保護するための経済政策には、経済的な力のある人びとの自由な経済活動を制約するという側面がともないます〔☞第10章〕。たとえば、中小零細企業を保護するために、大企業の営業の自由や財産権の行使が制約を受ける場合がその典型です。しかし、このような人権の制約は、一般論として言えば、一国の憲法が拠ってたつ憲法の理念から導かれる「**憲法－内在的制約**」として許されるでしょう。

5　問題は、人権の性質に由来する人権－内在的制約と、憲法の理念から導かれる憲法－内在的制約を超えて、どの程度まで「**外在的制約**」（政策的制約）を認めることができるかです。一切認めないという立場もあります。しかし、現実の社会で当然とされている人権の制約は、人権の性質や憲法の理念からすべて説明しつくせるわけではありません。たとえば、美観や景観を保護するために建物の高さや形を規制することは、内在的制約とは言いにくいでしょう〔☞第9章〕。

現実的な考え方としては、外在的な制約の可能性を認めたうえで、その制約によって達成される「公共の福祉」は、内在的制約の背後にある制約の根拠よりも1ランク下のものと理解すべきです。そして、人権の制約は、そのランクに見合った最低限度のものにとどめられなければなりません。

外在的制約

美観・景観保護のための建物規制

内在的制約と言うには難しいケース。

公共の福祉

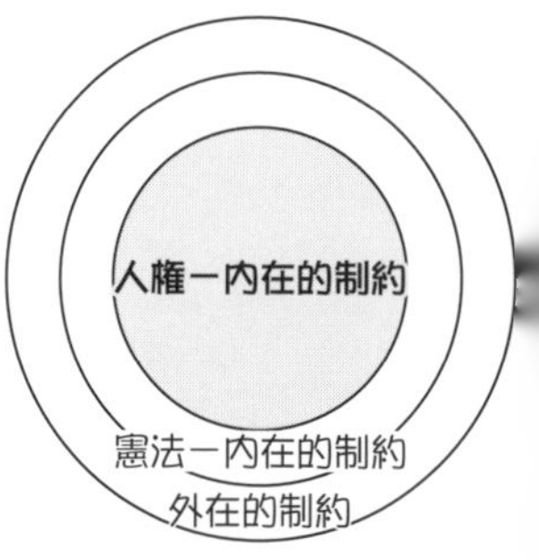

中心のほうが、人権の制約の要請が強くなる。

IMAGE

人権の性質に由来する制約は、「**内在的制約**」と呼ばれます。逆に、人権の性質とは無関係に課される制約は、「**外在的制約**」と呼ばれます。「**政策的制約**」と呼ばれることもあります。この内在／外在の区別は、次のように考えることができるでしょう。

自動車を例にこの区別を説明してみましょう。自動車にとって本質的な性質、つまりその性質がなくなってしまうと、もう「自動車」とは呼べなくなってしまうほど重要な性質は何でしょう。自動車は、「エンジンの力で車輪を動かし、路上を自由に走ることのできる車」(『新明解国語辞典』)と定義されています。自動車にとっての本質的な性質は、まずはエンジンと言って間違いないでしょう。その場合、自動車にとっての内在的制約とは、エンジンの性能に由来する制約と考えることができます。時速200km以上で走れないようにエンジンが設計されている自動車が、時速300kmでは走れないという制約（限界）は、自動車の内在的制約と言えるでしょう。

さて、山道を快適にドライブしていたとします。ところが、前の日に降った雨のために土砂崩れが起こっていて、道がふさがっていたとします。運転していた人は、やむを得ず自動車を止めなければならないでしょう。この場合、道をふさいだ土砂崩れは、自動車の性質とは無関係な障害物です。もちろん、自動車が空を飛べれば、土砂崩れも何の障害にもならないでしょう。しかし、それでは、もはやその乗り物は「自動車」とは言えなくなります。“自動車のかたちをした飛行機”とでも呼ぶべき乗り物でしょうか。したがって、土砂崩れは、自動車の本質的な性質に由来する制約とは言えません。その意味で、土砂崩れは、外在的制約です。また、自動車の通行を妨害するブロック塀や赤信号なども、自動車の性質とは無関係に課される外在的制約に含まれます。

人権に対する内在的制約は、人権の本質的な性質に由来する制約です。人権の本質的な性質の1つが人権の普遍性だとすれば、この性質に由来する制約は、内在的制約だということになります。そのため、人権の衝突が生じたときに行われる調整の結果として人権が服する制約は、内在的制約と呼ばれるのです。

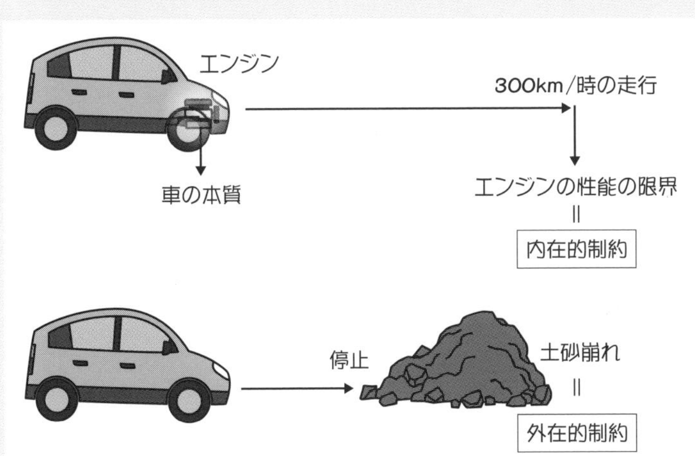

Mini Lecture 2　司法権と裁判制度

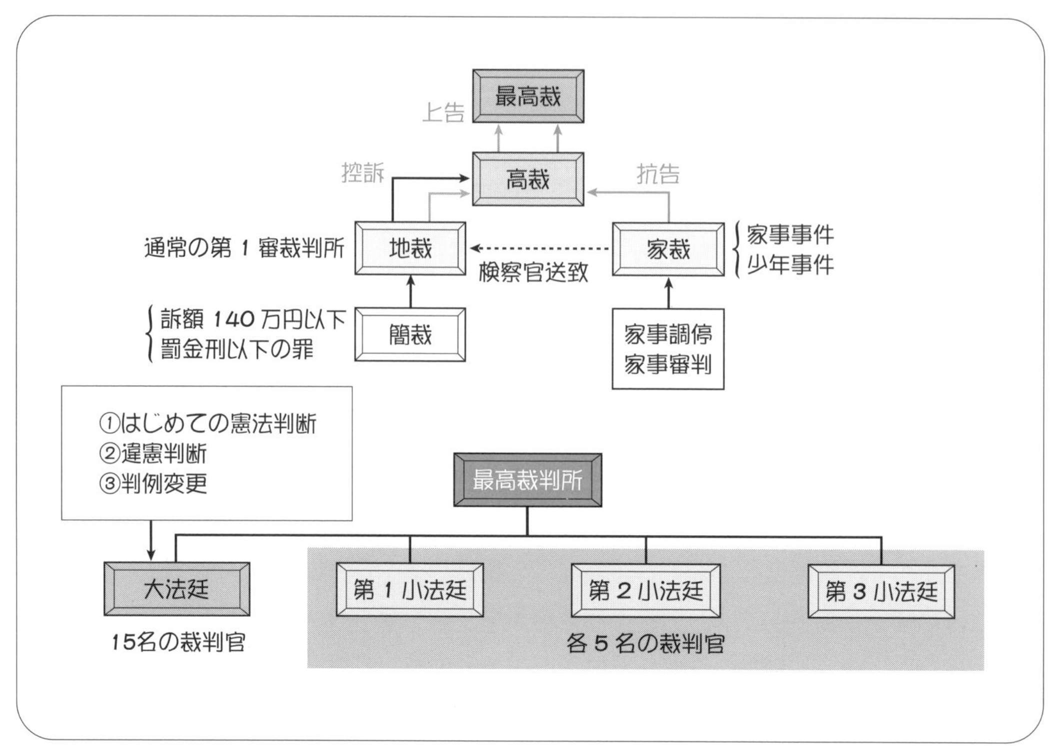

1　憲法は、「すべて司法権は、**最高裁判所**及び法律の定めるところにより設置する下級裁判所に属する」（憲法 76 条①）と規定しています。この憲法の規定を受けて、裁判所法は、**高等裁判所**、**地方裁判所**、**家庭裁判所**、**簡易裁判所**という 4 つの下級裁判所を設けました。それぞれの裁判所には、扱うことのできる事件について役割分担（管轄）があります。たとえば、家庭裁判所は、家事事件と少年事件を専門に扱います。

最高裁判所は、15 人の裁判官から構成されています。15 人の裁判官が全員揃って裁判する場合を**大法廷**と言います。大法廷が開かれるのは、はじめての憲法判断を下す場合や違憲の判断を下す場合などに限られています。通常は、裁判官は、5 名ずつのグルー
——**小法廷**——に分かれて裁判します。

2　司法権は、憲法に特別の定めがある場をのぞいては、すべて裁判所に属するとさ最高裁を頂点とする裁判所の系列から外れ「特別裁判所」を設けることは禁じられてます（憲法 76 条②）。

裁判所の使命は、“自分の権利が侵害さている”、“他人が義務を果たしてくれない”“犯罪の疑いがかけられて刑罰が科されるといった具体的な法律上の争い（**法律上の**訟）を解決することです。その場合、裁判所は、憲法や法律などの法という道具——**法**——を使って、争いを解決しなければなりません。

第3章
幸福追求権

日本国憲法は、人権についてかなり詳しいカタログを用意しています。しかし、日本国憲法は、今から70年以上前に作られた憲法です。そのため、“日本国憲法の人権のカタログも時代遅れになっていないか”と心配になる人がいても不思議ではありません。通信販売のカタログが、新商品が出るごとに新しいカタログに替えられていくのと同じように、人権のカタログも、時代に合わせて新しくする必要はないのでしょうか。

そうは言っても、憲法は、法律や命令のように簡単に変えることのできるルールではありません。憲法を改正する手続は、法律に比べて厳格です（硬性憲法）。また、憲法は国の基本に関わるルールですから、主張や意見に食い違いが出てくると、簡単には話はまとまりません。

社会や国民の意識が時代につれて変わっていけば、人びとが求める人権のカタログに変化が出て当然です。人びとが望む「新しい人権」を今の憲法の人権のカタログに補充する方法は、憲法の改正以外にないのでしょうか。そんなことはありません。憲法13条が定める幸福追求権という人権には、新しい人権を生み出す力が備わっていると考えられているからです。

プライバシー権は、新しい人権の代表格です。そして、プライバシー権をめぐる社会の状況は、現在でも、インターネットの普及、SNSの利用者の急増、「顔認証」技術の開発など、社会的な環境の変化や情報通信技術の発展にともなって大きく変わりつつあります。このような社会の変化も視野に入れながら、プライバシー権が、新しい権利としてどのように誕生し発展していったか、そのプロセスを見ることにしましょう。

幸福追求権と新しい人権

1 憲法13条が保障する「生命、自由及び幸福追求に対する国民の権利」、つまり**幸福追求権**は、自由権や参政権、社会権、受益権に分類される**個別的人権**を生み出す母胎となる権利であると理解されています〔☞憲法13条〕。**包括的人権**とも呼ばれます。もちろん、人権宣言の歴史で見たように、個別的人権は、それぞれの時代の政治的、社会的、経済的な状況のなかで主張され、確立されてきたものです〔☞第1章〕。したがって、幸福追求権が個別的人権の母胎となった権利であるという言い方も、歴史的な意味ではなく、理論的な意味での言い方です。

幸福追求権が、理論的な意味しか持たないとすれば、現実の人権保障の場面ではたいした意味を持ちません。幸福追求権がただ単に個別的人権を全部足したもの、つまり“幸福追求権＝自由権＋参政権＋社会権＋受益権”という等式で表されるのであれば、幸福追求権は、個別的人権が脱皮した後の“抜け殻”のようなものにすぎません〔**1**〕。個別的人権がそれぞれ独立して立派に人権保障の役目を果たしているならば、幸福追求権の出る幕はないからです。

しかし、幸福追求権の権利の母胎としての役目は、個別的人権が独立すればそれで終わりというものではないと考えられています。人権は、個人の自律的な生き方にとって必要不可欠な自由や利益を保障するためのものです〔☞第2章〕。社会・経済状況が変化し、科学技術が発展するにつれて、今の人権のカタログにはない自由や利益が、個人の自律的な生き方にとって必要不可欠な条件とされる場合が出てきます。そのような場合に、幸福追求権は、憲法が定める人権のカタログにはない自由や権利を、「新しい人権」として人権のカタログに補充する役割を果たす権利と考えられています〔**2**〕。幸福追求権の“人権の母”としての役目には、決して終わりがないということなのです。

憲法13条 すべて国民は、個人として尊重される。生命、自由及び幸福追求に対する国民の権利については、公共の福祉に反しない限り、立法その他の国政の上で、最大の尊重を必要とする。

幸福追求権の役割

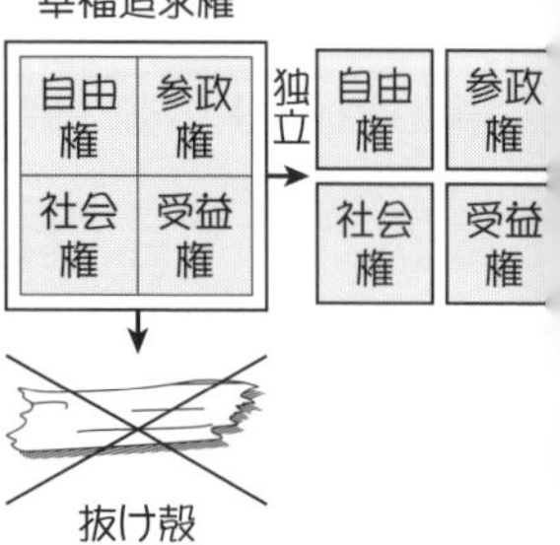

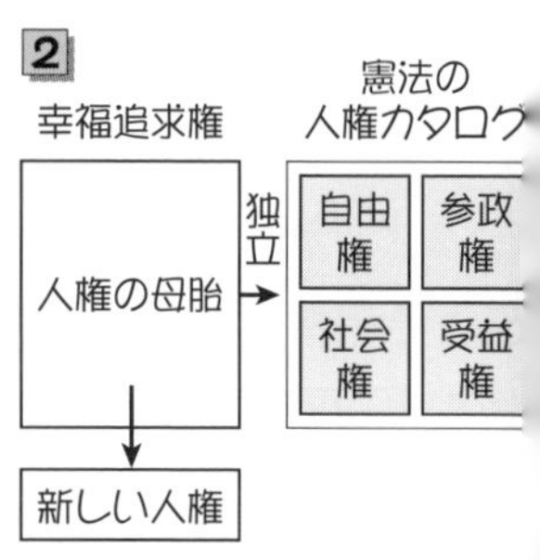

人権のカタログにはない「新しい人権」を補充する。

2 「人権」や「権利」という言葉は、政治的にたいへんインパクトのある言葉です。そのため、国民が国に対して何かを求める場合、ついつい人権や権利という言葉を使いたくなります。そのような事情から、これまでも、知る権利、プライバシー権、名誉権、自己決定権、環境権、日照権、眺望権、嫌煙権、健康権、アクセス権などさまざまな権利が、裁判の場において新しい人権として主張されてきました。

しかし、幸福追求権を通じて新しい人権を承認することが憲法上可能だとしても、新しい人権の承認は、そう簡単なことではありません。人権には、民主的に選挙された議員からなる議会が多数決で決めたことをひっくり返す、きわめて強い法的な力があるからです。人権は、いわば“伝家の宝刀”ですから、そういつでも抜けるというわけではありません。

そして、日本国憲法では、裁判所は、人権を侵害する違憲の法律を無効にする強い権限（違憲立法審査権）を持っています〔☞ Mini Lecture 3〕。裁判所が新しい人権をどんどん承認していって、認められた新しい人権が侵害されていることを理由に、法律をつぎつぎに違憲無効とする、そんな事態が起きないとは限りません〔**1**〕。それは、立法権と司法権の力のバランスを大きく崩してしまうことになり、三権分立の原則からすると好ましい事態ではありません。また、“人権の過密状態”にはいろいろ弊害があります〔**2**〕。そこで、新しい人権の承認に歯止めをかける、何らかの原則が必要になります〔**3**〕。ここでは2つの原則を挙げておきます。

- **補充性**：憲法が保障する既存の個別的人権の解釈を通じて認めることが難しい場合に限って、幸福追求権を通じて新しい人権を承認することができる。たとえば、「知る権利」は、表現の自由を保障する憲法21条の解釈を通じて、その憲法上の保障を根拠づけることができるから、幸福追求権を持ち出す必要はない〔☞第8章〕。
- **自律との関連性**：新しい人権を幸福追求権によって基礎づける場合、人権として保障される自由や利益が、既存の個別的人権と同様に、個人が自律的な生き方をするうえで必要不可欠な条件であるということが、説得的に論証できなければならない。つまり、人がどのような生き方をするにせよ、どうしても必要であると言えるような自由や利益でなければならない〔☞第2章〕。

新しい人権の承認

1

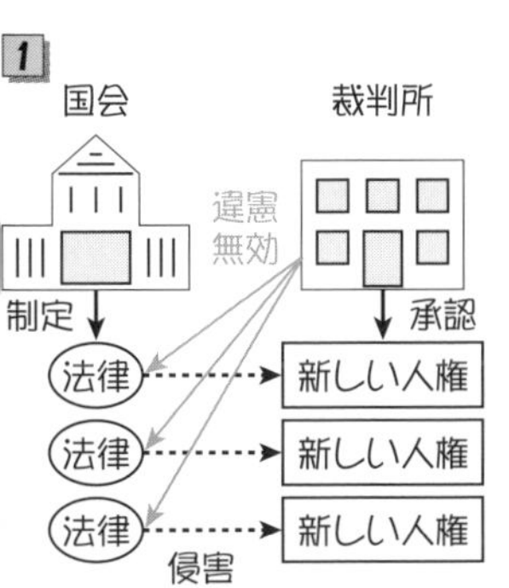

立法権を持つ国会に対して、司法権を持つ裁判所が優位する。

2

幸福追求権

人権

新しい人権　既存の人権

⇓

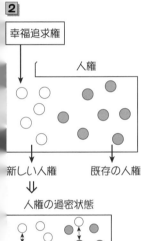

人権の過密状態

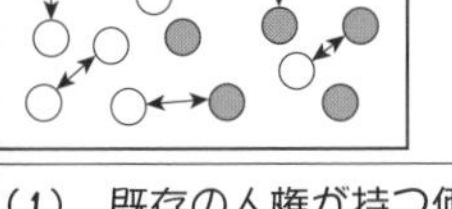

（1） 既存の人権が持つ価値の低下
（2） 人権同士の衝突の激化

3

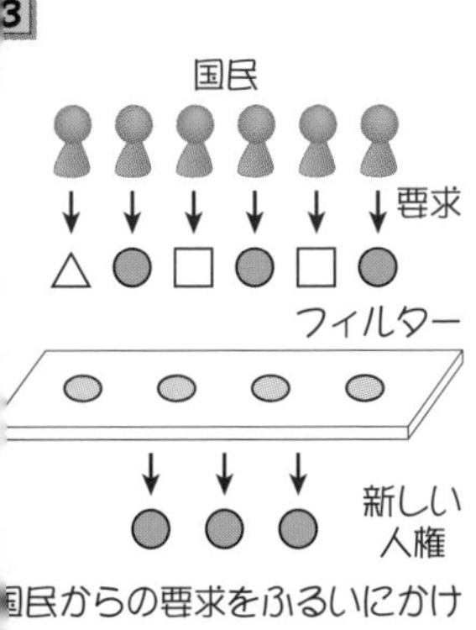

国民からの要求をふるいにかけるためのフィルターが必要になる。

プライバシー権の承認

1　新しい権利の1つとして主張される権利にプライバシー権があります。プライバシー権を直接保障する条文は、日本国憲法のなかにはありません。しかし、現在では、プライバシー権が憲法の保障する人権の1つである、ということには疑問の余地はありません。最高裁も、近時、判決のなかで「プライバシー」という言葉を使うようになりました。

その例として、最初に外国人指紋押なつ拒否事件を見ることにします。かつて国は、外国人登録の際に、日本に永住する許可を受けた外国人を含めて、日本に在留する外国人に対して指紋押なつを法律上義務づけていました。日本の国籍を持っている人であれば、指紋押なつが国によって強制される状況は、犯罪の容疑をかけられたような例外的な場合しかありません。そのため、指紋押なつの強制は、その人の品位を著しく傷つける措置と見られても不思議ではありません。

また、指紋は、1人ひとり違うので、個人を識別するための手段として使われますし、しかも、一生変わることがありませんので、確実な方法と言えます。したがって、集めた指紋が悪用されれば、人に知られたくない私生活上の秘密の暴露につながるおそれがあります。そこで、最高裁は、"正当な理由なく指紋押なつを強制されない自由"を、憲法により保障された人権の1つとして認めました〔☞ 判例1〕。

この自由は、後で詳しく見るように、プライバシー権の1つの具体的な現れと理解することができます。そして、プライバシー権を具体化した「みだりに指紋の押なつを強制されない自由」は、憲法13条によって保護される人権であると解されます。つまり、みだりに指紋の押なつを強制されない自由は、憲法13条の幸福追求権によって根拠づけられる新しい人権だということです。このように、最高裁も、幸福追求権に新しい人権を補充する役割を認めています。

事件1

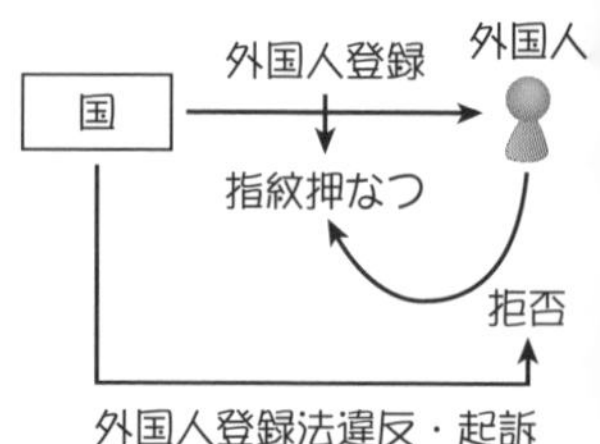

判例1　外国人指紋押なつ拒否事件・最判平7・12・15刑集49巻10号842頁
指紋は、指先の紋様であり、それ自体では個人の私生活や人格、思想、信条、良心等個人の内心に関する情報となるものではないが、性質上万人不同性、終生不変性をもつので、採取された指紋の利用方法次第では個人の私生活あるいはプライバシーが侵害される危険性がある。このような意味で、指紋の押なつ制度は、国民の私生活上の自由と密接な関連をもつものと考えられる。
憲法13条は、国民の私生活上の自由が国家権力の行使に対して保護されるべきことを規定していると解されるので、個人の私生活上の自由の一つとして何人もみだりに指紋の押なつを強制されない自由を有するものというべきであり、国家機関が正当な理由もなく指紋の押なつを強制することは、同条の趣旨に反して許され〔ない〕。

2　プライバシー権は、もともとは19世紀後半、アメリカにおいて主張され、アメリカの裁判所が判例のなかで発展させてきた権利です。19世紀半ば以降、新聞の発行部数がめざましい勢いで伸び、

社会の変化

事件2

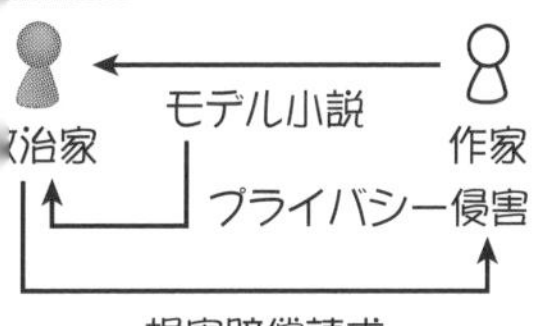

資料1　三島由紀夫『宴のあと』（新潮文庫・1969年）05頁

「同じような中途半端な愛撫や不透明な接近の仕方、同じような断念、同じような身をちぢこめて眠る蛹めいた寝方を示していたにすぎない。何か野口のベッドには、吹きさらしのプラットフォームのような感じがある」。

判例2　『宴のあと』事件・東京地判昭39・9・28判時385号12頁

私事をみだりに公開されないという保障が、今日のマスコミュニケーションの発達した社会では個人の尊厳を保ち幸福の追求を保障するうえにおいて必要不可欠なものであるとみられるに至つていることとを合わせ考えるならば、その尊重はもはや単に倫理的に要請されるにとどまらず、不法な侵害に対しては法的救済が与えられるまでに高められた人格的な利益であると考えるのが正当であり、それはいわゆる人格権に包摂されるものではあるけれども、なおこれを一つの権利と呼ぶことを妨げるものではないと解するのが相当である。

新聞のなかには、政治家や有名人の私生活を面白おかしく書き立てる類（たぐい）のものも出てきました。また、カメラもずいぶんと小型のものが開発されるようになり、街中に持ち出せるタイプのカメラが普及しはじめました。

このような社会の変化にともない、ブランダイスとウォーレンというアメリカの2人の法学者が、「1人で放っておいてもらう権利」を法的な権利として主張したのが、プライバシー権の始まりだと言われています。20世紀に入って、このプライバシー権の考え方は、アメリカの判例において定着していきます。その後、アメリカの判例上確立したプライバシー権は、学説上、4つのタイプに分類整理されました。

1. 覗き見や盗聴などによって個人的な秘密の領域への侵入を受けない権利
2. 他人には知られたくない秘密を暴露・公表されない権利
3. 本人の実際の姿とは異なる間違ったイメージや印象を流布されない権利
4. 名前や肖像を無断で広告などに利用されない権利

3　日本の裁判所がプライバシー権をはじめて認めたとされるのが、『宴のあと』事件です。この事件では、ある有名な政治家Xをモデルにした小説が、Xのプライバシー権を侵害するとして、このモデル小説を執筆した作家と出版社が訴えられました〔☞ 資料1〕。Xをモデルにしたものであることをほのめかすような宣伝が大々的に行われていたこともあって、『宴のあと』を読んだ人は、Xと妻との夫婦仲が小説で描かれている通りのものであったと受け取るおそれがある、とXは考えました。そこで、事実ではないにせよ、Xと妻との私生活上の事柄が、小説によってほんとうらしく描かれることもまた、プライバシー権の侵害に当たるとして、Xは、作家と出版社を相手取って、損害賠償を求める裁判を起こしたのです。

この事件で、東京地裁は、日本の裁判所としてはじめて、プライバシーを法によって保護されるべき利益（権利）であることを認めました〔☞ 判例2〕。そして、“プライバシー権は私生活をみだりに公開されないという法的保障ないし権利として理解されるから、その侵害に対しては侵害行為の差し止めや精神的苦痛に因る損害賠償請求権が認められるべき”であるとしました。このように、日本の裁判所によるプライバシー権の最初の定義は、**私生活をみだりに公開されない権利**というものでした。

ただ、注意しなければならないのは、『宴のあと』事件で裁判所が認めた権利は、国民が国家に対抗するための人権〔**1**〕、すなわち憲法上の権利ではなかったということです。私生活をみだりに公開されない権利は、この段階では、私人と私人との関係において保護される民法上の権利にとどまりました〔**2**〕。つまり、プライバシー権は、私人に対して、正当な理由もなく私生活を公開することを禁止し、それに違反した者に対して損害賠償の支払いを命ずるという権利であって、国に同様のことを求める人権ではありませんでした〔☞民法709条〕。

権利の違い

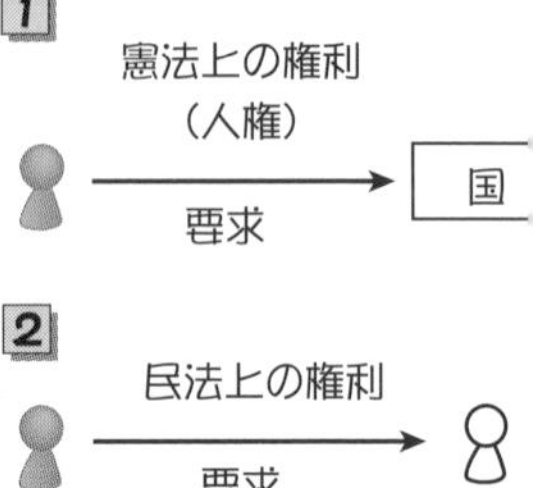

民法 709 条　故意又は過失によって他人の権利……を侵害した者は、これによって生じた損害を賠償する責任を負う。

人権としてのプライバシー権

1 日本国憲法には、プライバシー権を保障する明文の規定はありません。したがって、プライバシー権を国家に対抗できる憲法上の権利として認めるためには、明文で定められた個別的人権の解釈を通じて認めるか、包括的人権である幸福追求権によって基礎づけるか、いずれかの方法で認めるほかありません。プライバシー権は、特定の個別的人権と特別に結びつきが強いと言えるような権利ではありません。とすれば、残る方法は、包括的人権である幸福追求権によって根拠づける方法です〔☞本章「幸福追求権と新しい人権」〕。

私生活上の自由の現れであるプライバシー権は、『宴のあと』事件で裁判所が述べたように、マス・メディアの発達した現代社会において、“個人の尊厳を保ち幸福の追求を保障するうえにおいて必要不可欠なもの”と言ってよいでしょう。自分の生活のあらゆる面が他人に筒抜けになっている状況では、いつでも思ったように自分らしく振る舞うのは難しいし、他人の眼を逃れてリラックスできる場所や時間が人には必要です。だから、プライバシー権は、個人の自律的な生き方と密接に関連する利益であり、したがって、新しい人権として認められる資格を十分に有していると言えます。

私生活上の自由

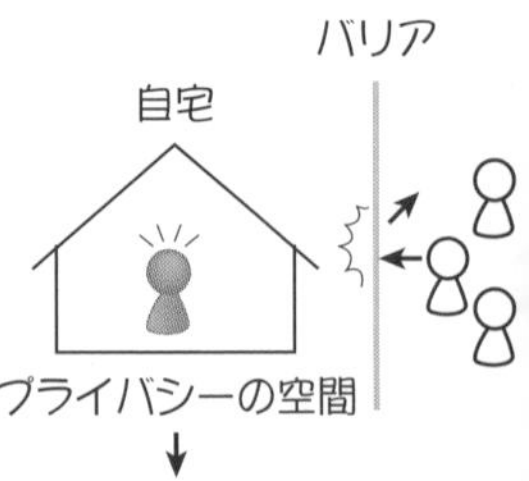

自分らしく振る舞い、リラックスできる場所。

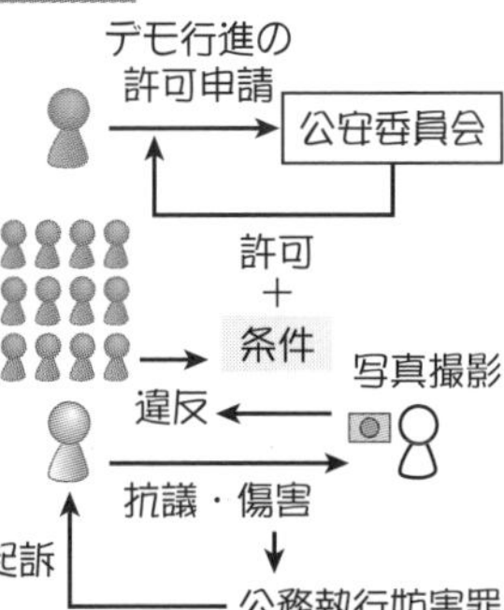

判例３　京都府学連事件・最大判昭44・12・24刑集23巻12号1625頁
……憲法13条は、……国民の私生活上の自由が、警察権等の国家権力の行使に対しても保護されるべきことを規定しているものということができる。そして、個人の私生活上の自由の一つとして、何人も、その承諾なしに、みだりにその容ぼう・姿態（以下「容ぼう等」という。）を撮影されない自由を有するものというべきである。これを肖像権と称するかどうかは別として、少なくとも、警察官が、正当な理由もないのに、個人の容ぼう等を撮影することは、憲法13条の趣旨に反し、許されないものといわなければならない。

2　最高裁も、警察官がデモ行進に参加する市民を無断で撮影したことがプライバシー権の侵害に当たらないかが問題となった、**京都府学連事件**において、幸福追求権を保障する憲法13条を援用して、憲法上の権利の1つとしてプライバシー権を承認しました〔☞判例３〕。

この事件では、デモ行進を主催する団体が公安委員会に許可を申請したところ、4列縦隊で行進することとする条件が付されて、許可が与えられました。しかし、デモ行進に参加していた人のなかにはこの条件を知らない人もいて、デモ行進が進むにつれて、列が横に広がるなど条件に違反する状態が生じました。そこで、デモの警備に当たっていた警察官が、その違反状態を記録するために、反対側の歩道からデモ行進の様子を写真撮影しました。裁判官が発する令状はありませんでした。警察官による写真撮影に気がついたYが、警察官に抗議したところ、無視されたために、持っていた旗竿で警察官のあごを突き怪我（けが）をさせました。警察官に怪我を負わせたYは、公務執行妨害罪などの罪に問われ、起訴されました。裁判において、Yは、“本人の同意を得ることなく警察官が写真撮影を行うことは、その者のプライバシー権を侵害するものであり、正当な公務とは言えない”とし、無罪を主張しました。

この事件で最高裁は、「**みだりに容ぼう・姿態を撮影されない自由**」を憲法上の権利と認めました。しかし、この権利も絶対ではなく、公共の福祉により制約される場合があると述べています。つまり、警察官が本人の承諾を得ずに写真撮影できる場合がありうるということです。最高裁によれば、「現に犯罪が行なわれもしくは行なわれたのち間がないと認められる場合であつて、しかも証拠保全の必要性および緊急性があり、かつその撮影が一般的に許容される限度をこえない相当な方法をもつて行なわれる」場合には、無断の撮影も許されるとされます。この事件では、デモ行進の状況が刻々と変化するために、違反状態を写真により確実に記録し、その証拠を保全する必要性と緊急性があったこと、撮影の方法もデモ行進の参加者に特別な負担を課するものでなかったことから、Yのプライバシー権を侵害する違憲なものではなかったと判断されました。

個人の私生活上の自由

- 私事をみだりに公開されない権利
- みだりに容ぼう等を撮影されない権利
- みだりに指紋押なつを強制されない権利
- みだりに前科等を公開されない権利

3　最高裁を含めて裁判所は、判決の仕方として、プライバシー権という言葉を前面に出さずに、**個人の私生活上の自由**という、ともすると何でも入りそうな漠然とした権利を上に置いて、事件ごとにそこから具体的な権利を導く方法を採っています。①『宴のあと』事件では、私事をみだりに公開されない権利、②京都府学連事件では、みだりにその容ぼう・姿態を撮影されない権利、③外国人指紋押なつ拒否事件では、みだりに指紋の押なつを強制されない権利が、個人の私生活上の自由の１つとして認められました。裁判所が個人の私生活上の自由の１つとして承認してきた具体的な権利は、どれもプライバシー権として一括りにすることができそうです。さらに、最高裁は、④**前科照会事件**において、**前科をみだりに公開されない権利**を個人の私生活上の自由のリストに加えました〔☞ 判例４〕。

事件4

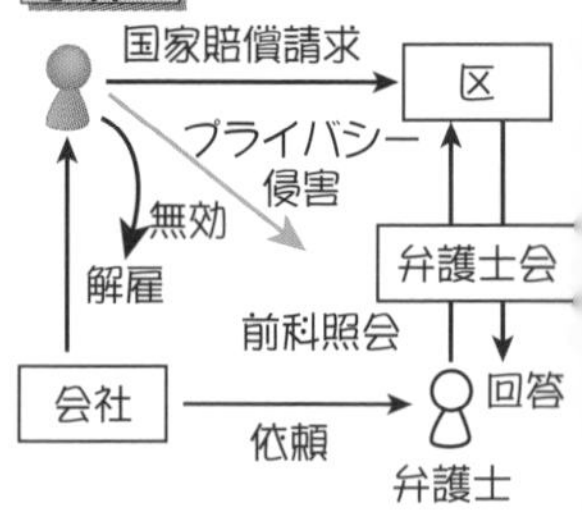

判例４　前科照会事件・最判昭56・4・14民集35巻3号620頁

(1) 「前科及び犯罪経歴（以下「前科等」という。）は人の名誉信用に直接にかかわる事項であり、前科等のある者もこれをみだりに公開されないという法律上の保護に値する利益を有する……」。

(2) 「前科等の照会文書には、照会を必要とする事由としては……『中央労働委員会、京都地方裁判所に提出するため』とあつたにすぎないというのであり このような場合に、市区町村長が漫然と弁護士会の照会に応じ犯罪の種類、軽重を問わず、前科等のすべてを報告することは公権力の違法な行使にあたる」。

前科照会事件では、役所が第三者による前科の照会に応じたことが、自分の前科を他人に知られたくない人のプライバシー権を侵害しないかが争われました。原告Ｘは、自動車教習所の指導員として勤務していたのですが、事情があって解雇されました。その後、教習所側は、Ｘに前科があったことを発見し、Ｘが雇用に当たって経歴を偽っていたことを解雇の理由に付け加えました。Ｘの前科が教習所に知られたのは、教習所が雇った弁護士が、労働委員会と裁判所に提出する目的で、所属する弁護士会を通じて、京都市の区役所にＸの前科について照会を行ったからでした。Ｘは、“弁護士の求めに応じて簡単にＸの前科を明かしたのは、Ｘのプライバシー権の侵害である”と主張して、京都市の区長Ｙを相手に訴訟を起こしました。最高裁はＸの主張を認めて、Ｙに対して損害賠償の支払いを命じました。

自己情報コントロール権としてのプライバシー権

1　判例が個人の私生活上の自由に関わる問題として取り上げた事柄、つまり、夫婦関係、指紋、容ぼう・姿態、前科といった事柄は、広い意味で特定の個人に関する情報と言ってよいでしょう。とくに夫婦関係や前科は、他人にはあまり知られたくないまったく私的な情報です。また、信仰や政治的信条など、個人の人格と強い結びつきを持つ情報についても、誰に知られても構わないと考える人は少ないはずです。

私的・個人的情報

夫婦関係	指　紋
容ぼう・姿態	前　科
政治信条	信　仰

私的または個人的な情報を話すかどうかは、その情報を伝えよう

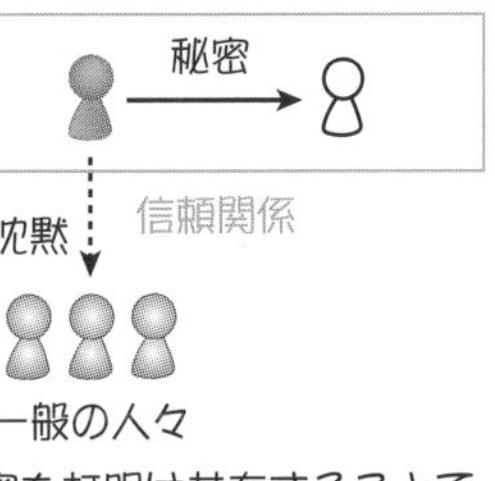

とする相手との関係に強く左右されます。たとえば、結婚する相手を最初に紹介する相手は、両親であったり親友であったり、その人にとって最も親しく信頼のおける人に違いありません。伝える順番を間違えると、気まずい思いをしたり、最悪の場合には、相手との信頼関係が壊れてしまったりすることもあります。このように、個人的な情報を誰にいつどのような方法で伝えるかは、その個人の判断に委ねられるべきです。この点も、プライバシー権を人権として保障する重要な根拠となります。このような考えから、現在では、プライバシー権は、自分に関わる個人的な情報を自らがコントロールする権利、つまり**自己情報コントロール権**として再定義されるようになってきました。

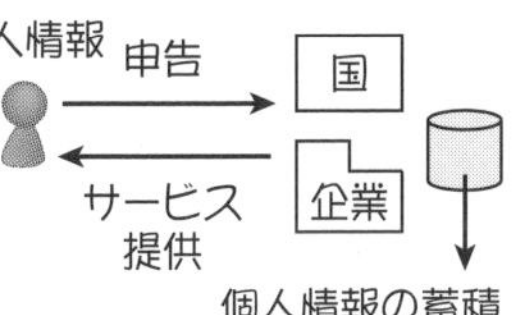

2 私たちは、国や民間企業からサービスを受けるために、名前や年齢、住所、電話番号、家族構成、収入などさまざまな個人情報を国や企業に申告しています。結果として、国や民間の企業は、国民や顧客に関する大量の個人情報を取得し蓄積しています。

自治体は、住民サービスや有権者の把握のために、住民の居住関係を確認するのに必要な個人情報を登録・管理しています。民間企業の場合で言えば、クレジットカードで支払いをすれば、いつどこでどんな商品をいくらで購入したかが、クレジット会社に履歴として残ります。また、IC 乗車カード（Suica など）で電車に乗れば、いつどこの駅で乗降したかが記録されます。このような個人の同意に基づく情報の提供以外にも、電子機器などのテクノロジーの発展にともない、本人の知らないところで、個人情報が収集され蓄積されている場合もあります。このように日々蓄積される膨大な情報は、**ビッグデータ**と呼ばれ、近時注目されています。そして、現在、個々のコンピューターの端末がネットワークでつながれることにより、ネットワーク上に散在する個人情報を居ながらにして収集することも可能です。収集された大量の個人情報は、コンピューターによって簡単に結合し分析できるようになりました。

このように、私たちが生活する**情報社会**では、大量の個人情報をコンピューターやネットワークを使って収集し分析したり、また、盗聴器や監視カメラなどの電子機器と顔認証技術とを組み合わせれば、特定の個人の行動を日常的に監視したりすることも可能です。そうなると、個人情報は、詐欺や脅迫など違法な目的のために悪用される危険も出てきます。違法ではないにしても、大量の個人情報が、個人の性格や性向の分析や、行動パターンの予測などに利用される危険もあります。人工知能（AI）の発展は、より正確な分析と予測を可能にするかもしれません。そのため、私たちは現在、大量の個人情報がデータベースに収集・蓄積されることに大きな不安を感じています。

情報化のすすんだ社会において、個人情報の収集－蓄積－利用のプロセスを、本人がコントロールすべきであるという考えが生まれてくるのも当然です。情報社会の進展が、プライバシーを自己情報コントロール権と再定義する動きを後押ししました。

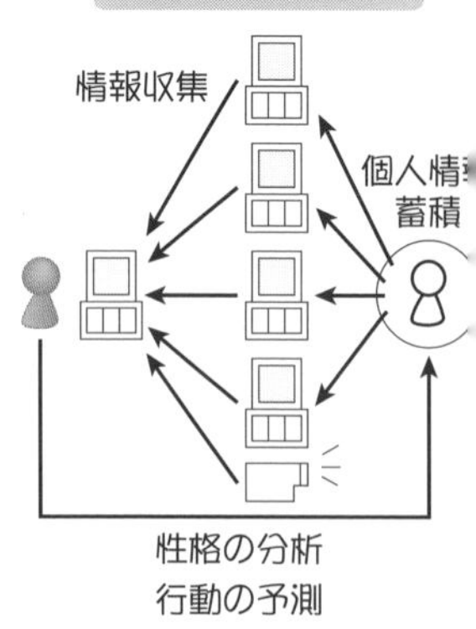

3 プライバシー権を自己情報コントロール権と再定義することは、もともとのプライバシー権が持っていた性格を変えることになります。プライバシー権は、最初にアメリカにおいて、1人で放っておいてもらう権利と定義されました。この意味でのプライバシー権は、国家や他人が個人の私的な領域に立ち入ることを禁止する**防御権的な性格**を持つ権利でした〔**1**〕。

しかし、近年、プライバシー権が私的な空間の保護というよりは、私的な情報の保護にかかわると理解されるようになり、また、テクノロジーの発展により、個人情報の漏れを“水際”で防ぐことも、ますます困難になってきました。そのため、自己情報コントロール権と再定義されたプライバシー権は、次第に、国や民間企業による個人情報の収集・蓄積を前提にしたうえで、本人がその収集－蓄積－利用のプロセスに積極的に関与する権利と位置づけられるようになってきました。つまり、プライバシー権は、国や企業に対して特定の措置を求める**請求権的な性格**を持つ権利へと変化してきたのです〔**2**〕。請求権的な性格を持つ自己情報コントロール権は、具体的には3つの要請を含むと解されています。

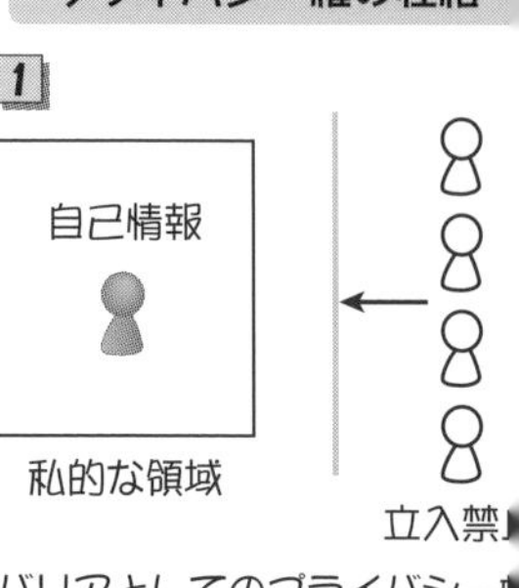

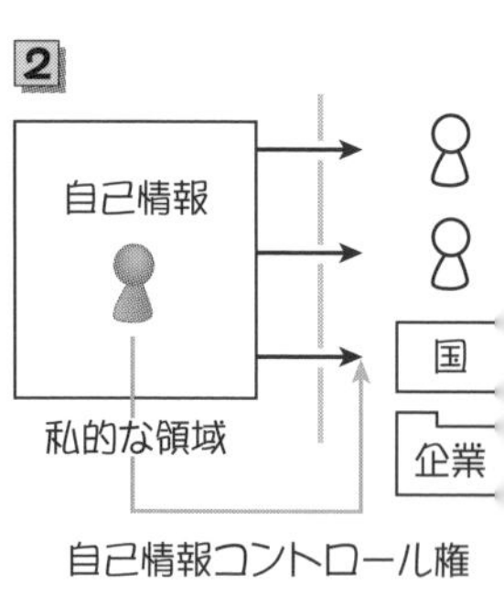

- **情報収集の制限**：本人の同意なく情報を収集し利用することを禁止する。
- **閲覧・訂正の請求**：収集され蓄積された個人情報が正確であるかどうかを確認するために本人の閲覧を認め、誤りや不適切な情報がある場合に、これを訂正したり、使用の停止を求めたりすることを認める。

- **目的外利用の禁止**：本人が情報提供に当たって同意した目的以外には、その情報を利用することを禁止する。

判例5　最決平29・1・31 民集71巻1号63頁

判例6　最判令4・6・24 裁判所ウェブサイト

忘れられる権利

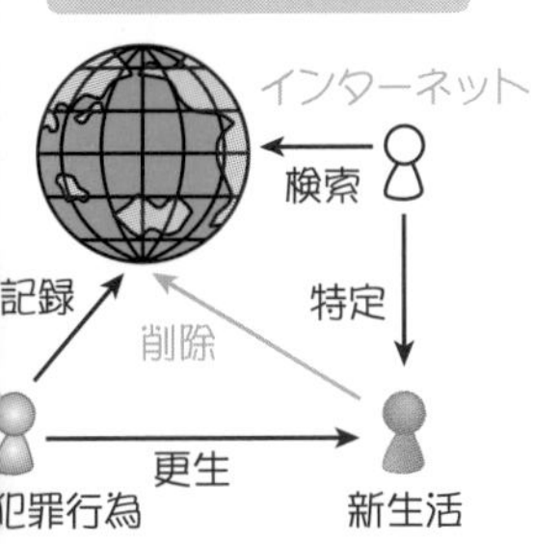

プライバシー権を自己情報コントロール権と理解する場合、保護される個人情報の範囲、個人情報を保護するための積極的な措置の内容、その措置を請求できる人の範囲、請求のための手続などを法律で具体化する必要があります。そこで、国の機関が保有する個人情報に関しては、**行政機関の保有する個人情報の保護に関する法律**（2003年）が制定され、民間の業者に関しては、**個人情報の保護に関する法律**（2003年）が制定されました。EUはもっと進んでいます。過去のデータがインターネットに残り続けることにより、“過去”に縛られ、人生のやり直しや新しいチャレンジを難しくする場合があります。そこでEUは、“**忘れられる権利**”とも呼ばれる「削除権」をEUの規則で明文化しました。日本の最高裁はかなり消極的です〔☞ 判例5・判例6〕。

STEP UP

あなたが何時にどこにいたかは、プライバシーでしょうか。誰にでも、他人には知られたくない場所があるでしょう。たとえば、煩わしい日常から逃れて1人になりたいときに行く“隠れ家”のような喫茶店や、内緒でつき合っている恋人と“密会”するための部屋などです。このような私的な場所は、それ自体がプライバシーの保護の対象です。

では、あなたが何時にどこにいたかがGPS端末によって24時間、365日記録されていたとすればどうでしょう。そこからあなたの行動パターンがあぶり出されるかもしれません。毎週水曜日にダンス教室に通っていることがわかれば、あなたの趣味が知られるでしょう。毎月精神科のクリニックに通っていることがわかれば、あなたが何か心の病を抱えていることが知られるでしょう。このような情報もプライバシーとして保護されます。

最高裁は、裁判所が発する令状なしに、警察が個人の自動車にGPS端末を取り付けて、自動車の位置情報を把握することは許されないとしました（最大判平29・3・15刑集71巻3号13頁）。最高裁も、このような位置情報の把握に伴うプライバシー侵害の危険を2つ挙げています。①プライバシーが強く保護される場所や空間にかかわる位置情報が逐一把握されること。②GPSによる捜査は、個人の行動を継続的、網羅的に把握することを必然的に伴うこと。②は、GPSによる行動パターンの把握が、個人の知られたくない情報を暴く危険性を指摘したものと考えられます。

STEP UP

集めた情報が誰の情報かを氏名を手がかりに確認することは、精度が高い方法とは言えません。最近男の子の名前で多いのが「蓮」君だそうです。そうすると、「佐藤蓮」や「鈴木蓮」という名前の子どもは、日本全国にかなりいるでしょう。同じグループに「佐藤蓮」君が２人いれば、ある情報がどちらのものかすぐにはわからない場合も出てきます。そこで、性別・生年月日・住所・電話番号などを組み合わせて本人を特定することになります。このような情報は、**個人識別情報**と呼ばれますが、プライバシーとして保護される私的な情報とまでは言えません。社会生活上、完全に秘密にすることは難しいからです。

最高裁は、個人識別情報であっても、本人の同意なく、本人の望まない相手にこれらの情報を漏らすことは、プライバシー侵害に当たる場合があるとしています（早稲田大学江沢民国家主席講演会名簿提出事件・最判平 15・9・12 民集 57 巻 8 号 973 頁）。しかし、最高裁は、行政機関が住民基本台帳ネットワークによって本人確認情報を収集・管理・利用することがプライバシー侵害に当たるかが争われた事件では、これらの本人確認情報は秘匿性が低く、制度上プライバシー侵害の具体的な危険性はないと判示しました（住基ネット訴訟・最判平 20・3・6 民集 62 巻 3 号 665 頁）。ただし、最高裁は、制度を作るにあたっていくつかの条件をつけています。①正当な行政目的の範囲内で行われること。②システムの欠陥などにより外部から不当にアクセスされるなどして情報が簡単に漏れる具体的な危険がないこと。③目的外利用や秘密漏洩などに対する罰則があること。④情報保護のための組織を設けるなど情報の適切な取扱いを確実にするための制度的な措置が講じられていること。

情報と本人を結びつける簡単で確実な方法は、１人ひとりに固有の番号をつけることです。大学で１人ひとりの学生に学籍番号を割り当てるのもそのためです。でも、情報ごとに個人に割り当てられた番号が違えば、異なる種類の情報を集めるのは容易ではありません。情報を管理する側からすれば、個人に統一的な番号を振るのが一番便利です。このような統一的な番号になりうるのが、住民基本台帳カードや**マイナンバーカード**に記載されている番号です。これらの番号と秘密にしたい私的な情報が結びつけられると、プライバシー侵害の危険性は一層高まります。現在、マイナンバーカードの普及が進むとともに、マイナンバーカードの利用範囲も拡大しています。これをめぐっての裁判も起こされています（東京地判令 2・2・25 判タ 1485 号 212 頁）。住基ネット訴訟で最高裁が示した条件を満たしているかどうかが焦点となるでしょう。

第4章

法の下の平等

平等は、社会を変革していくための強力な言葉です。平等は、18 世紀以降、生まれによる差別によって成り立つ身分制を徹底的に破壊していきます。近代化の 1 つの側面は、君主を頂点とするピラミッド型の社会を、平等を旗印にした“ブルドーザー”が平坦な社会にならしていくプロセスと見ることができます。

そして、平等の理念が社会に浸透するにつれて、平等の標的は、より具体的な差別へと移っていきます。平等は、人種差別、宗教差別、性差別、部落差別、貧困者の差別、障がいを持つ人に対する差別など、社会に根深く残る差別を告発するための言葉になっていきます。平等は、人権の保障をより普遍的なものにするための推進力であり、その意味で、人権の最も深いところに位置する理念と言えるでしょう。

しかし、平等は、“悪平等”という言葉に象徴されるように、時として嘲笑や揶揄の対象にもなります。平等は、社会において、人に順位を付けることを一切禁止するのか。小学校の運動会で、みんなが手をつないでゴールのテープを切るような“横並び”主義が、平等なのか。平等は、社会に活力を与える競争を否定することにならないのか。真面目に働いても、いい加減に仕事をしても、賃金が同じならば、誰も真面目に働かなくなるのではないか。改革の掛け声だった平等が、今では、改革を阻む障害物であるかのように批判されることが目立っています。

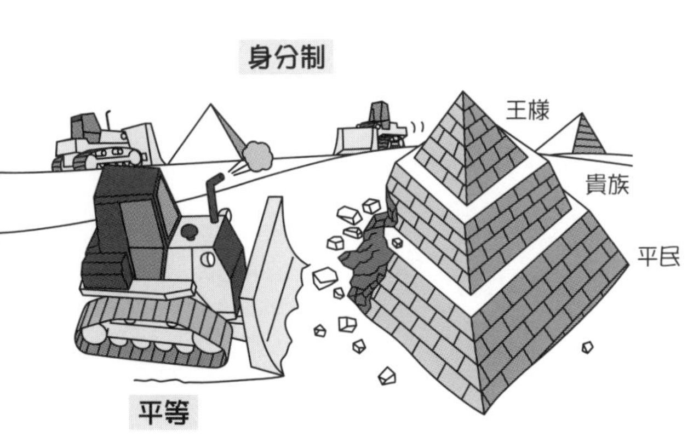

平等は、いろいろな意味を持つ言葉です。そして、状況に応じて正しい意味で使わなければ、平等という言葉が本来持っている社会を改革する力は、大きく殺がれてしまいます。憲法が平等という言葉にどのような意味を込めているのかを見ていくことにします。

個人尊重と平等

1　私たちは、1人ひとり違った人間です。人種や民族も違えば、性別も年齢も違うし、信仰も信条も違っています。能力や関心も異なれば、受ける教育や訓練の内容も成長するにつれて同じではなくなるし、就く職業が異なれば、収入にも差が出てきます。“生きるうえで何を大切にするか”も、人それぞれです。

しかし、1人ひとりの個人にさまざまな違いがあるにもかかわらず、国は、それぞれの個人の生き方に等しく配慮するよう求められます。人生の目標から生まれる“自分らしさ”を尊重することが、憲法の基礎にある個人尊重の考えだからです〔☞第2章〕。より高度なジャンプに挑戦しつづけるフィギュアスケートの選手の生き方も、アイスリンクでその選手の美しい演技を見ることに生活のすべてを注ぐ熱烈なファンの生き方も、国の視点からは、どちらも等しく尊重すべき生き方です。

個人とその生き方を1つの“美しい玉”にたとえれば、近くから見たとき、それぞれの玉は、大きさも色合いも輝き具合も違うでしょう〔**1**〕。しかし、もっと離れたところから見れば、細かな違いは消えてしまい、どの玉も、光り輝く小さな玉になります。玉の美しさに優劣はつけられなくなります〔**2**〕。個人尊重の考えによれば、国は、そのような細かな違いのわからない場所から、個人の生き方を見るべきであるとされるのです。

2　個人尊重の考えをさらに推し進めると、“国は、法律を作る際に見てはいけない、人種、信仰、性別、職業、家柄、教育、財産といった個人の違いを考慮して、法律上異なる取扱いを行うことは原則として許されない”ということになります。そこで憲法は、“すべての個人は法の下に平等であって、人種や信条などの個人の違いに基づいて差別的な取扱いをしてはならない”と規定するのです〔☞憲法14条〕。

また、私たちは、国民として、国に実現してほしい事柄や解決してほしい事柄についていろいろな意見を持っています。それは、“もっと保育園を増やしてほしい”といった身近な生活についての要望から、“地球温暖化につながる二酸化炭素などのガスの排出を

個人尊重の考え

1

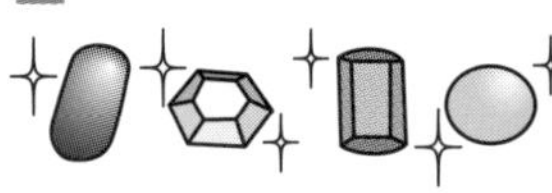

近くに寄って見ると、どれも
しいけど、違いもわかる。

2

遠くから離れて見ると、細か
違いは見えなくなり、すべて
等しく美しい玉に見える。

↓

国は、すべて等しく美しい玉
して個人を尊重すべき。

憲法14条　すべて国民は、法の下に平等であつて、人種、信条、性別、社会的身分又は門地により、政治的、経済的又は社会的関係において、差別されない。
②　華族その他の貴族の制度は、これを認めない。
③　栄誉、勲章その他の栄典の授与は、いかなる特権も伴はない。栄典の授与は、現にこれを有し、又は将来これを受ける者の一代に限り、その効力を有する。

もっと厳しく規制すべきである”といったグローバルな主張までさまざまです。民主的な社会では、このような政治的な要望や主張は、最終的には、選挙によって選ばれた代表者を通じて政治に反映されるというのが原則です〔☞憲法前文〕。

憲法前文 日本国民は、正当に選挙された国会における代表者を通じて行動し、われらとわれらの子孫のために、諸国民との協和による成果と、わが国全土にわたつて自由のもたらす恵沢を確保し、政府の行為によつて再び戦争の惨禍が起ることのないやうにすることを決意し、ここに主権が国民に存することを宣言し、この憲法を確定する。

そのとき、私たちの政治的な要望や主張が、人種や信条や財産などによって異なる重みづけを与えられることは、個人尊重の考えと相いれません。とくに個人の政治的な要求や意見を政治に反映する重要な機会である選挙において、人種や信条や財産などに応じて投票の重みづけを変えることは、許されません〔☞第12章〕。たとえば、特定の人種や民族に選挙権を与えなかったり、高額の税を払っている人に複数の投票を認めたりすることは、憲法で禁止されています〔☞憲法44条但書き〕。

憲法44条 両議院の議員及びその選挙人の資格は、法律でこれを定める。但し、人種、信条、性別、社会的身分、門地、教育、財産又は収入によつて差別してはならない。

平等という言葉の意味

1 しかし、現実の法律の世界では、あるグループに属する人を別なグループに属する人と区別して法律上異なる取扱いを定めることは、ごく普通にあることです。たとえば、誰に選挙権あるいは被選挙権を与えるかは、年齢によって決められています〔☞公職選挙法9条〕。

公職選挙法9条 日本国民で年齢満18年以上の者は、衆議院議員及び参議院議員の選挙権を有する。

もし憲法14条が定める法の下の平等が、すべての人を均一あるいは同一に取り扱うことを国に求めているとすれば、年齢を基準にして、選挙権や被選挙権を与えるかどうかを決める選挙の仕組みは、憲法14条に違反することになります。しかし、生まれたばかりの赤ちゃんからお年寄りまで、すべての国民に選挙権や被選挙権を与えることは、私たちの常識に反します。選挙の候補者の顔すら見分けられない赤ちゃんを選挙に参加させるのは、ばかげています〔**1**〕。

また課税の仕組みも、国民をいくつかのグループに分けて、それぞれにふさわしい取扱いを定めています。所得税は、すべての国民について同じ額ではありませんし、同一の税率でもありません。所得の多い少ないに応じて、税率が変わる累進課税の仕組みが、日本でも取り入れられています。そして、このような累進課税の仕組みのほうが、同一の課税額や課税率を定める仕組みよりも平等な仕組みであると考える人も多いでしょう〔**2**〕。そう考えると、憲法14

法の世界の区別

1 国民

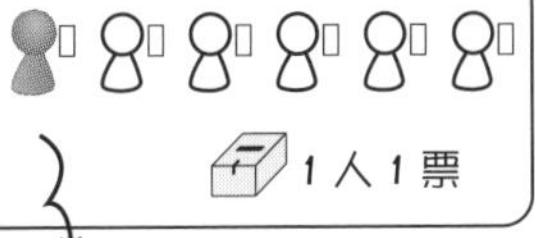

赤ちゃん

赤ちゃんにも“平等に”1票を与えるのは、ばかげている。

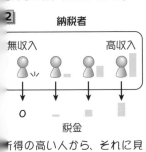

2 納税者

無収入　高収入

0

税金

所得の高い人から、それに見合った税金をとるほうが“平等”ではないか？

条が求める平等は、単純に、すべての国民に対する均一な取扱いを意味しているようには思えません。

2 平等という言葉は、ほんとうに厄介な言葉です。たとえて言えば、円すい形をした立体が、真上から見ると円、真横から見ると三角、斜め上から見ると扇の形に見えるように、平等も、見る角度によってまったく違った意味を持つ言葉です。均一な取扱いは、平等という言葉の１つの側面を言い当てたものですが、それは、あくまでも１つの側面にすぎません。

平等という言葉の意味を理解する近道は、平等の意味のなかでも、白と黒のように、正反対の意味を持つと理解されている組み合わせを取り出して、その意味の違いを正しく理解することです。このような正反対の意味の組み合わせとして、①絶対的平等と相対的平等、②機会の平等と結果の平等の２つの組み合わせがあります。

円すいの見え方

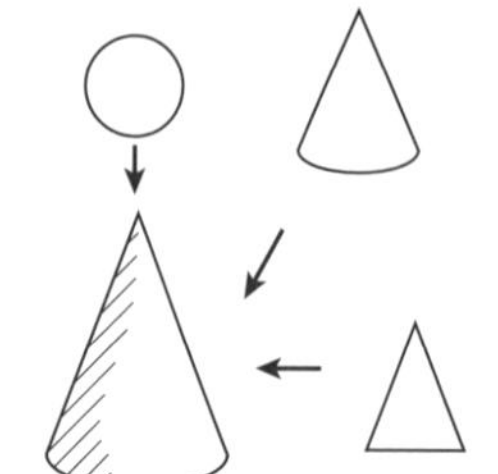

平等も、どの位置から見るかによって見え方（意味）が違ってくる。

- **絶対的平等**：すべての人を同一あるいは均一に取り扱うこと
- **相対的平等**：同じ性質や特徴を持つ人には同じ取扱いをし、別な性質や特徴を持つ人には異なる取扱いをすること
- **機会の平等**：何かをしたり、何かを得たり、何かに加わったりする機会や資格をすべての人に等しく認めること
- **結果の平等**：何かをしたり、何かに加わったりして得た利益や結果がすべての人に等しく分けられること

3 絶対的平等、相対的平等、機会の平等、結果の平等は、それぞれ平等という言葉の１つの側面を言い当てたもので、どれも重要です。どの意味の平等が正しくて、どの意味の平等が間違っているということではありません。問題なのは、適切な場面において適切な意味で平等という言葉を使うことです。たとえて言えば、フォークとスプーンのいずれが食べ物を食べるときの道具として正しいか、と問うことには意味がありません。正しい用途でフォークとスプーンを使い分けることが大切なのです。サラダを食べるときにはフォークで、スープを飲むときにはスプーンでというように。平等についても同じことが言えます。

スプーンとフォークの使い分け

スープ

サラダ

スプーンとフォークのように平等も正しい場面で正しく使うことが大切。

IMAGE

平等という言葉の意味の違いについて、簡単な例を使って説明しましょう。1つの円いケーキがあります。お母さんが、3人の子どもに3等分してケーキを分けるのが**絶対的平等**。部活でおなかを空かせている中学生と高校生の2人のお兄ちゃんにちょっと大きめに配るのが**相対的平等**です。1等の賞品をかけて3人の子どもがクジを引くとき、3人全員にクジを引くチャンスを与えるのが**機会の平等**。クジで当たる品物の中身は別でも、それぞれの品物の値段や価値をだいたい同じにそろえておくのが**結果の平等**です。

絶対的平等と相対的平等

1　それでは、憲法14条の法の下の平等は、どのような意味で平等という言葉を使っているのでしょうか。第1に、法の下の平等は、相対的平等を求めるものとして解釈されます。罪を犯した人に刑罰を科する場合、刑法は、重い罪を犯した人には重い刑罰を、軽い罪の人には軽い刑罰を科すよう定めています。犯罪の軽重を踏まえないで、同一の刑罰を科すことは、むしろ法の下の平等に反します。このように、法の下の平等は、“等しい人は等しく、違う人は違った取扱いをすべし”という相対的平等を求めるものであると理解されています。

第2に、法の下の平等は、原則として、機会の平等を保障するにとどまります。国や地方の公務員になりたい人はたくさんいます。年齢や教育などの一定の要件を満たせば、公務員を志望する人には、誰でも採用試験を受け、公務員の職に就くチャンスが与えられます。しかし、なりたいからといって誰でも公務員になれるわけではありません。試験の結果、公務員になれなかった人が、不平等だと言っても、これは筋違いの批判です。法の下の平等は、公務員になる機会を国民に等しく保障するにとどまるからです。

結果の平等を考慮に入れて、それぞれの人の心身の状態や社会的・経済的な状況に応じて、特別な支援を国に求めるのは、社会権という権利の役割です。あまりに力の差のある人同士が競争するのでは、はじめから結果が見えています。その場合、ただ単に競争に参加する機会を全員に与えたとしても、公正な競争とは言えません。経済的に困窮している人にとっては、競争どころではありませんし、

相対的平等

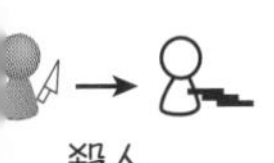

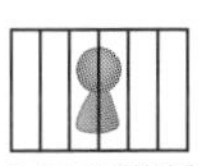

犯罪の軽重で、刑罰の重さを変える。

機会の平等

大卒者は全員受験のチャンスがある。

社会権の役割

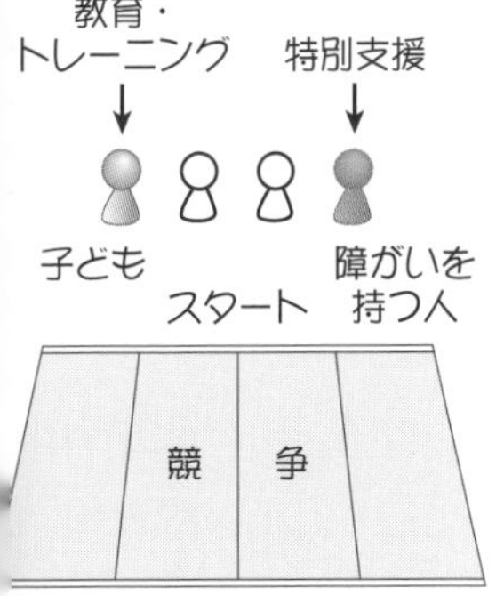

競争の条件を整え、誰にとっても“勝ち目”のある競争にする。

教育やトレーニングなどの必要な準備も十分とは言えません。この場合、競争の条件をある程度まで標準化することが必要です。そのための最低限度の支援を行うよう国に求めるのが、生存権や教育を受ける権利などの社会権の役割です〔☞第11章〕。

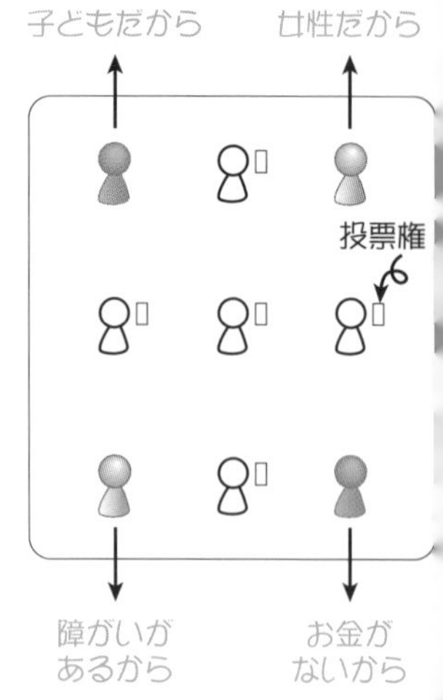

いろいろな理由（区別）をつけて除外できるなら、平等の要請は無意味になる。

2 法の下の平等は、相対的平等の意味に理解するならば、国民をいくつかのグループに分けて、それぞれに異なった取扱いをすること自体を禁止しているわけではないということになります。しかし、“等しい人は等しく、違った人は違った取扱いをすべし”という平等の要請を言葉通りに理解すると、平等の要請は、ほとんど“牙を抜かれた”要請になってしまうおそれがあります。

国がＸとＹに対して異なる取扱いをする法律を作ったとします。ＸとＹの間には、性別や年齢、体重、視力、収入など無数の違いがあります。国は、その違いのどれか１つを取り出して、異なる取扱いの理由とすることができるでしょう。しかし、それを認めてしまうと、法の下の平等に違反する法律はなくなってしまうでしょう。

“等しい人は等しく、違った人は違った取扱いをすべし”という平等の要請を骨抜きにしないためには、補わなければならない大切な要請があります。それは、人を何かの基準にしたがってグループ分けをして、それぞれに違った取扱いをする場合には、きちんとした理由がなければならない、という要請です。区別できればそれでいいというわけではなく、区別することに誰もが納得する筋の通った理由（合理的な理由）がなければ、平等に違反するということです。理屈の通らない区別は、法の下の平等に反する差別ということになります。このような相対的平等の考え方は、**合理的区別論**と呼ばれます。

労働基準法65条　使用者は、6週間（多胎妊娠の場合にあつては、14週間）以内に出産する予定の女性が休業を請求した場合においては、その者を就業させてはならない。
②　使用者は、産後8週間を経過しない女性を就業させてはならない。……

3 女性労働者にのみ認められる産前産後の休暇（☞労働基準法65条）と、裁判でも争われた女性労働者を早く定年退職させる制度を例に考えてみましょう〔☞ 関連判例 〕。

関連判例　日産自動車事件・最判昭56・3・24民集35巻2号300頁〔女性労働者を男性よりも早く定年退職させる制度は、不合理な差別である。〕

● **産休の例**：女性労働者にだけ産休を認める労働基準法の取扱いは、合理的な理由に基づくものであると言える。なぜなら、妊娠中の母体の保護は、社会的に見て重要な目的であるし、妊娠、出産が可能なのは生物学的には女性のみだからである。

産休と定年

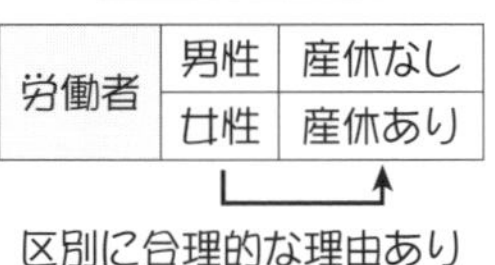

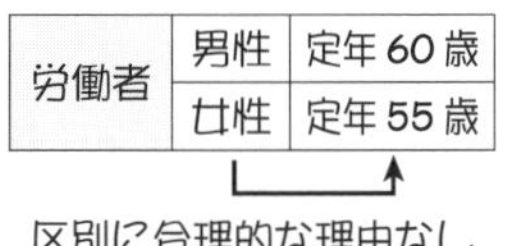

区別に合理的な理由なし
∥
女性労働者に対する偏見に基づく不合理な差別

- **定年の例**：男性労働者の定年年齢を60歳、女性労働者を55歳とすることには、合理的な理由はない。なぜなら、一般に労働能力の低下は、個人差の問題であり、性別とは関係がないと考えられるからである。

このように、法律による異なる取扱いが法の下の平等に違反するかを判断する場合、その取扱いに合理的な理由があるかどうかが、重要なポイントになります。

法適用の平等と法内容の平等

1　法の下の平等は、憲法上の要請ですので、国の活動に縛りをかける原則です。国の活動は、法のプロセスの観点から見ると、“法を作るプロセス”と“法を適用するプロセス”に区別することができます。大ざっぱに言うと、憲法上、法を作る権限は国会に、法を適用する権限は行政機関と裁判所に割り当てられています。法の下の平等は、行政機関や裁判所のような法を適用する機関を拘束するだけでなく、国会のような法を作る機関をも制約する原則です。国の活動すべてにおいて平等を実現するためには、法を適用する機関を拘束するだけでは十分でないからです。

法の下の平等の要請

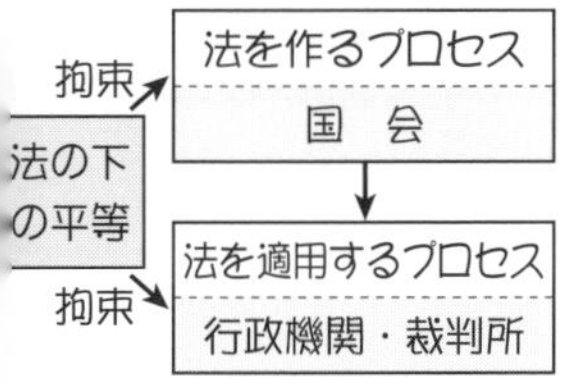

それでは、法の下の平等が、法を適用するプロセスと法を作るプロセスをどのようなかたちで制約しているかを整理してみましょう。

法のプロセスの制約

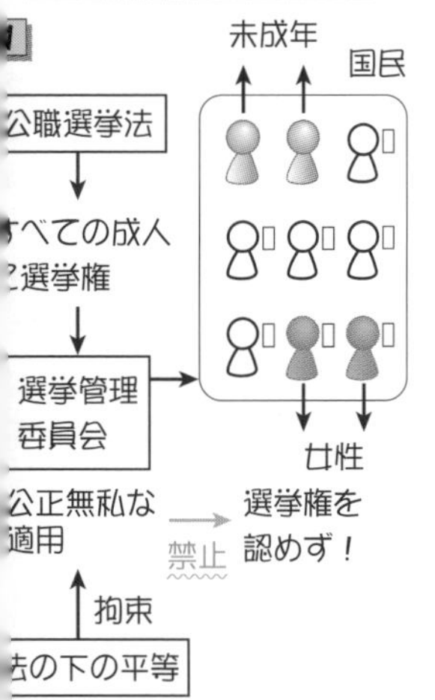

- **法を適用するプロセス**：法の下の平等は、法を適用する機関に対して、法を公正無私に適用することを求める〔**1**〕。つまり、法を適用する機関は、法が考慮に入れることを認めている以外の事柄、たとえば個人的な好みや関係を考慮に入れることは許されない。
- **法を作るプロセス**：法の下の平等は、法を作る機関に対して、合理的な理由のない差別的な内容を含んだ法を作らないことを求める〔**2**〕。法の内容に不合理な差別が含まれていれば、その法を適用する機関がいくら真面目に、つまり公正無私に法を適用したところで、むしろ差別が広がるだけだからである。

法の適用のプロセスを制約する平等は、**法適用の平等**と呼ばれ、法を作るプロセスを制約する平等は、**法内容の平等**と呼ばれています。そして、憲法 14 条が定める法の下の平等は、法適用の平等とともに、法内容の平等も保障するものであると理解されています。

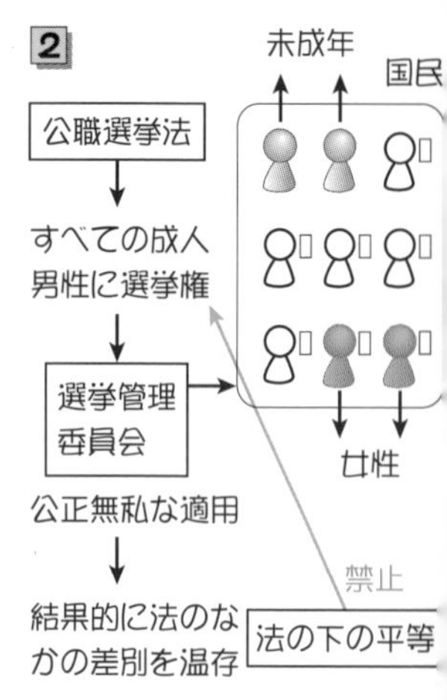

法のなかに偏見に基づく差別が
ある場合、差別の源である法を
たたく必要がある。

2 法の下の平等を保障する憲法 14 条は、禁止される差別の事由として、特に人種、信条、性別、社会的身分、門地を挙げています。また、選挙について規定した憲法 44 条は、これに教育と収入・財産を禁止される差別の事由として加えています。ただし、憲法がこのように差別禁止事由を具体的に列挙しているのは、あくまでも例示の意味であって、憲法が禁止する差別は、憲法が明示している事由に限られません。たとえば、障がいの有無に基づく別異な取扱いや、地域間での異なる取扱いも、合理的な理由のない差別に当たる場合には、法の下の平等に違反します。

3 ただ、憲法 14 条が明示的に挙げる 5 つの差別禁止の事由に基づく別異な取扱いは、歴史的に見て、根拠のない偏見に基づく差別的な取扱いであることが多いのも確かです。偏見や敵意に基づく人種差別や宗教弾圧の例は、歴史上枚挙にいとまがありません。また、人種や性別などの生まれつき持った性質は、個人の意思や選択によっては決められないものであり、このような事由による異なる取扱いは、個人尊重を原則とする民主的な社会では、よほどの理由がなければ、許されません。したがって、これらの 5 つの事由に基づく別異な取扱いは、憲法上、きわめて疑わしい区別に基づくものと言えます。

そのような理由から、憲法 14 条が挙げている 5 つの事由に基づいて、国民を区別して扱う法律の合理性については、裁判所は、より厳しく審査しなければならないと言われています。歴史の教訓を踏まえれば、少なくとも人種や信条に基づく異なる取扱いについては、裁判所は、それが筋の通った理由のある区別であるかどうかを、とくに注意深く検討すべきです。

憲法 14 条 1 項後段の意義

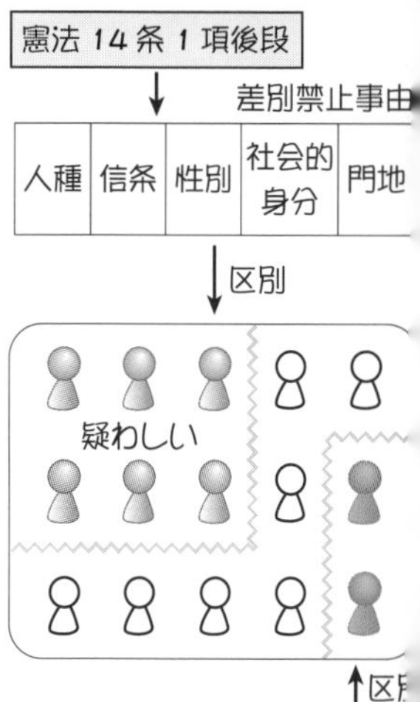

憲法 14 条 1 項後段の事由に基
づく区別については、裁判所は
その合憲性を厳しく審査する。

法の下の平等と違憲審査

1 国会が、ある基準に基づいて国民を区別して、各々に異なる取扱いをする法律を作った場合、その法律が法の下の平等に違反しないか、つまりその別異な取扱いが合理的な理由に基づくものであるか否かを裁判所が審査するとき、大きく分けて、2つの審査のポイントがあります。

裁判所の審査のポイント

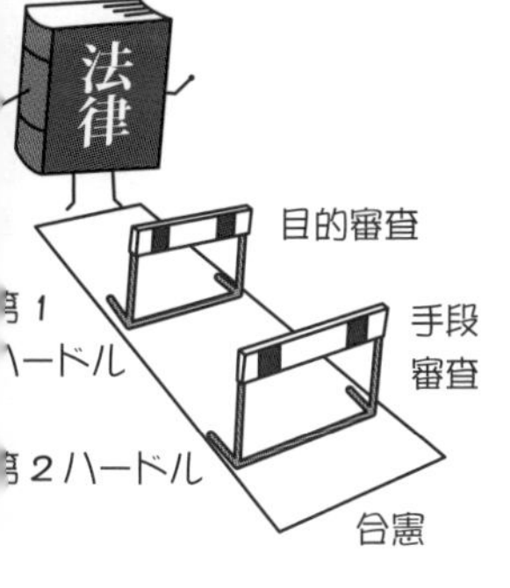

- **目的審査**：立法の目的が合理的であるかどうかの審査
- **手段審査**：その立法目的を達成する手段が目的と合理的に関連しているかどうかの審査

2 女性労働者の産前産後の休暇を例にして、目的審査と手段審査に分けて、その合理性について考えてみましょう。産休制度は、妊娠・出産した女性の身体と、おなかのなかの赤ちゃんの健康を守ることを目的とした休暇の制度です。国民の生命や健康を守ることは、国の大切な役割ですから、母体と赤ちゃんの健康に配慮するという目的は、きわめて重要な目的と言えます。したがって、女性と男性とを別異に取り扱う産休制度については、その立法目的は合理的であると考えられます。審査の第1ハードルは、クリアです。

審査の第2ハードルが、手段審査です。目的がどんなに重要でも、それを達成するために選ばれた手段が的はずれであれば、意味がないだけでなく、必要のない制約や負担を国民に強いることになります。妊娠した女性の身体とおなかの赤ちゃんの健康を守るという立法目的を達成するためには、労働基準法は、女性にだけ産休を認めるという手段を選びました。妊娠・出産する生物学的な能力は、女性にしかありません。したがって、妊娠した女性の身体とおなかの赤ちゃんの健康を守るという立法目的と、女性にのみ産休を認める法律の制度とは、合理的に関連していると言えます。

このように、産休制度は、その目的と手段の2つの側面から見て、筋の通った合理的な区別であると言えるので、憲法14条に違反しないことになります。

産休制度の合理性

立法目的	母親と胎児の健康への配慮	合理的
手段	産前・産後の有給休暇	合理的

↓

産休制度は合憲

尊属殺人罪と法の下の平等

1　最高裁が、目的審査と手段審査に分けて、法の下の平等に法律が違反していないかどうかを判断する手法を確立したのは、刑法200条が規定する尊属殺人罪の合憲性が争われた事件でした。1995年に改正される以前、刑法は、通常の殺人罪の規定に加えて、自分や配偶者の直系尊属、つまり父母、あるいは祖父母を殺害した者を厳しく処罰する、尊属殺人罪の規置を置いていました〔☞刑法199条・200条〕。

刑法199条　人ヲ殺シタル者ハ死刑又ハ無期若クハ3年以上ノ懲役ニ処ス
刑法200条　自己又ハ配偶者ノ直系尊属ヲ殺シタル者ハ死刑又ハ無期懲役ニ処ス
（いずれも1995年改正以前）

尊属殺人罪の規定は、殺人を犯した者が殺された者とどのような関係にあったかによって、刑罰の重みを変えています。まったくの他人を殺した場合や、親が子どもを殺した場合には、刑法199条の殺人罪の規定が適用されます〔1〕。裁判官は、有罪とされた被告人に対して、懲役3年から死刑までの刑罰の範囲から科するべき刑を選択します。しかし、子どもが親を殺した場合には、裁判官は、きわめて重たい刑罰である、死刑か無期懲役かの選択を迫られることになります〔2〕。このような異なる取扱いが、憲法14条の保障する法の下の平等に違反しないかが、裁判で争われたのでした。

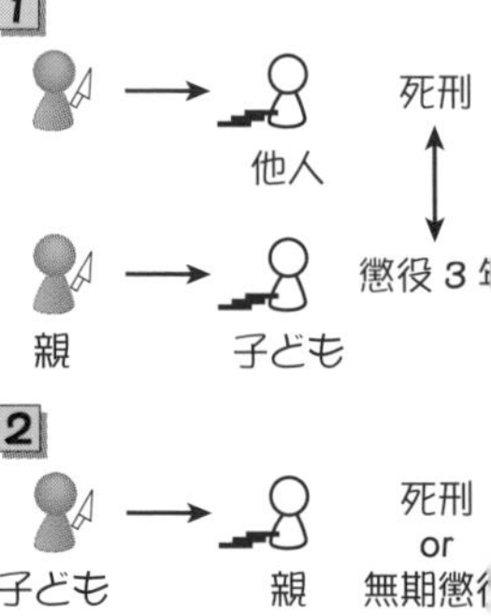

2　しかし、裁判官は、尊属殺人を犯した被告人に対して、常に死刑か無期懲役のいずれかの刑罰を科さなければならないというわけではありません。刑法には、被告人の刑を免除したり軽くしたりする減軽の制度があるからです〔☞刑法39条・66条〕。つまり、被告人が、罪を犯したときに、心神喪失や心神耗弱の状態にあった場合には、刑が免除されたり、刑が軽くされたりします。

刑法39条　心神喪失者の行為は、罰しない。
②　心神耗弱者の行為は、その刑を減軽する。
刑法66条　犯罪の情状に酌量すべきものがあるときは、その刑を減軽することができる。

したがって、子どもが親を殺した場合であっても、刑が減軽されて、死刑や無期懲役よりも軽い刑が科されることがあります。ただし、後述するように法律上、最大限減軽を行ったとしても、3年6ヶ月を下ることはありませんでした。

尊属殺人違憲判決

1　最高裁（多数意見）は、刑法200条を合憲としてきた従来の判

判例1-1　尊属殺人事件・最大判昭48・4・4刑集27巻3号265頁
(1)　刑法200条の立法目的は、尊属を卑属またはその配偶者が殺害することをもつて一般に高度の社会的道義的非難に値するものとし、かかる所為を通常の殺人の場合より厳重に処罰し、もつて特に強くこれを禁圧しようとするにあるものと解される。……尊属に対する尊重報恩は、社会生活上の基本的道義というべく、このような自然的情愛ないし普遍的倫理の維持は、刑法上の保護に値するものといわなければならない。
このような点を考えれば、尊属の殺害は通常の殺人に比して一般に高度の社会的道義的非難を受けて然るべきであるとして、このことをその処罰に反映させても、あながち不合理であるとはいえない。
(2)　もとより、卑属が、責むべきところのない尊属を故なく殺害するがごときは厳重に処罰すべく、いささかも仮借すべきではないが、……尊属でありながら卑属に対して非道の行為に出で、ついには卑属をして尊属を殺害する事態に立ち至らしめる事例も見られ、かかる場合、卑属の行為は必ずしも現行法の定める尊属殺の重刑をもつて臨むほどの峻厳な非難には値しないものということができる。

例を変更して、尊属殺重罰規定を違憲とする判断を下しました〔☞判例1-1〕。この判決は、違憲立法審査権を持つ最高裁が法律を違憲としたはじめての判決であったこともあり、社会的に注目を集めました。

まず、最高裁は、憲法14条1項の規定の趣旨を、合理的な理由のある区別を許す相対的平等を定めたものであるとし、また、同項後段に列挙された事由は例示であると述べています。そして、刑法200条が合理的な理由に基づく別異な取扱いに当たるかどうかを、立法目的とその目的を達成する手段の両面から審査しました。

2　最高裁は、刑法200条の立法目的を次のように理解しました。子どもが親を殺害することは、社会的に見て、きわめて強い道徳的な非難を受けるに値する行いです。そこで、刑法は、このような行為を通常の殺人に比べて重たく罰し、特別に強く抑止しようとしたとされます。つまり、この規定の背後には、“子どもが、育ててくれた親を敬い、その恩に報いることは社会生活の基本的な道徳である”という考えがあると言うのです。このような理解から、子どもが親を殺す行為は、親子の愛情に基づく結びつきを壊し、親の恩に報いるという基本的な道徳に反するものであり、このことを刑罰の重さに反映させたとしても、不合理であるとは言えない、と最高裁は判断しました〔☞判例1-1 (1)〕。

3　最高裁は、次に手段審査を行います。最高裁によれば、通常の殺人罪に比べて尊属殺人罪の刑を極端に重くして、立法目的を達成する手段として甚だしく均衡を失し、これを正当化できる根拠が見いだせないときには、不合理な差別となるとされます。手段審査で問題となったのは、刑罰の過重の程度が極端かどうかということでした。

ところで、刑法200条の尊属殺人罪の場合、刑法が定める2回の減軽を行っても、裁判官が言い渡すことのできる一番軽い刑は、懲役3年6ヶ月でした。その一方で、刑法は、言い渡された刑の執行を猶予できる場合を3年以下の懲役刑に限定していました。そのため、尊属殺人罪の場合は、最大限刑を減軽したとしても、実刑判決は免れませんでした。つまり、懲役刑を科する判決が確定すれば、被告人は刑務所に直ちに送られます。この点で、刑法200条が定める刑罰は、大変重たいものでした。

最高裁は、尊属殺人に対してこのような重たい刑罰を科することが、前述した立法目的から見て釣り合いがとれているかを問題にします。尊属殺人にもいろいろな事情があり、むしろ親が子どもを虐待し、虐待を受けた子どもが思いあまって、親を殺してしまう場合もあるはずです。まさに、ここで争われている事件がそうでした。被告人は、12歳から父親から性的な虐待を受け、父親の子どもを5人も産んでいたというのです。最高裁は、殺された親の側に重大な非があるような場合には、死刑や無期懲役といった重たい刑罰を科さなければならないほどの厳しい非難を被告に向ける必要はないと判示しました〔☞ **判例 1-1** (2)〕。

最高裁の多数意見は、結論として、尊属殺人の刑罰が死刑と無期懲役に限定されている点であまりに厳しく、子どもの親に対する敬愛や報恩といった自然の感情や基本的な道徳の維持といった観点からだけでは十分に説明できないとしました。結局、刑法200条の尊属殺人罪は、立法目的に見合わないほどの重たい刑を定めている点で、合理的な理由に基づく別異な取扱いとは言えず、違憲無効であると判断されました。

4 この最高裁判決には、補足意見、意見、反対意見が付けられています。ここでは、田中二郎裁判官（小川信雄裁判官、坂本吉勝裁判官が同調）の意見を紹介しておきます。最高裁の多数意見が、立法目的の合理性を肯定しつつ、その目的を達成する手段が不合理であるとしたのに対して、田中裁判官は、立法目的の合理性を否定しました。つまり、田中裁判官は、尊属殺人罪の規定を目的審査の段階で違憲としたのです。

尊属殺人罪は、自分の親を殺害した場合でなく、夫や妻の親（義理の親）を殺害した場合にも適用されます。しかし、義理の親の場合、育ててくれた親に対する“裏切り”という側面は必ずしも強くなく、“親は親に違いなく、とにかく敬い、孝行せよ”という意味合いが強くなります。田中裁判官は、“親が子どもに実際にしてくれたこと”と関係なく、“親は親だから孝行せよ”というのは、「一種の身分制道徳」であると言います。これは、王様が臣民にとって善い政治を行ったかどうかとはかかわりなく、“王様は王様だから敬え“と命ずるのと違いがありません。

減軽

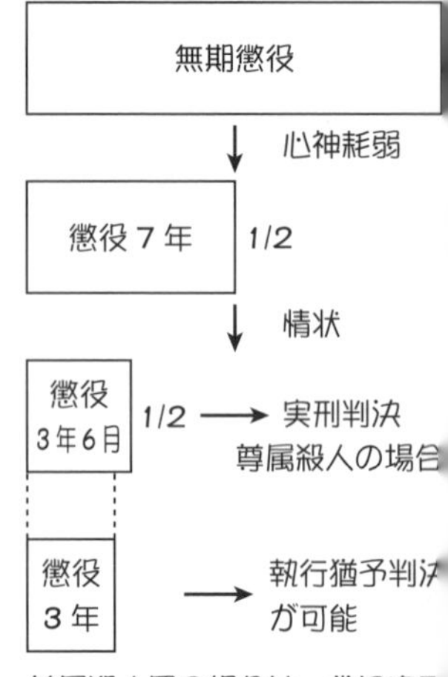

尊属殺人罪の場合は、常に実刑判決。

個人主義と身分制

功績

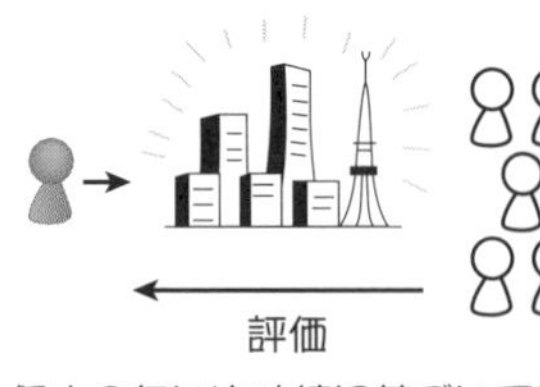

個人の行いや功績に基づいて評価→個人主義

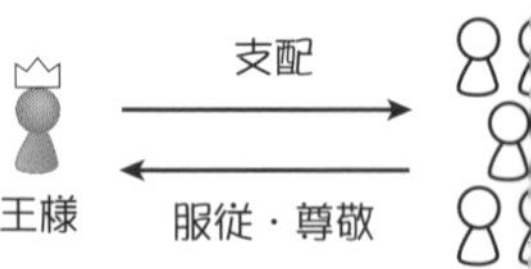

個人の身分や地位に基づいて評価→身分制

判例 1-2

尊属がただ尊属なるがゆえに特別の保護を受けるべきであるとか、本人のほか配偶者を含めて卑属の尊属殺人はその背徳性が著しく、特に強い道義的非難に値いするとかの理由によつて、尊属殺人に関する特別の規定を設けることは、一種の身分制道徳の見地に立つものというべきであり、……旧家族制度的倫理観に立脚するものであつて、個人の尊厳と人格価値の平等を基本的な立脚点とする民主主義の理念と抵触するものとの疑いが極めて濃厚であるといわなければならない。

しかし、法の下の平等の基礎には、“生まれ（人種や性別や家柄）にかかわりなくすべての人の生き方を等しく尊重すべきである”という個人尊重の考えがあります。この考えは、生まれによって人間の価値が異なることを前提とする身分制道徳とは相いれません。そこで、田中裁判官は、尊属殺人罪の立法目的の背後には、“親は親だから敬え”という身分制道徳的な考え方が潜んでいるとして、立法目的の合理性自体を否定したのでした〔☞ 判例 1-2〕。少数意見の立場のほうが説得的です。

5 多数意見も田中二郎裁判官の少数意見も、結論的には、刑法200条を違憲とする点では違いがありません。違いは、立法目的と立法目的達成の手段のいずれのポイントで違憲としたかという点でした。この違いは、見過ごしてはなりません。その後の刑法改正の論議に影響を与えるからです。

多数意見と少数意見の比較

	多数意見	少数意見
立法目的	親への敬愛や報恩の感情や倫理の維持 →合理的	身分制道徳を反映 →不合理
手段	執行猶予が付かないほど厳しい刑罰 →不合理	刑罰の軽重の問題は立法政策
結論	手段違憲	目的違憲
改正の仕方	刑罰を軽くすることで合憲の可能性	尊属に関する規定は一切違憲

最高裁により違憲とされた法律を、憲法に適合するように改正したり、廃止したりするのは、国会の権限です。刑法200条の立法目的が不合理であるということになれば、国会は、尊属殺人罪の規定を廃止するよりほかにありません。しかし、刑罰の過重の程度が極端であるということが不合理とされた理由だとすれば、国会は、刑罰の過重の程度を引き下げることで、違憲判決に対応することも可能になります。

国会は、結局、最高裁による違憲判決が下されてから20年以上も経って、ようやく刑法200条を削除することで、違憲判決に応えました。遅きに失した感があります。なお、改正までのあいだ、検察官は尊属殺人についても、刑法199条の殺人罪で被告人を起訴していました。

Mini Lecture 3　違憲立法審査権

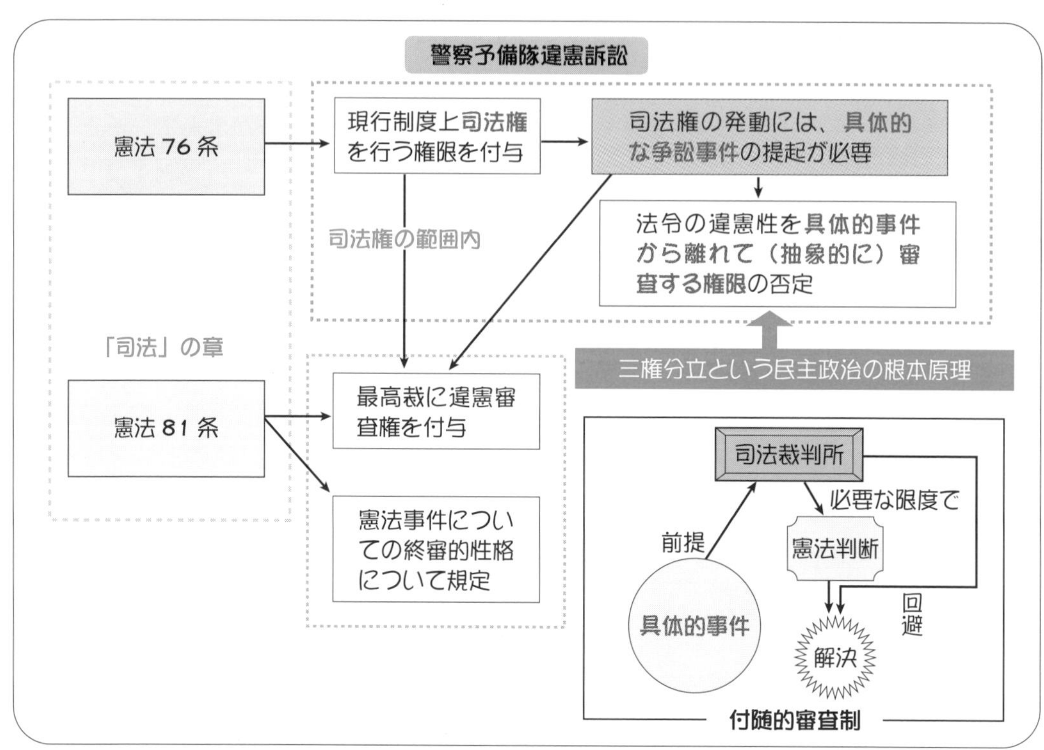

1　憲法は、最高裁判所に対して、「一切の法律、命令、規則又は処分が憲法に適合するかしないかを決定する権限」を与えています（憲法 81 条）。この権限は、**違憲立法審査権**と呼ばれます。法の世界の最高ランクの法――**最高法規**――である憲法に違反する法律や命令などは、法としての効力を持たないとされるため（憲法 98 条）、最高裁によって違憲と宣言された法律は、少なくとも、目の前の事件を解決する法とはみなされません。

2　この違憲立法審査権と司法権との関係が問題となります。司法権は、目の前に具体的な法律上の争訟――**具体的事件**――が存在することを前提にしています〔☞ Mini Lecture 2〕。違憲立法審査権は、具体的事件を抜きにして、行使できる権限――**抽象的審査**――かどうかが争われてきました。

自衛隊の前身である警察予備隊が憲法 9 条に違反するかどうかが争われた訴訟で、最高裁は、違憲立法審査権といえども司法権の範囲内で行使されるべきであり、法令の違憲性を具体的事件から離れて審査することはできないと判断しました〔**判例** 最大判昭 27・10・8 民集 6 巻 9 号 783 頁〕。具体的事件を前提にしつつ、その事件に適用される法令について憲法に違反しないかどうかを審査する仕組みは、**付随的審査制**（アメリカ型）と呼ばれます。他方、ドイツのように、憲法判断を専門に行う**憲法裁判所**を設けている国もあります。

第5章

平等と家族

私たちは、自分たちの家族のあり方が家族の“当たり前”の形であると思いがちです。その関係が居心地の良いもので、口にこそ出さないけれど“幸せだ”と感じられるならば、その家族の形こそが一番だと思うのも無理ありません。

しかし、自分たちの家族の形が、社会のスタンダードであると考えるのは危険です。ましてや、国が、文化や伝統といった衣装をまとった、特定の家族の形をすべての家族に押しつけるようなことはあってはならないでしょう。家族は、私たちの社会生活の基礎です。そのため、家族に対する縛りは、私たち個人の生き方の幅を狭めることにつながります。“男は外で働き、女性は家を守る”といったステレオタイプの家族観が、女性はもちろんのこと、男性の生き方の幅をも狭めてきたようにです。

そして、自分たちの家族の形を“当たり前”と思い込む意識は、理由のない差別の温床でもあります。スタンダードから外れた家族の形を“不幸”と決めつけ、さらには、社会の秩序を壊す“元凶”とみなして、これを排除しようとする人が必ず現れます。そこには、家族は社会を形づくる最小の“ブロック”だから、そこに“いびつな形をしたブロック”や“ひびの入ったブロック”が混じると、社会全体が壊れてしまうという発想が潜んでいます。そして、“当たり前の家族の形”そのもののなかに、家族のメンバーに対する目に見えない差別が含まれているかもしれません。

憲法は、家族のなかにも平等という理念を浸透させようとしています。自分たちの家族の形を“当たり前”と考える発想から抜け出して、“逸脱した”家族に対する不利な取扱いや、家族に潜む差別を明るみに出して、そこに筋の通った理由があるかを考えてみましょう。

家族のなかの平等

1 憲法24条は、家族や相続に関する法律上の規定については、「**個人の尊厳と両性の本質的平等**」に立脚して定めるよう国に求めています〔☞憲法24条〕。憲法の言葉だけ見れば、男女の関係や夫婦の関係を念頭において書かれた規定と言えるでしょう。しかし、憲法14条が保障する法の下の平等から言えば、夫婦だけでなく、親子や兄弟姉妹のあいだであっても、理由のない差別は禁じられることになります。

家族や相続に関する最も基本的な事項を定めた法律は、民法です。民法は、1898年に施行された古い法律ですが、民法の家族と相続に関する規定は、日本国憲法が制定された後に、全面的に改められました。明治時代に制定された民法には、憲法の個人の尊厳や両性の本質的平等という考えとは相いれない規定が、多く含まれていたからです。たとえば改正前の民法では、結婚すると女性は、夫の許可がなければ重要な契約は結べないし、その財産は夫の管理に服することとされていました〔☞民法801条（1948年改正前）〕。また、家族の者はその長である戸主に支配され〔☞民法772条（同上）〕、その地位と家の財産は、原則として長男が継ぐことになっていました。

2 もちろん、家族や相続についての考え方は、それぞれの国の文化や伝統に強く規定されています。その国の文化や伝統を無視して、外国の立法例を無理に持ち込んだとしても、**明治時代の法典論争**のように、社会にさまざまな対立や軋轢（あつれき）を生むことになるし、結局は社会に根づかないでしょう。したがって、日本の民法もまた、日本の伝統や慣習、国民の意識などをある程度反映したものにならざるを得ません。

反対に、日本の社会のあり方や国民の意識が変われば、従来みんなが“当たり前”と思っていた仕組みが、“時代遅れ”に感じられることも出てくるはずです。また、憲法の理念が社会に広く浸透するにつれて、以前はあまり問題だと感じられなかった規定が、ほんとうに憲法の規定に合っているのだろうかという疑問も生まれてくるかもしれません。結婚している男女のあいだで生まれた子ども――**嫡出子**――と、そうでない子ども――**非嫡出子**（婚外子）――

憲法24条 婚姻は、両性の合意のみに基いて成立し、夫婦が同等の権利を有することを基本として、相互の協力により、維持されなければならない。
② 配偶者の選択、財産権、相続、住居の選定、離婚並びに婚姻及び家族に関するその他の事項に関しては、法律は、個人の尊厳と両性の本質的平等に立脚して、制定されなければならない。

民法801条 夫ハ妻ノ財産ヲ管理ス
民法772条 子カ婚姻ヲ為スニハ其家ニ在ル父母ノ同意ヲ得ルコトヲ要ス但男カ満30年女カ満25年ニ達シタル後ハ此限ニ在ラス
（1948年改正前）

法典論争

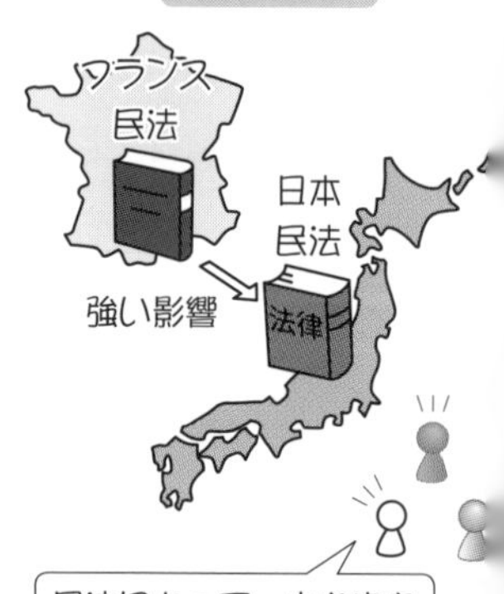

民法900条 同順位の相続人が数人あるときは、その相続分は、次の各号の定めるところによる。
四 子、直系尊属又は兄弟姉妹が数人あるときは、各自の相続分は、相等しいものとする。ただし、嫡出でない子の

との相続分に違いを設ける民法900条の規定は、その1つの例と言えるでしょう〔☞民法900条4号ただし書き〕。

相続分は、嫡出である子の相続分の二分の一と（する）……。
（2013年改正前）

非嫡出子の相続分差別

1 民法900条の規定は、相続の権利を持つ人たちのなかに、嫡出子と非嫡出子がいる場合、その相続分の割合に違いを設けていました。非嫡出子の相続分は、嫡出子の相続分の1/2と定められていたのです（2013年改正前）。嫡出子と非嫡出子の法定相続分の違いを具体的に見てみることにしましょう。

具体的な事例

A（女性）は、Bとのあいだに子どもXをもうけたが、AとBは、結局、法律上結婚しないまま別れてしまった。その後、Xは別な人に預けられたが、戸籍上はAの子どものままだった。しばらくしてAは、Cと法律上結婚して、2人の子ども（Y_1とY_2）を産んだ。

Aが病気で亡くなったとする。そのときに、Aには5000万円ほどの財産があったが、遺言はとくに残していなかった。そこで、Aの財産は、民法900条の規定にしたがって、CとX、Y_1、Y_2のあいだで相続されることになる。この場合、Xは、Y_1とY_2の相続額の半分の500万円を相続することになる。

具体的な事例

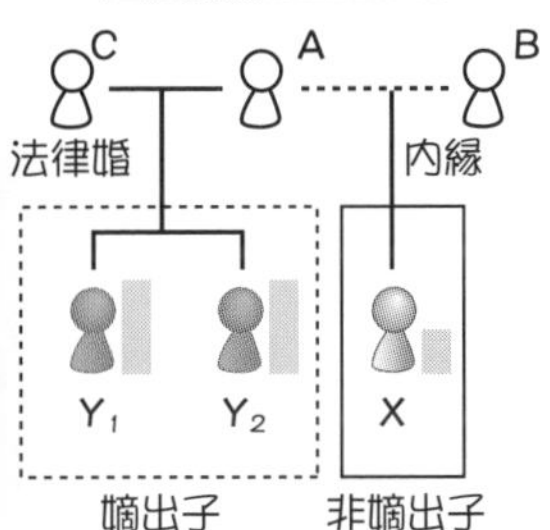

	相続の割合	相続額
C	1/2	2500万円
X	1/10	500万円
Y_1	1/5	1000万円
Y_2	1/5	1000万円

Xの相続分はY_1とY_2の1/2。

2 Xにとっては、Y_1とY_2は、母を同じくする兄弟です。それなのに、Xは、法律上、Y_1やY_2の半分の額しか母親の遺産を相続することができません。Xが非嫡出子だからです。しかし、Xが非嫡出子であるという事実は、Xが自分で選んだことではありません。言ってみれば、親の都合です。そのことで自分が損をすることに、Xは釈然としません。Xが、嫡出子と非嫡出子の相続分に法律で違いを設けるのは、差別ではないかという疑問を持つのも当然です。そこで、このように相続分において嫡出子と非嫡出子とを別異に取り扱うことは、憲法14条が保障する法の下の平等に違反する不合理な差別に当たるかどうかが問題になりました。

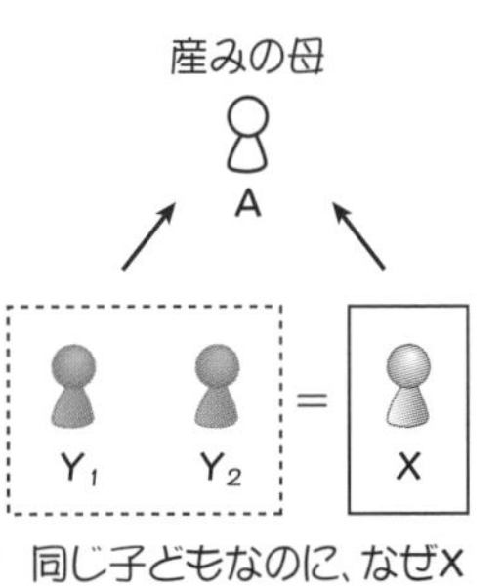

同じ子どもなのに、なぜXはY_1、Y_2の1/2しか母の遺産を相続できないのか？

↓

法の下の平等違反！

非嫡出子相続分差別違憲訴訟

1　家族の関係で平等が問題となった場合でも、法の下の平等の基本原則が当てはまります〔☞第4章〕。第1に、法の下の平等は均一な取扱いを求めるものではないから、嫡出子と非嫡出子とで相続分に差を設けても、直ちに違憲とはなりません。第2に、法の下の平等は、みんなが納得できる筋の通った理由（合理的な理由）があれば、国が国民を区別して扱うことは認めるので、嫡出子と非嫡出子の別異な取扱いに合理的な理由があるか否かが、憲法の争点になります。第3に、裁判所は通常、合理的な理由があるか否かの判断を求められた場合、立法の目的と、その目的を達成する手段という2つの側面から審査することになります。

2　最高裁は一度、“嫡出子と非嫡出子のあいだで相続分に格差を設ける民法900条は法の下の平等に違反しない”と判断しました〔1995年決定 ☞ 判例1〕。最高裁（多数意見）は、まず、法定相続分の性格について論じます。相続される財産がどのようなかたちで継承されるかについて、民法はさまざまな定めを置いています。また、相続人が複数いる場合に、その相続分をどうするかは、遺言で定めることもできるし、相続人同士の協議によって決めることもできます。したがって、遺産の分割は、必ずしも民法900条の定める法定相続分に従って行われるわけではありません〔☞ 判例1 (1)〕。このことから、最高裁は、民法900条の規定を、「遺言による相続分の指定等がない場合などにおいて、補充的に機能する規定である」と位置づけます。

そして、相続制度をどのように定めるかは、それぞれの国の伝統、社会事情、国民感情なども考慮しなければならないし、婚姻や親子関係など家族のあり方を規律するルールにも左右されるとします。最高裁は、このような事柄を総合的に考慮して、相続制度をどのように定めるかは、立法府の判断に委ねられていると述べて、相続制度の定めについて、立法府に広い判断の幅（立法裁量）を与えました〔☞ 判例1 (2)〕。

しかし、立法府の裁量も、絶対無制限ではありません。憲法14条の法の下の平等の要請が、立法府をも拘束する以上、立法府は、

判例1　非嫡出子相続分差別違憲訴訟・最大決平7・7・5民集49巻7号1789頁

(1)「民法は、社会情勢の変化等に応じて改正され、また、被相続人の財産の承継につき多角的に定めを置いているのであって、本件規定を含む民法900条の法定相続分の定めはその一つにすぎず、法定相続分のとおりに相続が行われなければならない旨を定めたものではない。」

(2)「相続制度を定めるに当たっては、それぞれの国の伝統、社会事情、国民感情なども考慮されなければならず、各国の相続制度は、多かれ少なかれ、これらの事情、要素を反映している。さらに、現在の相続制度は家族というものをどのように考えるかということと密接に関係しているのであって、その国における婚姻ないし親子関係に対する規律等を離れてこれを定めることはできない。<u>これらを総合的に考慮した上で、相続制度をどのように定めるかは、立法府の合理的な裁量判断にゆだねられているものというほかない。</u>」

(3)〔民法900条4号ただし

書きの規定の〕立法理由は、法律上の配偶者との間に出生した嫡出子の立場を尊重するとともに、他方、被相続人の子である非嫡出子の立場にも配慮して、非嫡出子に嫡出子の 1/2 の法定相続分を認めることにより、非嫡出子を保護しようとしたものであり、法律婚の尊重と非嫡出子の保護の調整を図ったものと解される。

合理的な理由を欠いた、差別的な相続制度を設けることはできません〔☞第4章〕。ただし最高裁は、立法府に広い裁量を与えたため、合理的な理由についてかなり緩やかな審査を行いました。

多数意見の違憲審査基準――緩やかな基準

「嫡出子と非嫡出子の法定相続分の区別は、その立法理由に**合理的な根拠**があり、かつ、その区別が**右立法理由との関連で著しく不合理なものでなく**、いまだ立法府に与えられた合理的な裁量判断の限界を超えていないと認められる限り、合理的理由のない差別とはいえず、これを憲法 14 条 1 項に反するものということはできない」。

3 最高裁が示した合理性を判断する審査基準は、立法府から見ると、かなりハードルの低いものです。立法目的は、一応筋が通っていれば、必ずしも重要な目的でなくても合理的であると判断されます。また、立法目的を達成する手段についても、立法府が選んだ手段が、立法目的とまったく無関係であったり、その目的の達成にとって明らかに逆効果であると評価されたりしない限りは、合理的であると判断されます。この基準は**合理性の基準**と呼ばれます。

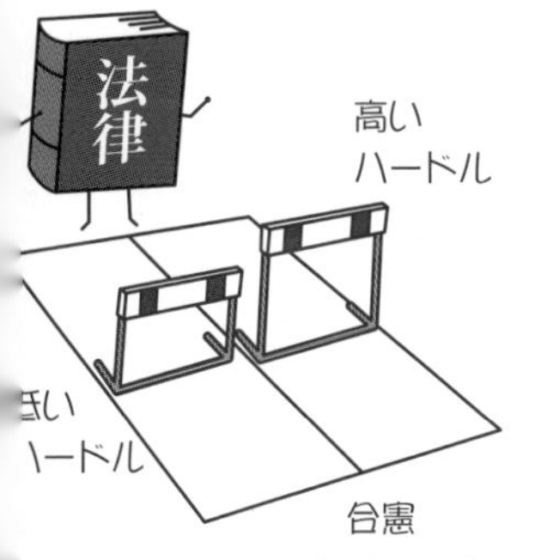

多数意見は低いハードル、反対意見は高いハードルを選択。

最高裁は、このようなハードルの低い違憲審査基準を用いて、非嫡出子の相続分を嫡出子の 1/2 とする民法 900 条の合憲性を審査しました。まず、最高裁は、民法 900 条の立法目的は、①法律婚の尊重と②非嫡出子の保護との調整を図る目的で定められたものであり、このような立法目的は合理的であると述べます〔☞ 判例1 (3)〕。

法律婚の尊重と非嫡出子の保護を調整するという立法目的を達成する手段として、立法府は、嫡出子の相続分を1とすれば、非嫡出子の相続分をその 1/2 とする規定を置きました。立法目的からすれば、嫡出子と非嫡出子の相続分について差を設けることは当然です。したがって、最高裁の緩やかな審査基準からすれば、非嫡出子の相続分を嫡出子の 1/2 とする規定は、立法目的と関連していると判断されることになります。

1995 年決定

	多数意見	反対意見
前提	民法 900 条は補充的相続の規定は国会の裁量	身分上の関係を重視した規定
審査基準	緩やかな基準	厳しい基準
目的審査	法律婚の尊重 非嫡出子の保護	法律婚の尊重
手段審査	相続分 1/2 は、目的と合理的に関連	自己の責任ではない差別 非嫡出子の差別増長 目的から説明できない

4 1995年決定には、5人の裁判官の反対意見が付されています。反対意見は、“この規定の合憲性を判断するに当たっては、立法が合理的であるためにクリアすべきハードルをもっと高いところに設定すべきである、つまり、もっと厳しい審査基準を用いて立法の合理性を判断すべきである”と主張します。憲法は、1人ひとりの国民を個人として等しく尊重することを謳っています〔☞第2章〕。この個人尊重の考えからすれば、遺産を相続させる親の目から見れば、嫡出子であろうが、非嫡出子であろうが、子どもは、個人として平等な立場にあるはずです。反対意見は、個人としての平等な立場から離れて、親と子という身分上の関係を重視するような立法については、裁判所は厳しくその合憲性を吟味すべきであると言います。

国会の裁量

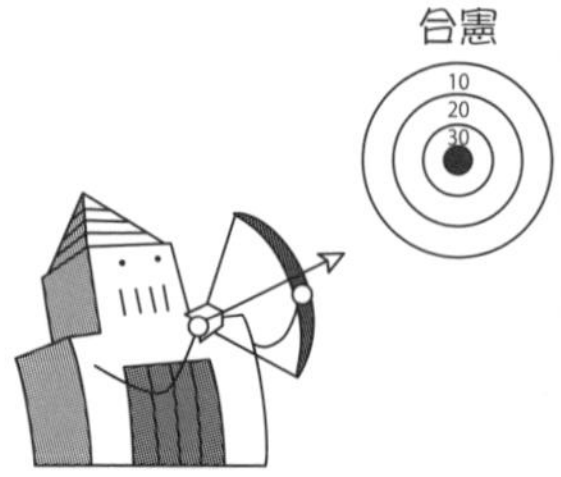

緩やかな審査基準は合憲の“的”が大きい。

厳しい審査基準は、ピンポイントで狙わなければならない。

反対意見の違憲審査基準――厳しい違憲審査基準

「本件規定で問題となる差別の合理性の判断は、基本的には、非嫡出子が婚姻家族に属するか否かという属性を重視すべきか、あるいは被相続人の子供としては平等であるという個人としての立場を重視すべきかにかかっているといえる。したがって、その判断は、財産的利益に関する事案におけるような単なる合理性の存否によってなされるべきではなく、立法目的自体の合理性およびその手段との実質的関連性について、より強い合理性の存否が検討されるべきである」。

反対意見は、このような厳しい審査基準（厳格な合理性の基準）を本件に当てはめて、民法900条4号ただし書きの規定は、憲法14条が保障する法の下の平等に違反すると結論づけました。反対意見は、立法の合理性を否定するに当たって、次の点をとくに重く見ました。①子どもが非嫡出子として出生したことは、もっぱら親の責任に属する事柄であって、非嫡出子としての身分は、子どもの意思や努力によって変えることのできない事柄であること。②民法は、国民の生活を規律する基本的なルールであって、民法のなかに、嫡出子と非嫡出子の相続分の取扱いについて違いを設けることは、非嫡出子を嫡出子に比べて劣るものであるとの観念を社会的に受容させる余地を作るものであること。次第に反対意見の立場が有力になっていきました。

小法廷判決における反対意見の推移

判決・決定	合憲	違憲
2000年	4人	1人
2003年	3人	2人
2003年	3人	2人
2004年	3人	2人
2009年	3人	1人

判例2　最大決平25・9・4民集67巻6号1320頁

5　最高裁は、2013年に判例を変更し、民法900条4号ただし書きを違憲とする判断を下しました〔☞ 判例2〕。最高裁はまず、相続制度を定めるにあたって考慮すべき事柄も時代とともに変化するものであり、その定めについても、個人の尊厳と法の下の平等に照らして絶えず吟味すべきであると述べます。そのうえで、民法が改正された1947年以降に生じた社会の変化を指摘します。

民法改正後の社会の変化

1. 婚姻や家族の形態が著しく多様化しており、それにともなって、婚姻や家族のあり方に対する国民の意識の多様化も大きく進んでいること
2. 欧米諸国では、子どもの権利の保護の観点から嫡出子と非嫡出子との平等化が進み、相続に関する差別を廃止する立法がなされ、現在では、日本以外で嫡出子と非嫡出子の相続分に差異を設けている国は、世界的にも限られた状況にあること
3. 日本が批准する国連自由権規約や子どもの権利条約には、子どもに対する出生による差別を禁止する規定があり、また、国際機関からも、非嫡出子に対する差別規定への懸念が表明され、廃止の勧告も受けていること
4. 住民票や戸籍の記載において嫡出子と非嫡出子の区別が廃止されるなど法制度も変化しており、また、国籍の取得について非嫡出子を差別的に扱う国籍法の規定を違憲とする最高裁判決〔☞本章「国籍法違憲判決」〕が下されたこと
5. 法制審議会から嫡出子と非嫡出子の相続分を平等とする案が出されていること
6. 1995年決定以降、非嫡出子の立場を重視すべきとする反対意見が繰り返し述べられており、また、補足意見のなかにも速やかな立法措置を期待すると述べるものもあること

最高裁は以上のような社会の変化を指摘しつつ、これらの要素のどれか1つを取り出して、嫡出子と非嫡出子の相続分の区別を違憲とする決定的な理由とはならないとします。しかし、これらの事情を総合的に考察すれば、「家族という共同体の中における個人の尊重がより明確に認識されてきたことは明らかである」と言います。

最高裁は、上記の1〜6の変化から、“家族における個人の尊重の重視”というより大きな社会の意識の変化を読み取りました。そのうえで、“父母が婚姻関係になかったという、子にとっては自ら選択ないし修正する余地のない事柄を理由としてその子どもに不利益を及ぼすことは許されず、子どもを個人として尊重し、その権利を保障すべきである”という考えが確立されてきているとしました。

再婚禁止期間違憲訴訟

1 非嫡出子の相続分差別の問題を含めて、これまで、家族や相続に関する民法の改正が国会において論議されてきました。民法のような重要な法律を改正する場合、法務大臣は、“法律を改正すべきか、改正するとすればどのように改正すべきか”を法律の専門家が集まった**法制審議会**という国の組織に諮問を行います。諮問を受けた法制審議会は、民法であれば、民法の専門家が集まった部会を設けて、そこで改正の是非やその内容について論議します。その論議がまとまれば、総会の審議・採決を経て、その結論を法務大臣に答申します。答申を受けた、内閣が改正法案を国会に提出し、国会の議決によって改正が成立します。

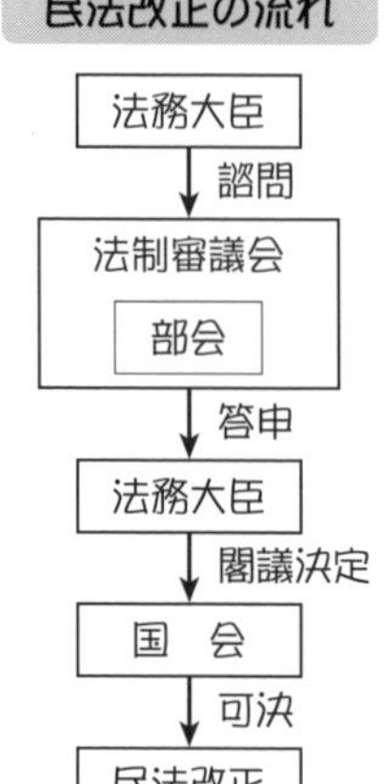

ところで、家族や相続に関する民法の規定のなかには、性別を基準にして法律上異なる取扱いを定めた規定があります。また、形式的には男女平等の規定に見えても、社会の実態を踏まえれば、女性に不利に働いている規定もあります。

性別に基づく別異な取扱い等を定めた民法の規定

- **婚姻適齢**：男は、18歳に、女は、16歳にならなければ、婚姻をすることができない（民法731条）〔2022年施行前〕。
- **再婚禁止期間**：女は、前婚の解消又は取消しの日から六箇月を経過した後でなければ、再婚をすることができない（民法733条）〔2016年改正前〕。
- **夫婦同氏**：夫婦は、婚姻の際に定めるところに従い、夫又は妻の氏を称する（民法750条）。

STEP UP

憲法 14 条が保障する法の下の平等が、結果の平等ではなく、機会の平等を要請するものであると理解する限り〔☞第 4 章〕、**夫婦同氏を定めた民法 750 条**は、憲法 14 条に違反しているとは言えないように見えます。夫婦は、どちらの氏を選んでもよいからです。最高裁もそう解しました（夫婦別姓違憲訴訟・最大判平 27・12・16 民集 69 巻 8 号 2586 頁）。

しかし、妻が夫の氏に変えることが"当たり前"だとする意識が社会に根強く残っているため、夫婦が妻の氏を選択することは容易ではありません。夫と妻が対等な状況で話し合い、お互い納得してどちらかの氏に決めるという社会状況ではありません。つまり、夫と妻の話し合いのフィールドは、妻に不利になるように傾いています。

このような状況は、表面上は平等に見えても、公平とは言えないでしょう。大人と子どもが、同じ土俵で同じルールで相撲を取っても、それが公平な取組とは言えないのと一緒です。私たちが持つ公平さの感覚を平等の要請にできるかぎり反映させようとすれば、それは、結果の平等の要請に近くなります。公平さは、結果の予測に基づいて、"もし競争したならば、勝敗はどっちに転んでもおかしくない"という状況を保障しようとするものだからです。公平さは、フィールドをできるかぎりフラットにすることを求めます。

このように考えれば、夫婦同氏の民法の規定は、表面上は平等でも、夫と妻のあいだには社会的・経済的な力の差があり、氏の選択についての夫婦の話し合いは公平であるとは言えないでしょう。たしかに、フィールドをフラットにすることは、憲法 14 条が保障する法の下の平等から直接導くことのできる要請ではありません。したがって、裁判所が、憲法 14 条に基づいて民法 750 条を違憲とするのは難しいでしょう。しかし、国会には、公平さを確保するための措置を講ずる政治的な責任があるのではないでしょうか。その措置の 1 つが、夫婦が望めば、同じ氏ではなく、結婚前の氏をそれぞれ名乗ることを認める、いわゆる **"選択的夫婦別姓"** の採用です。

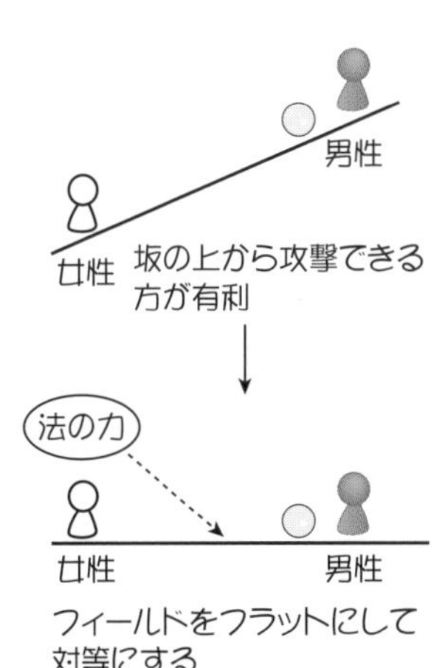

最高裁も、夫婦の氏の選択に対して社会の意識や慣習が影響を与えている場合には、その影響を排除して夫婦間において公平さを確保することは、憲法 14 条の趣旨に沿うとします。また、この要請は、家族のルールを定める国会の裁量を検討する際に留意されるべきであると述べます。しかし、夫婦同氏の規定は、国会に許された裁量の範囲内である、というのが最高裁の結論でした。婚姻届の不受理が争われた事件でも、最高裁は違憲の訴えを退けました（最大決令 3・6・23 判時 2051 号 3 頁）。ただし、3 名の裁判官が違憲とする反対意見を書きました。

2 民法733条が定める女性の再婚禁止期間は、民法改正の論議の1つの焦点でした。男性が離婚後すぐに再婚できるのに対して、女性は6ヶ月間再婚が認められず、法の下の平等に違反する疑いがありました。また、誰といつどのようなかたちで結婚するかは、人の人生を大きく左右する重大な決定です。したがって、結婚に関する決定は、本来、個人の自由な決定に委ねるべきであって、国の介入は最小限度にとどめられるべきです〔☞ 関連判例〕。

女性の再婚禁止期間は、法律上結婚している男女のあいだで生まれた子どもは、夫の子ども（嫡出子）であると法律上推定される規定との関係で設けられたものです。民法は、結婚後200日以後に生まれた子どもを結婚した夫の子どもと推定するとともに、離婚後300日以内に生まれた子どもを離婚した夫の子どもと推定します〔☞民法772条・774条〕。もし、再婚禁止期間が定められていなくて、女性についても離婚後すぐに再婚を認めたとすれば、100日間、離婚した男性と再婚した男性の両方の子どもと推定されてしまう期間が生じます〔1〕。子どもの利益のために、法律上父親を速やかに確定するための規定が、逆に複数の男性を父親と推定することになるのは、矛盾です。この矛盾を解消するために、民法は、父親の推定が重ならないように、女性について再婚できない“空白の期間”を設けたのです〔2〕。

民法733条の再婚禁止期間の合憲性が争われた1995年の最高裁判決では、立法行為の違憲を争う場合に使われる極端に緩やかな審査基準が適用されました〔☞第11章〕。最高裁は、父親の推定が重なることを避けて、争いの火種となる事態を法律上未然に防ぐという、再婚禁止期間の趣旨は合理的であり、違憲となるような“例外的な場合”には当たらないと判断しました〔☞ 判例3〕。

3 最高裁は2015年に、女性の再婚禁止期間を合憲とした1995年判決を変更し、再婚禁止期間のうち100日を超える部分を違憲と判示しました〔☞ 判例4〕。この判決の特徴は、憲法14条に関する従来の枠組みを維持しながら、家族に関する憲法24条の規定をメインに据えて論理を組み立てている点です。

最高裁はまず、憲法24条の1項と2項との関係を次のように説明します。婚姻や家族に関する事柄は、国の伝統や国民の意識などさまざまな社会的な要因を踏まえ、それぞれの時代における家族関

関連判例 住友セメント事件・東京地判昭41・12・20判時467号26頁〔企業の結婚退職制は、女性の結婚の自由を制限する。〕

再婚禁止期間

1 再婚禁止期間がない場合

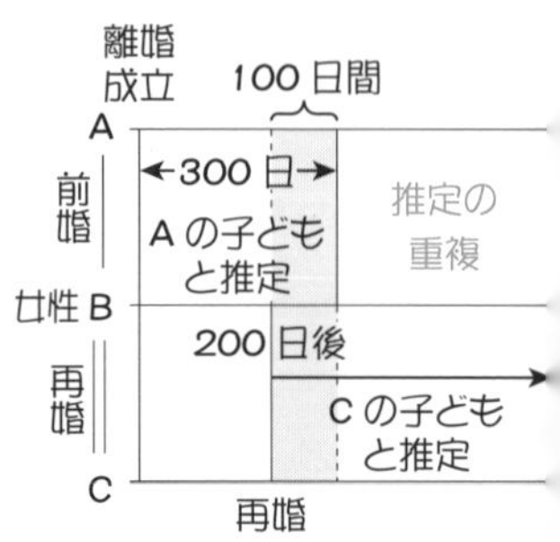

2 再婚禁止期間がある場合

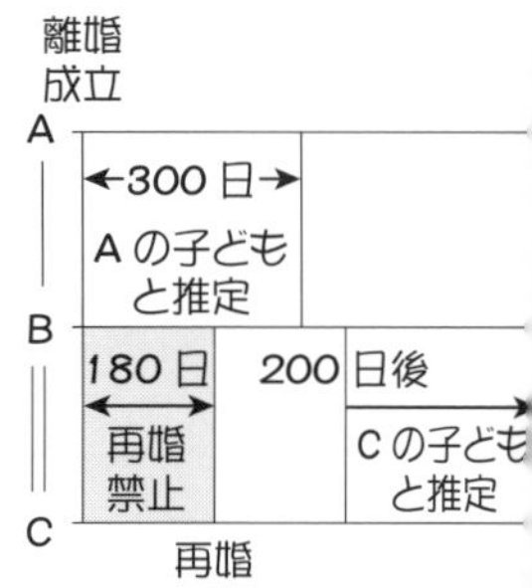

民法772条 妻が婚姻中に懐胎した子は、夫の子と推定する。
② 婚姻の成立の日から200日を経過した後又は婚姻の解消若しくは取消しの日から300日以内に生まれた子は、婚姻中に懐胎したものと推定する。
民法774条 第772条の場合において、夫は、子が嫡出であることを否認することができる。

係に関する規律全体を見据えて、総合的に判断しなければならないとします。そして、家族制度を具体的にどのように作るかは第1次的には、国会の合理的な裁量に委ねるというのが、憲法24条2項の趣旨だと言います。ただし、この国会の裁量は、1項が定める“個人の尊厳と両性の本質的平等に立脚すべき”という要請によって制約されます。最高裁は、婚姻について定める1項の趣旨に照らして、結婚するかしないか、いつ誰と結婚するかは本人たちの自由——婚姻の自由——であり、この自由は十分に尊重に値するものであると述べます。婚姻の自由を直接制約する場合には、その立法の合理性は、憲法24条1項の要請や趣旨を十分考慮に入れて検討しなければならないとしました。

最高裁は次に、再婚に関して男女の区別を設ける立法目的にきちんと説明できる根拠があるか、また、その区別の具体的な内容と立法目的とのあいだに筋の通った関連性があるかどうかを検討します。最高裁は1995年判決を引用し、民法733条の立法目的の合理性を肯定します。女性が再婚した後に生まれた子どもについて父親の推定が重複することを避けることで、父子関係をめぐる紛争を未然に防ぎ、それが結果的に子どもの利益につながるとされました。

問題は、父親の推定の重複を避けるという立法目的との関連で、女性にだけ再婚禁止期間を180日設けることに納得できる理由があるかということです。最高裁は、再婚禁止期間のうち100日の部分とそれを超える部分とを分けて、立法目的とのあいだに筋の通った関連性があるかを検討します。

判例3 再婚禁止期間違憲訴訟・最判平7・12・5判時1563号81頁

これを本件についてみると、上告人らは、再婚禁止期間について男女間に差異を設ける民法733条が憲法14条1項の一義的な文言に違反すると主張するが、合理的な根拠に基づいて各人の法的取扱いに区別を設けることは憲法14条1項に違反するものではなく、民法733条の元来の立法趣旨が、父性の推定の重複を回避し、父子関係をめぐる紛争の発生を未然に防ぐことにあると解される以上、国会が民法733条を改廃しないことが直ちに前示の例外的な場合に当たると解する余地のないことが明らかである。

判例4 再婚禁止期間違憲訴訟・最大判平27・12・16民集69巻8号2427頁

……婚姻をするについての自由が憲法24条1項の規定の趣旨に照らし十分尊重されるべきものであることや妻が婚姻前から懐胎していた子を産むことは再婚の場合に限られないことをも考慮すれば、再婚の場合に限って、前夫の子が生まれる可能性をできるだけ少なくして家庭の不和を避けるという観点や、婚姻後に生まれる子の父子関係が争われる事態を減らすことによって、父性の判定を誤り血統に混乱が生ずることを避けるという観点から、厳密に父性の推定が重複することを回避するための期間を超えて婚姻を禁止する期間を設けることを正当化することは困難である。他にこれを正当化し得る根拠を見いだすこともできないことからすれば、本件規定のうち100日超過部分は合理性を欠いた過剰な制約を課すものとなっているというべきである。

100日の再婚禁止期間

民法772条の規定からすれば、女性が再婚した後に生まれる子については、計算上100日の再婚禁止期間を設ければ、父親の推定の重複を避けることができる。明確で画一的な基準によって父親を推定し、父子関係を早期に定めて子どもの身分関係を安定させる民法の趣旨に照らせば、父親の推定の重複を避けるために一律に100日の再婚禁止期間を設けることは、立法目的と関連づけてきちんと説明することができる。

100日を超える部分の再婚禁止期間

民法の制定当時、100日を超えて、ある程度の幅を持たせて再婚禁止期間を定めたのには、次のような事情があった。①前の夫の子どもが再婚後に産まれる可能性を減らすことで家庭の不和を避けたい。②再婚した後に産まれる子どもの父子関係について争われる事態を減らすことによって、父親の判定を誤ることで親子の血のつながりに間違いが生じないようにしたい。そのためには、父子関係をDNAにより判断するなどの技術が確立していない状況において、妊娠の有無を確実に判定するためには、一定の幅を持たせる必要があった。しかし、医療や科学技術の発達した現在では、①や②の事情によっては、正当化することは難しい。

以上の点のほか、(a) 平成に入って離婚や再婚の件数が増え、再婚についての制約をできる限り減らすべきであるという要請が高まっていること。(b) 国際的には再婚禁止期間を設けない国が多くなっていること。(c) 婚姻の自由は、憲法24条1項の趣旨に照らして十分に尊重に値すべきものであること。(d) 妻が婚姻前に妊娠していて、父子関係に争いが生ずるケースは他にもあり、再婚の場合に限られないこと。これらの観点を総合的に考慮すれば、100日を超えた部分の再婚禁止期間は、立法目的とのあいだに筋の通った関連性を欠いている。

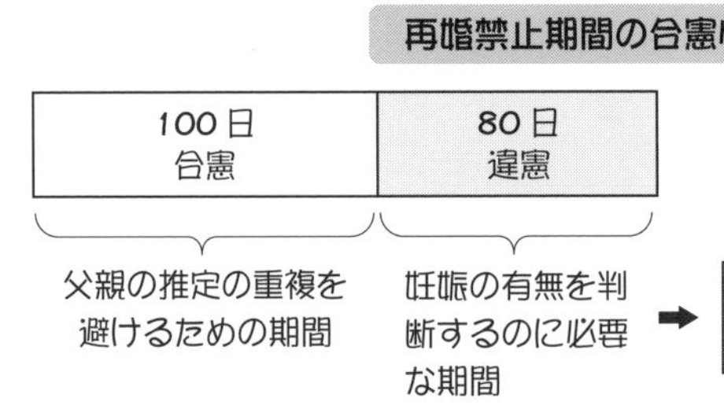

医療や科学技術が発達した現在では、必要のない期間

最高裁は、100日を超える部分の再婚禁止期間を違憲としたが、この判決には少数意見が付されています。1つは、不妊など女性に妊娠の可能性がない場合など再婚禁止期間を設ける必要のない事例を適用除外とすべきであるとする補足意見です。もう1つは、再婚禁止期間のすべてを違憲とする反対意見です。現在、民法は多数意見に沿って改正されています。

国籍法違憲判決

1　家族と平等は、家族関係の基本を定めた民法だけでなく、別な法律の分野でも問題となります。その1つが**国籍法**です。憲法は、“誰が国民であるか”については法律で定めるよう規定しています〔☞憲法10条〕。この憲法の規定を受けて国籍法が制定されました。

憲法10条　日本国民たる
件は、法律でこれを定める。

国籍法2条　子は、次の場合には、日本国民とする。
一　出生の時に父又は母が日本国民であるとき。
二　出生前に死亡した父が死亡の時に日本国民であつたとき。
三　日本で生まれた場合において、父母がともに知れないとき、又は国籍を有しないとき。

非嫡出子に対する国籍付与
—2008年改正以前—

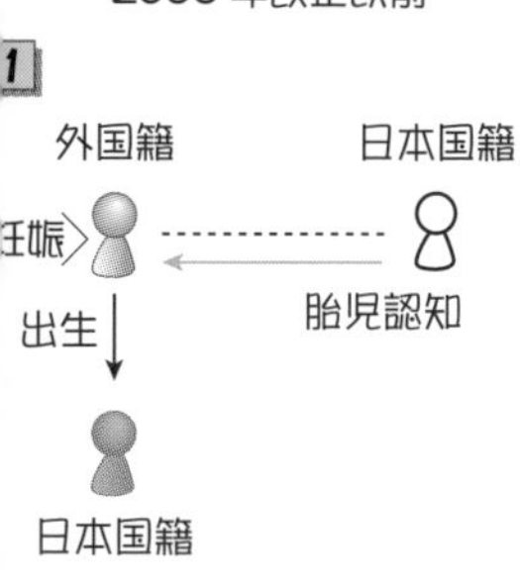

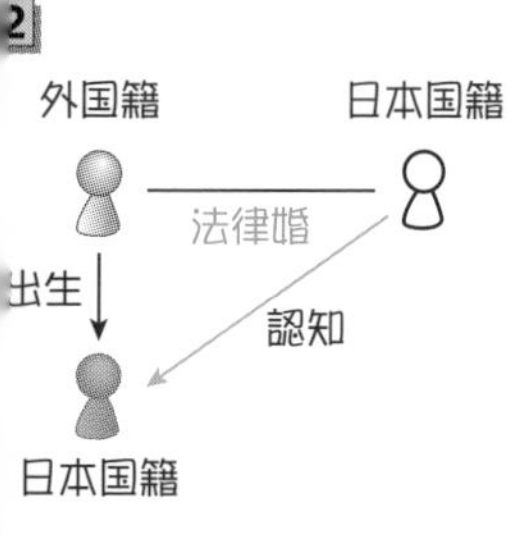

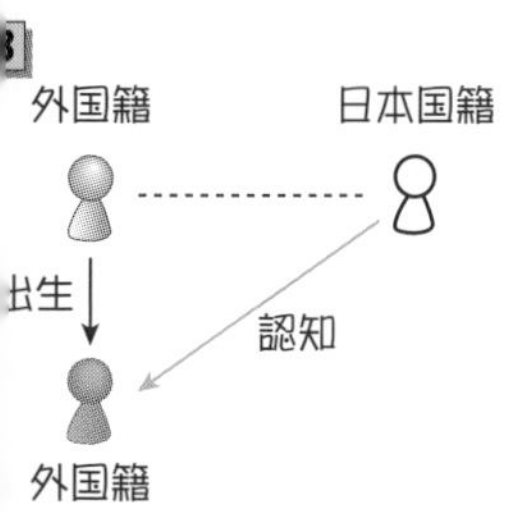

“父親か母親のどちらか一方に日本国籍があれば、生まれた子どもに日本国籍を与える”というのが国籍法の原則です（両系血統主義）。この原則が問題なく当てはまるのは、父親と母親が法律上結婚している場合（嫡出子）です。しかし、2008年の改正以前は、父親と母親が法律上結婚していない場合（非嫡出子）、父親が日本国籍を持つが、母親が外国籍であるとき、いくつかのケースに分けて考える必要がありました。

非嫡出子の場合の国籍（2008年改正以前）

- **出生前に父親が認知した場合**：生まれてきた子どもには日本国籍が与えられる（胎児認知の場合）〔1〕。
- **出生後、父親が認知し、母親と法律上結婚した場合**：生まれた子どもにさかのぼって日本国籍が与えられる（準正の場合）〔2〕。
- **出生後、父親が認知しかしなかった場合**：生まれてきた子どもには日本国籍が与えられず、母親の国籍となる〔3〕。

2　国籍の有無は、私たちの社会生活に大きく影響します。国籍のある国民と、国籍のない外国人とでは、憲法が定める人権の保障の程度に違いがあります。外国人には、保障されなかったり、保障の程度が弱かったりする人権があります〔☞ Mini Lecture 4〕。そのため、日本に住む“住民”として国から受けることのできる教育や福祉などのサービスにも違いが出てきます。したがって、国籍の付与の条件において、差別的な取扱いがあってはなりません。

国籍法は、憲法14条が保障する法の下の平等との関係で、2つの点が問題となります。①父母が法律上結婚しておらず、母親が外国籍で、父親が日本国籍である場合、認知が出生前か後かで〔1と3〕、また、②父親が認知した後、母親と法律上結婚したかどうかで〔2と3〕、国籍法の取扱いが異なるのは、法の下の平等に違反しないかという問題です。

3　最高裁は、出生後、父親に認知しか受けていない子どもに国籍を付与しない国籍法の規定を違憲無効としました。この事件では、最高裁は、法の下の平等に関する標準的な審査基準を使って、目的審査と手段審査を行いました。

まず、国籍法が、出生後認知した子どもについて、父親と母親が法律上結婚した場合にのみ、その子どもに国籍を与えるとした立法の目的が問題になります。国籍法は、“子どもと日本社会とのあいだに密接な結びつきが生まれた場合に国籍を与える”という考え方（立法目的）をとっていると解されます〔1〕。国籍は、日本国民の要件です。したがって、将来国民として日本の政治や社会に積極的にかかわることが期待できない者に国籍を認めることは、適切とは言えないでしょう。そう考えると、子どもと日本社会との強い結びつきを求める国籍法の考え方は、一応筋の通ったものと言えるでしょう〔☞ 判例5 (1)〕。

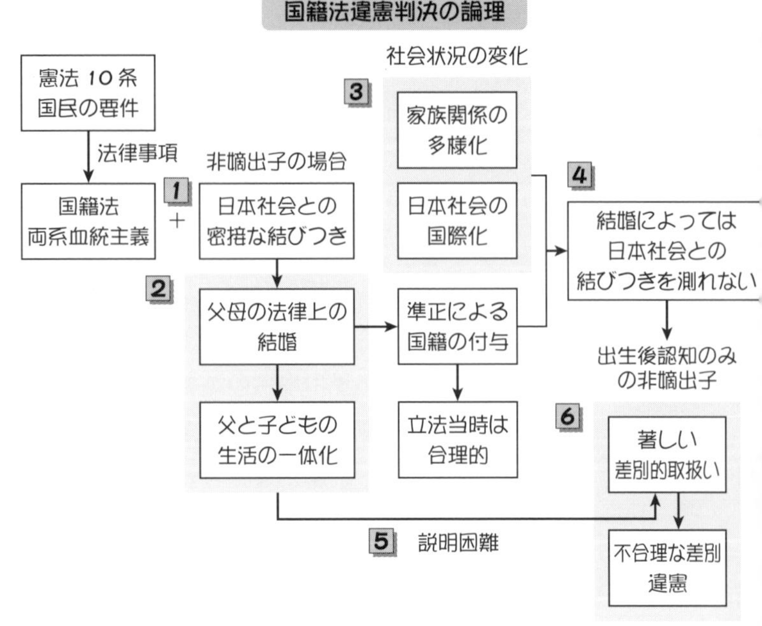

そして、国籍法は、子どもと日本社会の結びつきの強さを父親と母親との結婚という事実で測ろうとしました。そのため、子どもが国籍を認められるためには、父親が国籍を持っていることに加えて、出生後、父親と母親が法律上結婚することを要件としました。確かに、父親と母親とが法律上結婚することで、日本国民である父親と子どもの家族としての関係が深まり、そのことで子どもと日本社会との結びつきもまた強くなると考えることができるでしょう〔2〕。したがって、“父親と母親の法律上の結婚を国籍付与の要件とする”という国会の判断（手段の選択）は、“子どもと日本社会とのあいだに密接な結びつきが生まれた場合に国籍を与える”という立法目的から一応説明できると言えます。これは、国籍法が制定された当時の考え方でした。

4 しかし、家族についての考え方も、実際の家族のあり方も、時代の変化のなかで変わっていきます。また、国際交流の進展は、家

判例5 **国籍法違憲訴訟・最大判平20・6・4民集62巻6号1367頁**

(1) このような規定〔国籍法3条1項〕が設けられた主な理由は、日本国民である父が出生後に認知した子については、父母の婚姻により嫡出子たる身分を取得することによって、日本国民である父との生活の一体化が生じ、家族生活を通じた我が国社会との密接な結び付きが生ずることから、日本国籍の取得を認めることが相当であるという点にあるものと解される。

(2)　日本国籍の取得が、……我が国において基本的人権の保障等を受ける上で重大な意味を持つものであることにかんがみれば、以上のような差別的取扱いによって子の被る不利益は看過し難いものというべきであり、このような差別的取扱いについては、前記の立法目的との間に合理的関連性を見いだし難いといわざるを得ない。とりわけ、日本国民である父から胎児認知された子と出生後に認知された子との間においては、日本国民である父との家族生活を通じた我が国社会との結び付きの程度に一般的な差異が存するとは考え難く、日本国籍の取得に関して上記の区別を設けることの合理性を我が国社会との結び付きの程度という観点から説明することは困難である。

国籍法３条　父又は母が認知した子で 20 歳未満のもの……は、認知をした父又は母が子の出生の時に日本国民であった場合において、……法務大臣に届け出ることによって、日本国籍を取得することができる。

族の変化を一層推し進めることになります〔3〕。最高裁は、現在の日本のように国際化の進んだ社会状況では、“子どもと社会との結びつきの強さを父親と母親の結婚で測る”というのは実態に即していないと言います〔4〕。家族のあり方は多様化しており、父親と母親が法律上結婚しているからと言って、家族が同居し生活が一体化しているとは一概に言えないからです。最高裁は、子どもと日本社会との密接な結びつきと、父親と母親との法律上の結婚とのあいだには、もはや筋の通った関連性を見出すことは難しいと判断しました〔☞ 判例５ (2)〕〔5〕。

そして、国籍の有無が、人権保障や社会サービスの面で子どもの社会生活に大きな影響を与えることからすれば、子どもに国籍を与えないことから生ずる不利益は、重大です。それが説明のつかない差別的な取扱いから生じているとすれば、憲法上見過ごすことはできません。最高裁は、“子どもと日本社会とのあいだに密接な結びつきが生まれた場合に国籍を与える”という立法目的と、出生後、父親と母親が法律上結婚したことを国籍付与の要件とすることとのあいだには、筋の通った関連性が失われている以上、父母が結婚していない子どもに著しい不利益を生む国籍法の規定は違憲無効であると結論づけました〔6〕。妥当な結論でしょう。

国会は判決後、父母が結婚していなくても、父親の認知だけで日本国籍が与えられるよう国籍法を改正しました。

STEP UP

憲法も民法も戸籍法も、婚姻に関して「夫婦」という言葉を使い、“婚姻は、異性のカップルによるもの”ということを当然の前提としています。現状では、同性同士のカップルが愛し合い、お互いに支え合いながら生活を共にし、いずれ子どもを持ちたいと強く願っても、法律上は婚姻できません。そのため、同性カップルは、相続や税金などの面で、婚姻した夫婦には認められる法律上の利益を受けることができません。また、愛する人が病み苦しんでいるときですら“他人”とされることの心の痛みは、想像に難くありません。

確かに、憲法 24 条は制定当時、異性婚を前提にしていたでしょう。しかし、誰を愛するかということが人間の人格と深く結びついていることを思えば〔☞第 6 章〕、“愛する人と共に生きたい”という抑えがたい願いは、最も重要な人格的利益のはずです。個人の人格に深く根ざした利益を守ることが、個人尊重の原理（憲法 13 条）の意義であり、24 条 2

項が定める「個人の尊厳」がこれを受けたものであるとすれば、憲法が保障する婚姻の自由には、同性カップルの婚姻の自由（同性婚の自由）も含まれると言えないでしょうか。そして、この人格的利益を保護する制度から同性カップルを完全に除外する法制度は、保護が与えられる異性カップルと比較したとき、法の下の平等に反すると言えるのではないでしょうか（札幌地判令3・3・17判時2487号3頁・大阪地判令4・6・20裁判所ウェブサイト・東京地判令4・11・30判例集未登載）。

Mini Lecture 4 外国人の人権

保障の程度	人権の種類	重要な憲法問題
保障されない権利	入国の自由・参政権・社会権	再入国の権利・地方参政権・公務就任権・社会保障
特別な制約を受ける人権	経済的自由	
平等な保障を受ける権利	人身の自由・精神的自由	政治活動の自由

マクリーン事件判決

外国人 入国の自由の否定 → 外国人 在留の権利の否定 → 外国人 外国人在留制度の枠内での地位　弱い立場！

具体的な基準

法務大臣 「更新を適当と認めるに足りる相当の理由」判断 ← 裁判所 法務大臣の裁量に濫用があったか否かを審査 → 裁判所 (a) 事実に反する (b) 常識に反する

尊重

法務大臣 専門技術的裁量

滅多に違法とはならない基準！

例外的に違法

大臣の権力はものすごい！

1　日本国憲法は、「国民の権利」（第3章の表題）として人権を保障しています。問題は、憲法が保障する人権が、日本国籍を持たない外国人にも及ぶかどうかです。

“外国人には人権の保障はまったく及ばない”とする立場はとれません。人身の自由や精神的自由のように生来的権利に由来する人権については、その性質から言って、広く外国人にも及ぶと考えるべきでしょう。また、人権の保障は、すでに国際法のスタンダードです。**憲法の国際協調主義**から言っても、原則として外国人にも及ぶべきです。

2　問題は、外国人に保障される人権の範囲とその程度です。最高裁も、外国人の政治活動の自由が問題となった**マクリーン事件**において、人権の性質上可能な限り、外国人にも保障を認めるべきという立場をとりました（性質説）〔判例 最大判昭53・10・4民集32巻7号1223頁〕。その後、判例は、地方参政権や生存権など伝統的に外国人には権利の保障が及ばないと解されてきたものについても、国会の判断で認めても構わないとしました。

ただ、保障の程度は、多くの場合、日本国民に比べて弱いものにとどまります。しかも、外国人が日本に留まることを希望して在留期間の延長を申請した場合、国は、滞在中における人権の行使を、申請を認めない理由の1つとして考慮できるとされています。延長を望む外国人に対して、人権の行使を思いとどまらせる効果を持ちます。

第6章

信教の自由

私たちは、日常の生活のなかで、神様や宗教を意識することはほとんどないでしょう。年に1度や2度、結婚式やお葬式といった宗教的な儀式に参加することはあるかもしれません。しかし、特定の神様や宗教を信仰しているという意識を強く持つ人は、少ないように思います。そのことは、信仰する宗教について尋ねられた日本人の多くが“無宗教”と答えることに表れています。だからといって、私たちの多くは、神様の存在を積極的に否定する“無神論者”というわけではありません。ロケットを打ち上げる科学者ですら、その成功を神様に祈るのですから。

たしかに、日本には、多くの宗教団体があり、それぞれの団体にかなりの信者がいるとされています。政府の統計調査（2014年）によれば、宗教法人については、総数で約18万1400法人あり、信者の合計は、約1億9000万人に上るとされています。日本の人口をはるかに超える数字です。また、日本にも、特定の宗教への帰属意識を強く持ち、真摯に宗教的な活動を行っている人びともいるはずです。

私たちは、常に、日本社会において少数派に属する、強い信仰心を持った人びとを念頭において、信教の自由の保障を考えなければなりません。“少数派に属している自分を想像してみること”は、人権を考えるときの基本です。信教の自由については、このような想像力がとくに求められます。それは、神を信じない人が、神を信じる人の立場に立つのは容易なことではないからです。そして、私たちは、自分の想像力の及ばない人びとをあたかも“モンスター”のように扱いがちです。「イスラム国」によるテロは、そのような社会的な風潮を増長させています。

その意味で、信教の自由は、私たちのなかにある人権意識を試すための試金石と言えるでしょう。寛容と相互尊重は、人権の基礎だからです。

思想・良心の自由の意義

1 “考える”ということは、普段思う以上に重要です。その理由はいろいろありますが、人権とのつながりで言えば、“考える”ということなしには、私たちは、何一つ“自分がやった”とは言えなくなってしまうからです。たとえば、子どもが、積んだ積み木の山をお母さんに見せて、「このお城、僕が作ったんだ」と得意そうに言ったとします。そう言えるのは、子どもなりに、積み木の形やバランスや色の組み合わせを考えたからです。誰かに言われて嫌々積み木を積んだだけなら、子どもは“自分で作った”とは言わないでしょう。“自分で考えて作った”ということが、子どもにとって大切だからです。

操り人形が作った積み木の城は操り人形が作った城ではない。

このように、私たちがどんなに手足を動かしたとしても、それだけでは、“何かをやった”ことにはなりません。“手足を動かして、こうしよう”という考えが頭になければ、その身体の動きは、人が行った行為とは呼べないのです。“何かをしようと考えること”（意図）と“何かをすること”（行為）との間には、切っても切れない関係があります。したがって、“考える”プロセスが省略された反射のような身体の動きは、行為とは呼べません。たとえば、私のひざ頭が誰かにたたかれて、足が反射的に上がって、隣に座っていた人に当たったとします。隣の人は、事情を知れば、“私に蹴られた”（行為）とは言わないでしょう。せいぜい、“私の足がぶつかった”（出来事）と言うにとどまります。

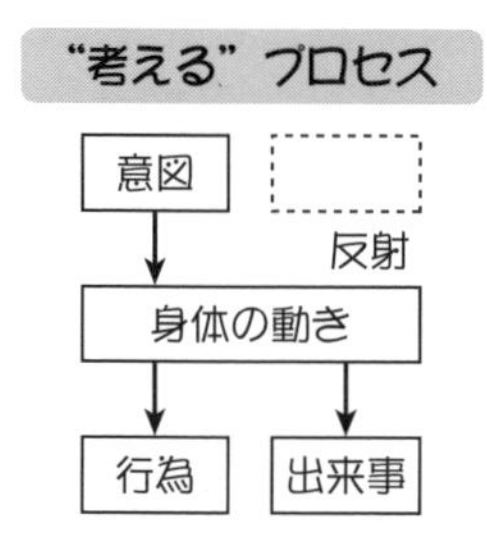

2 “こうしようと考えること”が行為にとっての必要不可欠な条件だとすると、何かをするためには、まず、“こうしようと考える自由”がなければなりません。逆に言うと、“**考える自由**”がなければ、どんなに自由に身体を動かすことができたとしても、“何かをする自由”はあり得ないということです。誰はばかることなく声を出して言葉を発することができても、それだけで、自由な表現行為が可能になるわけではありません。覚え込まされた言葉をオウム返しに発することができても、それは、自由な表現行為とは言えません。ふと浮かんだアイディアを頭の中で膨らませ、そのアイディアを言い表す適切な言葉を探し、文を練り上げるという“考える”

プロセスが、自由な表現行為には欠かせないのです。

“考える自由”を憲法の観点から考えてみましょう。憲法は、自律的な生き方をするのに必要不可欠な行為の自由――信教の自由や表現の自由など――を人権として保障しています〔☞第2章〕。しかし、前述したように、肝心な“考える自由”が奪われていれば、行為の自由の保障は無意味でしょう。その意味で、“考える自由”は、憲法が人権として保障している行為の自由にとって欠くことのできない前提条件であると言えます。そして、憲法19条が規定する思想・良心の自由は、すべての行為の自由の前提条件である“考える自由”を保障するものと理解できます〔☞憲法19条〕。

3　憲法学では、“ああしよう、こうしよう”とあれこれ頭で“考える自由”は、「**内心の自由**」と呼ばれています。そして、内心の自由の意義は、私たちのあらゆる行為の自由の前提条件であることにとどまりません。内心の自由は、人権ともっと深いところで結びついています。

憲法は、1人ひとりの個人を、“自分はどんな人間になりたいか”“自分は何をなすべきか”を深く考え、自分にとっての善き生き方を見つけ出して、その目標に向かって真面目に生きる存在（自律的な個人）と見て、そのために必要な自由や権利を人権として保障しています〔☞第2章〕。誰かが決めた人生を生きることは、自律的な個人の生き方ではないし、それに気づいた人は、その人生を“自分のもの”とは実感できないでしょう。

極端な例ですが、遺伝子を操作して心肺能力や筋力を強化して、オリンピックのマラソン競技で金メダルを獲るために英才教育を受けてきた子どもを想像してみてください。その子どもが、親によってあらかじめ“プログラム”された人生を生きていると知ったとき、それでも、その人生を“自分の人生”であると肯定するのは難しいのではないでしょうか。ここまで極端でないにせよ、善き生き方について真剣に考える機会を十分に与えず、無理矢理“お仕着せの人生”を歩ませることは、憲法が尊重する自律の価値を損ないます。

自分にとっての善き生き方を悩みながらも思い定めて、自分の人生を方向づけていくことから、自分らしさ（個性）が生まれてきます。この根本のところで“考える自由”が奪われていると、私たちの人生は“借り物の人生”になりかねません。したがって、人の人

憲法19条　思想及び良心の自由は、これを侵してはならない。

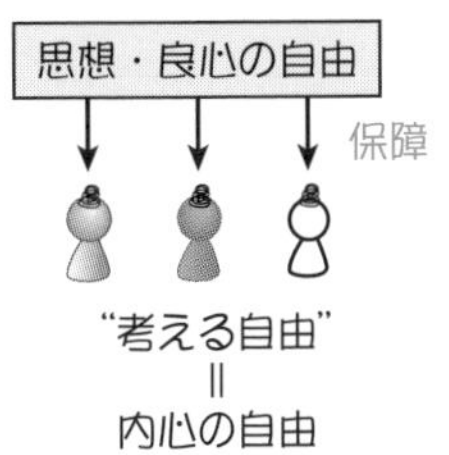

ゲノム編集

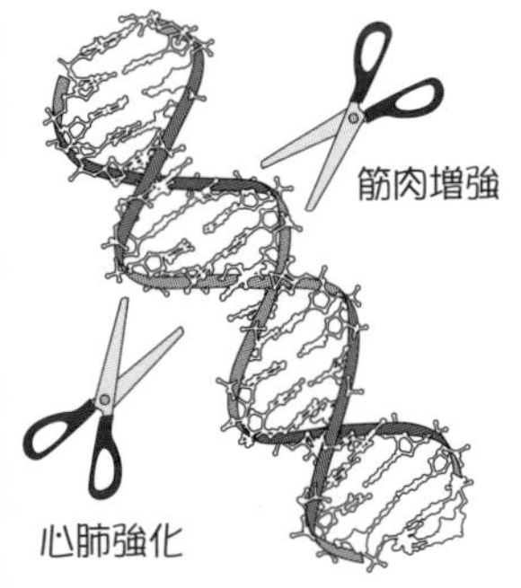

思想・良心・自由の保障

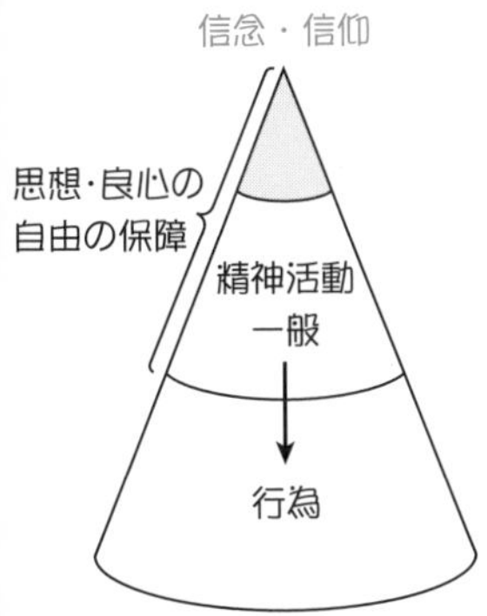

思想・良心の自由は、アイデンティティに結びつく信念・信仰をより強く保障する。

生を方向づける強い信念や信仰をじっくりと“考える自由”は、とくに重要です。このように、憲法が保障する思想・良心の自由の中核には、人のアイデンティティと結びつく信念や信仰について“考える自由”があると言えます。

STEP UP

何かを考えているだけで罰したり（思想の禁止）、考えていることを無理に聞き出したり（思想の告白）、誰かに都合のよい考えを教え込んだりすること（思想の洗脳）は、“思想・良心の自由を侵す”ことになります。国による思想・良心の自由の侵害は絶対に禁止されます。考えているだけで、誰かの権利を侵害したり、社会の大切な利益を損なったりすることはないからです。したがって、公共の福祉による制約はあり得ません〔☞第２章〕。

しかし、思想・良心の自由を完全に内心の領域に押し込めることには無理があります。“考える”ことと“行う”ことは切り離すことができないからです。問題は、思想や良心に反する行為を国や他人が強制することが、思想・良心の自由の侵害となるかということです。自分の思想や良心を守ろうとする人から見れば、思想や良心に反する行為を拒否する自由があるかということです。抜けることのできない団体が自分の支持しない政党に献金することを拒んだために、団体から不利益な処分を受けた人が起こした裁判で、最高裁は、“思想に基づく外部的な行為の自由”を思想・良心の自由の保障に含める判決を下しました〔南九州税理士会事件・最判平８・３・19民集50巻３号615頁〕。

学校の卒業式や入学式で、「君が代」の起立・斉唱を生徒や保護者、教職員に求めることも問題となります。“「君が代」が戦前の軍国主義と結びついていた”、あるいは、“その歌詞の内容が国民主権の考え方にそぐわない”と考え、どうしても立って歌いたくないという人もいます。このような考えを持つ教職員に対して、校長が職務命令を出して、「君が代」のピアノ伴奏を命じたり、起立して歌うように命じたりすることは、思想に反する行為を命ずる点で思想・良心の自由を侵すおそれがあります。

最高裁はピアノ伴奏についての事件では、「君が代」の否定的な評価とピアノの伴奏とは必然的に結びつくものではないとして、教員にピアノ伴奏を命じても思想・良心の自由の制約とはならないと判断しました〔「君が代」ピアノ伴奏拒否事件・最判平19・２・27民集61巻１号291頁〕。しかし、「君が代」の起立・斉唱をめぐる事件では、「君が代」を立って歌うことには“敬意”を払うという側面

があるため、これに抵抗を感じる人に起立・斉唱を求めることは、“間接的な制約”となる場合があることを認めました〔「君が代」起立・斉唱拒否事件・最判平 23・5・30 民集 65 巻 4 号 1780 頁ほか〕。嫌いな人におじぎをするのは嫌ですし、無理矢理おじぎをさせられたら、内心に“モヤモヤ”が残ります。嫌な理由が自分のアイデンティティの核心に触れる場合はなおさらです。それに対して、“立たない”“歌わない”ことで自分の良心を守る行為は、誰かの権利を傷つけるものではありません。思想が個人のアイデンティティと深く結びついている場合には、“良心を守るための自由”（良心的拒否）は、憲法 19 条によって保障されると解すべきではないでしょうか。

信教の自由と明治憲法

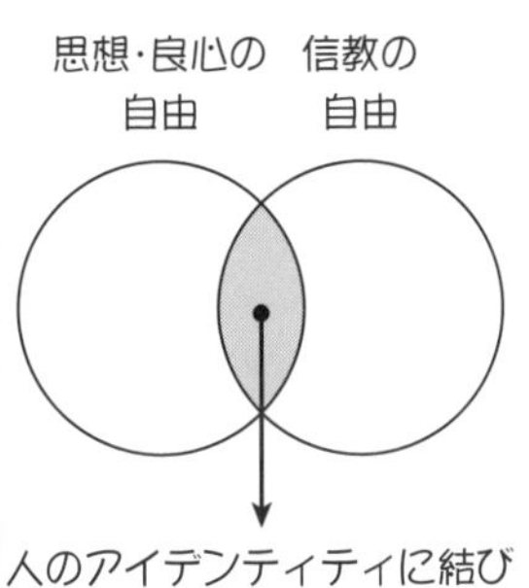

1 宗教は、キリスト教のモーセの十戒のように私たちの行動を導く指針であるだけでなく、絶対的な存在である神と人間の関係を明らかにし、人間にとっての生きる意味を説き、さらに、宇宙の成り立ちや人間の誕生をも説明する、きわめて大きな信念の体系です。このような宗教的な信念を受け容れるかどうかは、その人のアイデンティティに大きな影響を与えます。したがって、何かの宗教を信仰するかどうかを真剣に“考える自由”は、当然、憲法 19 条の保障する思想・良心の自由から導かれるはずです。

憲法は、19 条の規定とは別に、信教の自由を保障する規定を置いています。信教の自由は、思想・良心の自由と重なりつつも、それを超える保障の内容を含んでいるからです。また、憲法は、国が宗教的な事柄に関与しないように、国（政治）と宗教とを分離する仕組みを設けています。

第 1 に、憲法は、すべての人に信教の自由を人権として保障し〔☞憲法 20 条①前段〕、とくに、国が宗教的な行為や儀式などへの参加を強制することを禁止しています〔☞同条②〕。第 2 に、憲法は、国が特定の宗教団体に対して特権や政治的な権力を与えることを禁じます〔☞同条①後段〕。また、国が宗教教育などの宗教的活動をすることを禁止するとともに（同条③）、国が宗教団体に金銭を支払ったり、施設を使用させたりするなどの間接的な援助も禁じています〔☞憲法 89 条〕。

憲法 20 条 信教の自由は、何人に対してもこれを保障する。いかなる宗教団体も、国から特権を受け、又は政治上の権力を行使してはならない。
② 何人も、宗教上の行為、祝典、儀式又は行事に参加することを強制されない。
③ 国及びその機関は、宗教教育その他いかなる宗教的活動もしてはならない。
憲法 89 条 公金その他の公の財産は、宗教上の組織若しくは団体の使用、便益若しくは維持のため、……これを支出し、又はその利用に供してはならない。

2 憲法が、信教の自由を人権として保障するだけでなく、国と宗教との結びつきを断ち切るために国の活動に厳格な縛りを設けていることには、歴史的な理由があります。

ヨーロッパの憲法をモデルにした大日本帝国憲法（明治憲法）にも、信教の自由を保障する規定がありました〔☞明治憲法28条〕。この明治憲法の規定で注目に値するのは、憲法自らが信教の自由を制限できる事由を明文で定めていたと言うことです。つまり、社会の平穏や秩序を害したり、臣民の義務に反したりするような場合には、国は、臣民の宗教的な活動を制限することができるとされていました。その意味で、明治憲法が臣民に保障する信教の自由は、言わば“条件付の自由”でした。しかも、その制限の文言は、曖昧で、どこまでも拡大して解釈できるものでした。

明治憲法28条 日本臣民ハ安寧秩序ヲ妨ケス及臣民タルノ義務ニ背カサル限ニ於テ信教ノ自由ヲ有ス

明治憲法の信教の自由

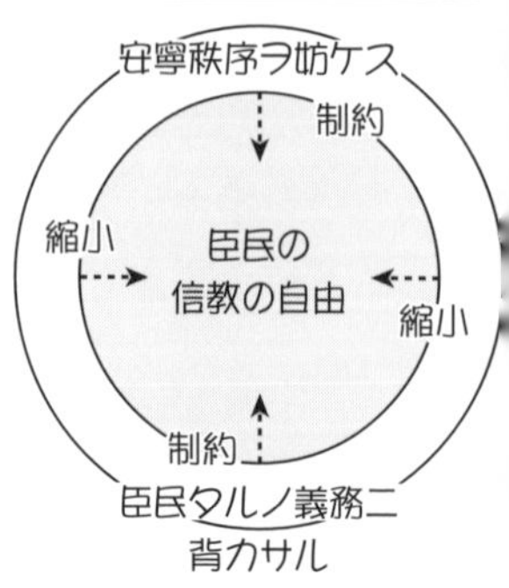

3 そもそも、天皇の宗教的な権威に基礎をおく明治憲法のなかで、信教の自由を保障すること自体に無理がありました。当時の明治政府は、皇室の権威を国の基軸に据えるために、その権威を宗教的な色彩のきわめて強い理屈で固めようとしました。天皇の統治権の源は、日本の神である天照大神による命令にさかのぼるとされ、天皇自身が「現人神」とされました。また、皇室における古来の儀式や、天皇の祖先の霊を祭るための儀式が、国の公的な儀式と位置づけられ、天皇は、その儀式を取り仕切る最上位の祭司でした。

天皇の統治権を支える思想も、祭司として執り行う儀式も、神道に由来するものでした。このような神道思想に基礎をおく天皇の権威に支えられ、それを法的に確認したのが明治憲法です。したがって、神道は、はじめから、仏教やキリスト教徒などの他の宗教と同じ“土俵”にはありません。仏教もキリスト教も、天皇の「神聖不可侵」の権威を傷つけないかぎりで、信教の自由が認められた宗教にすぎません〔☞明治憲法3条〕。神道は、明治憲法を包み込む“器”であり、仏教もキリスト教も、その“器”に入れられた“玉”にすぎません。その“玉”が“器”を傷つけることは、まさに“天に唾する”行いに等しく、許されません。このように、仏教やキリスト教の信教の自由は、神道と両立する限りで許された自由だったのです。

明治憲法3条 天皇ハ神聖ニシテ侵スヘカラス

第2次大戦後、**ポツダム宣言**が命ずる「宗教の自由」を確立するとともに〔☞10項〕、いま述べた「**国家神道**」と呼ばれる明治憲法

ポツダム宣言
十、……日本国政府ハ日本国国民ノ間ニ於ケル民主主義的傾向ノ復活強化ニ対スル一切ノ障礙ヲ除去スヘシ言論、宗教及思想ノ自由並ニ基本的人権ノ尊重ハ確立セラルヘシ

下の体制を廃止するという目的で、憲法20条および89条の規定が、日本国憲法に置かれたのでした。

信教の自由の保障

1　宗教は、私たちの日常の行動を律するルールであると同時に、私たちの人生に意味を与える源泉でもあります。宗教は、自分らしさを形づくる核心と言えるでしょう。そうだとすれば、私たちのアイデンティティを左右する他の信念や主義と同じく、宗教上の信仰について“考える自由”が保障されねばなりません〔☞本章「思想・良心の自由の意義」〕。

宗教上の信仰について“考える自由”とは、より具体的に言えば、仏教やキリスト教などの特定の宗教を信じるかどうかを決め、信仰する宗教の教義を真剣に受けとめ、その教えに照らして“自分はいかに生きるべきか”に思いをめぐらせる自由です。このような深い信仰上の思索を経て、信仰する宗教を変えることもあるでしょうし、信仰を捨てることさえあるでしょう。このように改宗したり、無神論に転じたりする自由も“考える自由”の一部です。これらの自由は、一般に、**信仰の自由**と呼ばれています。

2　信仰の自由は、個人の心の内にとどまる精神活動であるため、他人の権利や社会の重要な利益と衝突することはありません。そのことから、信仰の自由には、絶対的な保障が与えられると考えられています。

したがって、国は、個人の信仰の自由を侵すことは絶対に許されません。当然、国が国民に特定の宗教を信仰するよう強制することは許されません〔1〕。また、国が、江戸幕府がキリシタン弾圧のために行った「踏み絵」のように、内心における個人の信仰を無理矢理に告白させるということも、信仰の自由の侵害に当たります〔2〕。さらに、憲法14条の法の下の平等とも重なりますが、国が、特定の宗教を信仰する人を、その信仰を理由に不利益に扱うことも、信仰の自由を侵すことになります〔3〕。

信仰の自由の侵害

1 信仰の強制

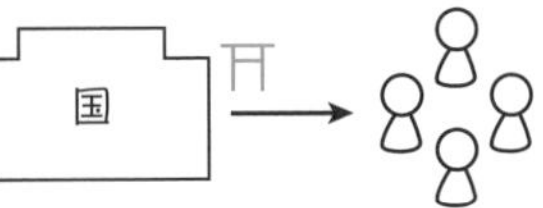

神道の信仰を強制

2 信仰告白の強制

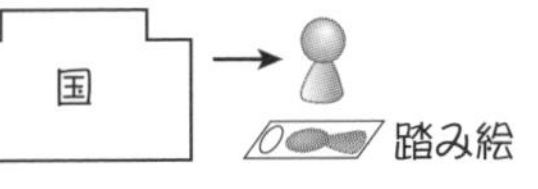

3 信仰に基づく不利益な取扱い

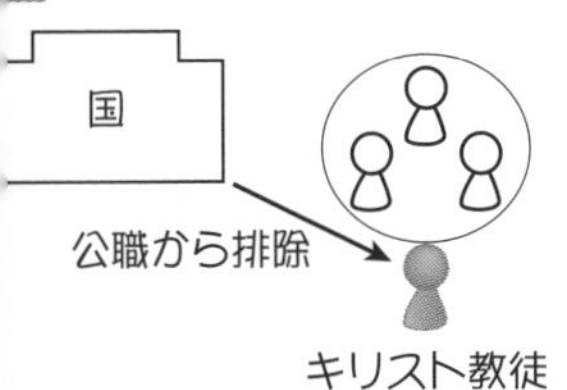

3　宗教は、私たちの内心における信仰の問題にとどまりません。宗教は、私たちに、神に祈り、霊を祭るなど礼拝や儀式を行うよう求めます。また、私たちは、宗教の教義や戒律に従い、宗教上の務めを果たそうとするでしょう。さらに、宗教は、社会的に虐げられた人びとに社会を変革するための道標を与え、ときには過激とも思えるほど大きな社会の革新を私たちに命じます。その過程で、私たちは、教義や神の教えを多くの人びとに説き、信仰を広め、宗教が指し示す理想的な社会を実現するために手を取り合うでしょう。

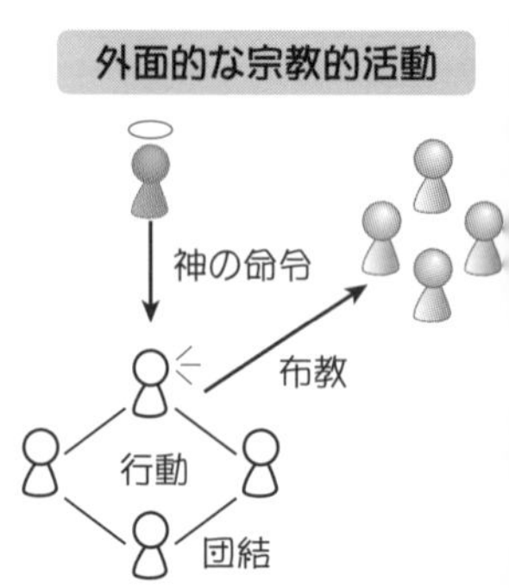

このように、宗教は、私たちの内心における信仰の問題にとどまらず、他人に働きかけ社会に影響を与える行動を行うよう促します。したがって、私たちの宗教に関わる活動全般について自由を確保しようとするならば、信教の自由の保障は、内心における信仰の自由を超えて、外面に現れた宗教的な活動にも及ぶものとしなければなりません。

そこで、憲法が保障する信教の自由には、祈りを捧げる自由や修行を積む自由、布教を行う自由などの**宗教的行為の自由**の保障が含まれることになります。また、宗教的行為の自由の裏返しとして、自分が参加を望まない宗教上の行事に参加を強制されない自由も保障されます。この点について、憲法20条2項は、明文で、「何人も、宗教上の行為、祝典、儀式又は行事に参加することを強制されない」と規定しています。

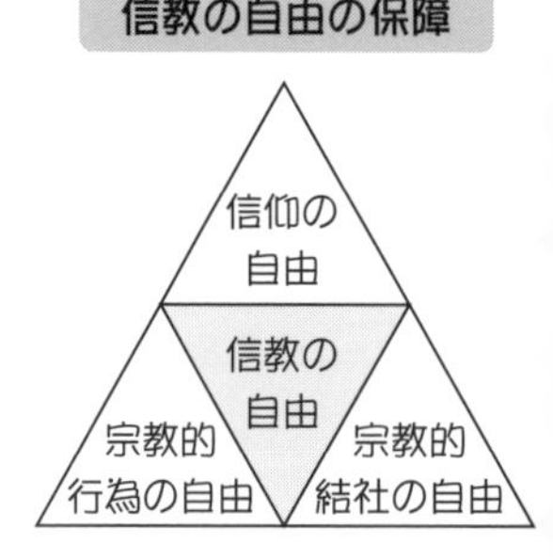

さらに、信者が集い宗教的指導者の説教を聞く自由や、教団や講を作り共同で教典を学ぶ自由などの**宗教的結社の自由**も、信教の自由の一部と解されます。宗教的結社の自由は、個人に対して、特定の宗教団体に加入したり、その団体から脱退したり、あるいは宗教団体に加入しない自由を保障します。

信教の自由の限界

1　宗教的行為の自由や宗教的結社の自由は、信仰の自由とは違って、外面に現れた行為を伴う宗教的な活動です。そのため、他人の権利や社会の重要な利益に対して具体的な害悪を及ぼすおそれのある行為です。したがって、真摯な信仰に基づく行為であっても、礼拝や儀式の最中に参加者の生命や身体を害するような行為を行った

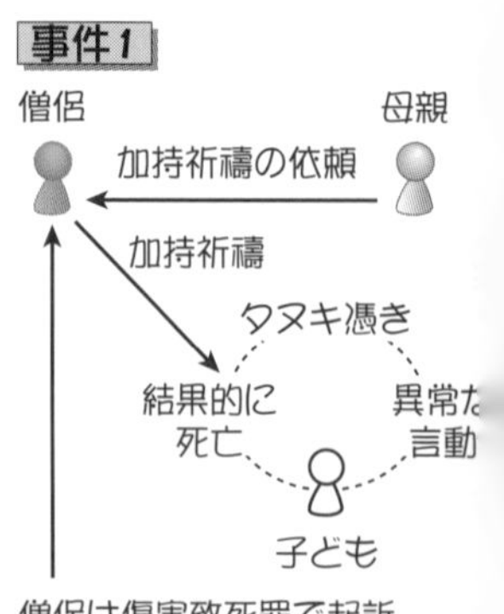

ならば、法律上処罰される場合があります。その意味で、宗教的行為の自由も宗教的結社の自由も、公共の福祉による制約を受ける権利だと言えます〔☞第2章〕。

加持祈禱事件という有名な事件があります。これは、線香護摩による加持祈禱を行っている最中に、祈禱を受けていた子どもが、線香の熱さを嫌がってもがいたために、祈禱に加わっていた人たちが無理矢理押さえつけるなどしているうちに、その子どもが死亡してしまったという事件です。問題となった祈禱は、狸に憑かれて精神に障がいを来した子どもから、狸を追い出すためのものでした。この加持祈禱を執り行っていた僧侶は、刑法の傷害致死罪で起訴され、裁判になりました。裁判のなかで僧侶は、"加持祈禱は宗教的行為であり、その行為に国が刑罰を科すことは、信教の自由の侵害である"と主張しました。

判例1　加持祈禱事件・最大判昭38・5・15刑集17巻4号302頁
被告人の本件行為は、所論のように一種の宗教行為としてなされたものであつたとしても、それが……他人の生命、身体等に危害を及ぼす違法な有形力の行使に当るものであり、これにより被害者を死に致したものである以上、被告人の右行為が著しく反社会的なものであることは否定し得ないところであつて、憲法20条1項の信教の自由の保障の限界を逸脱したものというほかはな〔い〕。

最高裁は、"僧侶の行為は、信教の自由の保障の範囲を超えたものである"と述べて、僧侶に対する有罪判決を支持しました〔☞判例1〕。最高裁が僧侶の行為を「著しく反社会的」と断じたポイントは、2つあります。①加持祈禱は、医学的に見て、精神の障がいを治す方法としては適切でなかったことと、②結果的に、祈禱を受けた子どもが死亡してしまったことです。宗教の意義は、医学や物理学などの科学的な見地から単純に測ることはできません。したがって、宗教的行為の"反社会的"性格を科学や"常識"によって判断することには、慎重であるべきでしょう。この事件において僧侶の行為が違法とされた主たる論拠は、子どもを死亡させた結果の重大性にあったと見るべきではないかと思います。

事件2

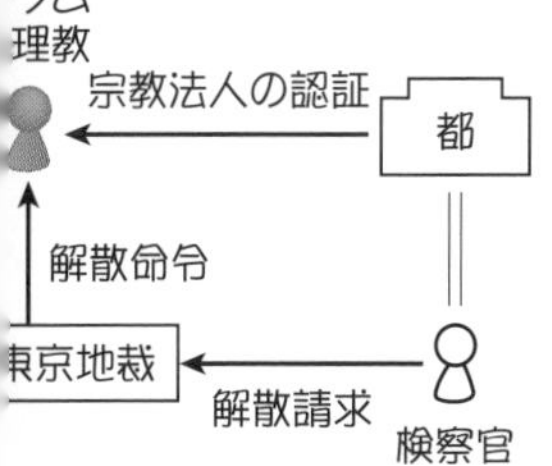

2　国による宗教的結社の自由の制約が問題となった有名な事件に、**オウム真理教解散命令事件**があります。宗教団体は、宗教法人法に基づいて法人格を取得すると、法人としての財産取引や経済活動が容易になります。ただし、宗教法人の「認証」を受けることのできる宗教団体は、「宗教の教義をひろめ、儀式行事を行い、及び信者を教化育成することを主たる目的」（宗教法人法2条）とする団体で、一定の要件を満たすものに限られています。この事件では、宗教法人の認証を受けていたオウム真理教が、「法令に違反して、著しく公共の福祉を害すると明らかに認められる行為をした」（同法81条1項1号）ことを理由に、裁判所により解散を命じられました。この

解散命令が、オウム真理教の宗教的結社の自由を侵害しないかどうかが争われました。

最高裁によれば、この宗教法人の解散を命ずる制度は、宗教団体やその信者の宗教的な側面に口を挟むことを目的としたものではありません。この解散命令の制度は、公共の福祉を害すると明らかに認められたり、宗教法人としての実体を欠いていたりする団体から、司法の手続を通じて、法人格を奪い、団体の解散を命ずるにとどまるとされます。最高裁は、"この解散命令の制度の目的は合理的である"と判断するとともに、この事件でオウム真理教を解散させたとしても、オウム真理教の信者の信教の自由を侵害するものではないと結論づけました〔☞ 判例2〕。

このような結論を導くに当たって、最高裁は、オウム真理教を解散させることの必要性と、そのことで被る信者の信仰上の不利益や不都合を比較します。一方で、オウム真理教が、その教団の施設で計画的かつ組織的にサリンを製造したとされ、そのことが、著しく公共の福祉に反することは明らかです。そして、このような教団の活動に対処するために、オウム真理教を解散し、法人格を奪うことは必要であり、適切だとされます。他方で、宗教法人としてのオウム真理教が解散されても、個々の信者が引き続きオウム真理教を信仰することは自由であり、信者の宗教的行為がやりにくくなるとしても、それは間接的なものにとどまると判断されました。このような比較衡量に基づいて、最高裁は、"オウム真理教の解散命令は、必要やむを得ない法的規制である"と判示しました。

判例2 **オウム真理教解散命令事件・最決平8・1・30民集50巻1号199頁**
〔大量殺人を目的として計画的・組織的にサリンを精製した抗告人の〕行為に対処するには抗告人を解散し、その法人格を失わせることが必要かつ適切であり、他方、解散命令によって宗教団体であるオウム真理教やその信者らが行う宗教上の行為に何らかの支障を生ずることが避けられないとしても、その支障は、解散命令に伴う間接的で事実上のものであるにとどまる。したがって、本件解散命令は、宗教団体であるオウム真理教やその信者らの精神的・宗教的側面に及ぼす影響を考慮しても、抗告人の行為に対処するのに必要でやむを得ない法的規制であるということができる。

宗教の義務と世俗の義務との衝突

1 私たちは、日常の行動に関してあれこれと指図を与えるさまざまな**社会規範**の網の目のなかで生活しています。社会規範には、食事のマナーのような些細なものから、"嘘をついてはいけない"、あるいは"他人の生命を奪ってはならない"といった重要な道徳的なルールに至るまでさまざまです。宗教や法もまた、そのような社会規範の１つと言えます。

そして、これらの社会規範が、私たちの生活のなかで、いつも矛盾なく両立しうるというわけではありません。ときには、宗教が求

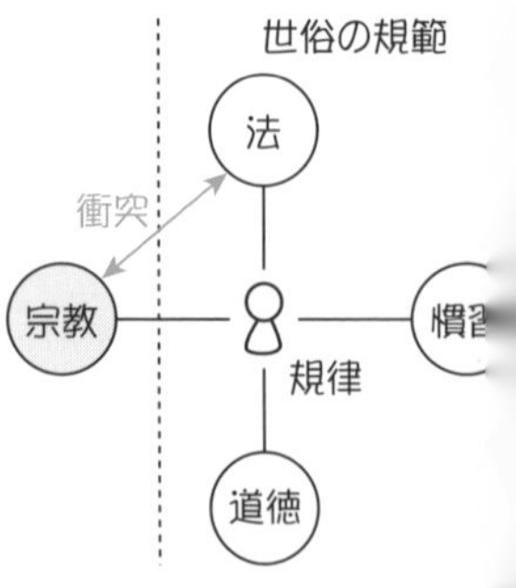

私たちは社会規範の網の目のなかで生活している。

める義務と、世俗の社会規範が求める義務が衝突し、私たちは、そのいずれを優先すべきかについて真剣に悩むような場面が出てきます。実際に裁判で争われた2つの事件を紹介しておきましょう。

事件3

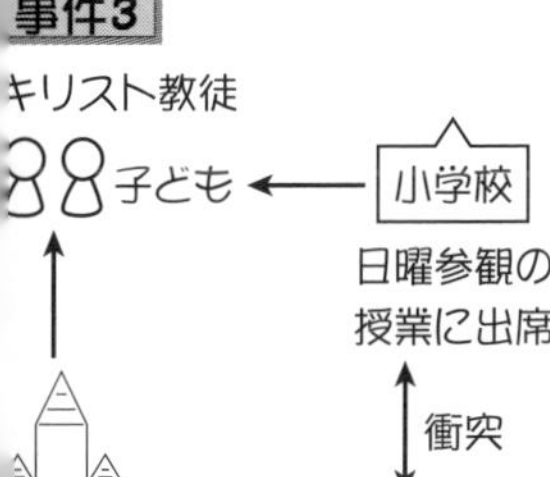

- **日曜日授業参観事件**：敬虔なクリスチャンの子どもであれば、日曜日に教会学校に行って礼拝する宗教の義務と、日曜日に行われる参観授業に出席する世俗の義務とのあいだで、どちらを優先すべきか悩むことになるだろう〔☞ 判例3〕。
- **「エホバの証人」剣道実技受講拒否事件**：「エホバの証人」を信仰する生徒は、その徹底した平和主義の教義に従うべきか、学校において必修科目とされた体育の剣道実技に参加すべきかの、きわめて難しい選択を迫られることになるだろう〔☞ 判例5 後述〕。

判例3 日曜日授業参観事件・東京地判昭61・3・20判時1185号67頁

2 信仰する宗教の義務と、国が定めた法律の義務とが衝突する場合、私たちは、憲法が保障する信教の自由を理由に、法律の義務から例外的に免れることができるでしょうか。法の世界では、外から見て法に従う態度を示していれば、行為する人の内心（動機や意図）は、原則として問われません。したがって、宗教の義務と法律の義務とが衝突したとしても、私たちは、形だけ法に従うふりをして、うまくやり過ごすこともできるかもしれません。

しかし、前述したように、信仰は、個人の人格や生き方と最も深いところでつながっています。そうだとすると、面従腹背のような偽りの態度は、個人のアイデンティティを深く傷つけることになります。したがって、個人のアイデンティティに深刻な危機をもたらすような場合には、信教の自由を理由に、法律の義務の免除が認められる場合も考えられないわけではありません。

事件4

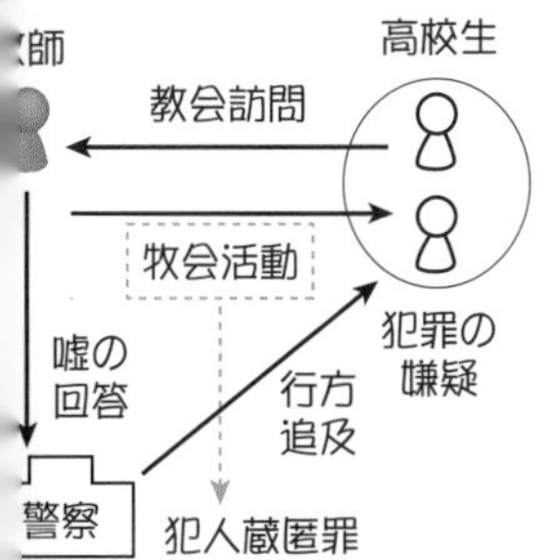

3 **牧会活動事件**は、裁判所が実際に法律の義務の免除を認めた事件です。この事件では、建造物侵入、兇器準備集合罪などの容疑で警察に追われていた高校生を、教会に1週間泊まらせて説得し、警察に出頭させた牧師の行為が、罪を犯した者を匿（かくま）うことを禁じた刑法（103条）に違反するかどうかが争われました。裁判のなかで牧師は、“罪を犯した高校生を反省させ生活を改めさせることは、牧

師としてなすべき宗教的な活動（牧会活動）であり、そのことを理由に処罰することは信教の自由の侵害である”と主張しました。

裁判所は、被告の牧師による牧会活動は「全体として法秩序の理念に反するところがなく、正当な業務行為として罪とはならない」と判断しました〔☞ 判例4 〕。この判断の基礎には、信教の自由を制約する場合には、「最大限慎重な配慮が必要である」という姿勢があります。このような裁判所の姿勢は、牧会活動の目的や範囲について、社会の“常識”ではなく、キリスト教の信者（牧師）の視点に立って理解しようとした点に表れています。この点、加持祈禱事件の最高裁判決とは、スタンスをやや異にします。

裁判所は、牧師の視点から次のように述べます。――高校生が少しでも救済を求めて頼ってきた以上、牧師としては、彼らの魂に配慮するのが宗教上の務めです。また、魂の救済は、牧師自身が真摯に行うべきものであり、他人任せにはできません。そして、魂の救済には互いの信頼関係が不可欠であり、約束を破るなどの裏切りは、牧会活動を行う牧師には許されない行いです。そのために、牧師は、一時的に高校生の所在を隠すことも必要になるし、そのことで牧師を責めるのは酷です。高校生に深い反省を促し、その将来を一緒に悩み考えようとする牧師には、労働と礼拝を通じて自分を見つめ直してもらうという方法しかなかったと言えます。その一方で、事件から8日後に高校生は深く反省して警察に出頭し、事件の捜査に大きな支障はありませんでした。裁判所は、このような比較衡量に基づき、“牧師の行為は正当業務行為であって、罪にならない”と判断したのです。

判例4 牧会活動事件・神戸簡判昭50・2・20判時768号3頁

確かに、形式上刑罰法規に触れる行為は、一応反社会的なもので公共の福祉に反し違法であるとの推定を受けるであろうがその行為が宗教行為でありかつ公共の福祉に奉仕する牧会活動であるとき、同じく公共の福祉を窮極の目標としながらも、直接には国家自身の法益の保護……を目的とする刑罰法規との間において、その行為が後者に触れるとき、公共の福祉的価値において、常に後者が前者に優越し、その行為は公共の福祉に反する（従ってその自由も制約を受け、引いては違法性を帯びる）ものと解するのは、余りに観念的かつ性急に過ぎる論であって採ることができない。

「エホバの証人」剣道実技受講拒否事件

1 Xは、聖書に固く従うという信仰を持つキリスト教徒である「エホバの証人」でした。特に、聖書のなかで説かれている、“できるなら、あなたがたに関する限りすべての人に対して平和を求めなさい”などといった教えに基づいて、絶対的平和主義の信仰を持っていました。Xは、剣道実技が必修とされていた公立の高等専門学校（高専）に入学しましたが、体育の教員らに対して宗教上の理由で剣道実技には参加できないことを説明し、レポートの提出など

事件5

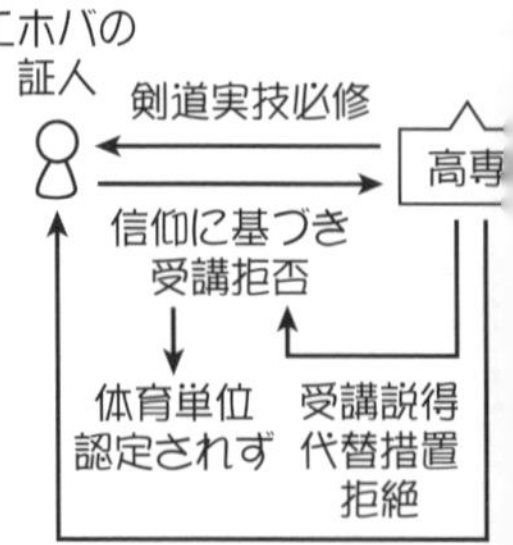

の代替措置を認めてほしいと申し入れました。しかし、教員と校長Yは、代替措置を認めず、剣道実技に参加するよう説得を続けました。

Xは、正規の体育授業にも、特別の救済措置として実施された剣道実技の補講にも参加しませんでした。そのため、体育科目の単位が認定されず、第2学年に進級することができませんでした。翌年も学校側の対応に変化はなく、Xも、剣道実技の受講を拒否したため、再度留年とする処分を受けました。学校側は、退学事由に挙げられている、「学力劣等で成業の見込みがないと認められる者」に当たるとして、Xを退学とする処分を下しました。これに対して、Xが留年処分と退学処分の取消を求めて訴訟を起こした、というのが事件のあらましです。

この事件では、Xは、剣道実技を必修とする学則上の義務と、絶対的平和主義に基づいていかなる武器も持ってはならないとする宗教上の義務の板挟みになりました。裁判では、Xが、信教の自由を理由に剣道実技の必修を免れることができるかどうかが争われました。

判例5 「エホバの証人」剣道実技受講拒否事件・最判平8・3・8民集50巻3号469頁

高等専門学校の校長が学生に対し原級留置処分又は退学処分を行うかどうかの判断は、校長の合理的な教育的裁量にゆだねられるべきものであり、裁判所がその処分の適否を審査するに当たっては、校長と同一の立場に立って当該処分をすべきであったかどうか等について判断し、その結果と当該処分とを比較してその適否、軽重等を論ずべきものではなく、校長の裁量権の行使としての処分が、全く事実の基礎を欠くか又は社会観念上著しく妥当を欠き、裁量権の範囲を超え又は裁量権を濫用してされたと認められる場合に限り、違法であると判断すべきものである。

2 最高裁は、Xの訴えを認める判決を下した大阪高等裁判所（平成6年12月22日判決・判時1524号8頁）の判断を支持しました〔☞**判例5**〕。まず、最高裁は、学生に対して留年処分や退学処分を行うかどうかの判断については、高専の校長に広い教育的な裁量が認められると言います〔**1**〕。校長は、学校の管理運営や学生の教育指導に関する教育の専門家であり、裁判所も、校長の判断をできるかぎり尊重するのが建前であるとされるからです。しかし、そうは言っても、校長の裁量にも限界はあります。処分の根拠となった事実がまったくのでたらめだったり、一般人の目から見ても著しく常識を欠いていたりするような場合には、校長の判断も違法とされます

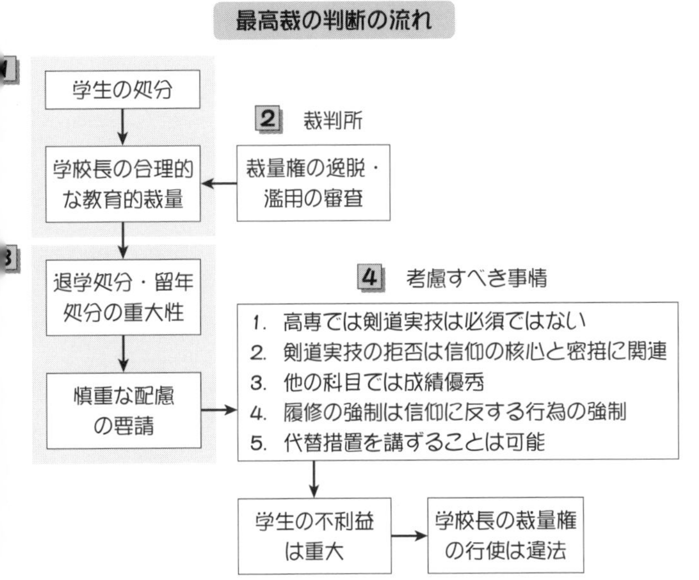

〔**2**〕。

とくに退学処分は、学生としての身分を奪う重大な処分です。したがって、校長に広い裁量が認められるとしても、その判断は、慎重になされなければなりません〔**3**〕。最高裁は、「当該学生を学外に排除することが教育上やむを得ないと認められる場合に限って退学処分を選択すべきであり、その要件の認定につき他の処分の選択に比較して特に慎重な配慮を要するものである」と述べています。また、留年処分も、結果的に1年卒業を遅らせることになるため、学生にとっては大きな不利益をもたらす処分です。したがって、退学処分と同様に慎重な配慮が必要であるとされました。

3 では、本件のXの処分は、ほんとうに慎重な配慮の上になされたものと言えるでしょうか。結論から言うと、最高裁は、“Xに対する留年処分と退学処分は、社会観念上著しく妥当性を欠くものであり、校長の裁量権の範囲を超えた違法なものであった”と判断しました。妥当な結論でしょう。

最高裁は、学校側の事情と学生側の事情を天秤にかけて、どちらが利益として重いかを判断の決め手としました。一方で、体育種目において剣道実技を必修とすることが教育上どの程度重要か、また、剣道実技に代わる代替措置を講ずることが実際上どの程度困難か、といったことが、学校側の事情として考慮されます。他方で、剣道実技の受講を拒否することによってどの程度の不利益を被るか、また、剣道実技を義務づけることが信教の自由にどのような影響を与えるか、といったことが、学生側の事情として考慮されます。

最高裁は、比較衡量の結果、学生側の利益のほうが重いと判断しました。最高裁の判断を左右した重要な要素を判決から抜き出してみましょう〔**4**〕。

---

1. 高専では、剣道実技の履修が必須のものとは言えず、体育科目による教育目的の達成は、他の体育種目の履修などの代替的方法によってこれを行うことも性質上可能である。
2. Xが剣道実技への参加を拒否する理由は、Xの信仰の核心部分と密接に関連する真摯なものであった。
3. Xは、剣道実技の履修を拒否したため、他の科目では成績優秀であったにもかかわらず、留年、退学という事態に追い込まれたものであり、Xが被った不利益はきわめて大きい。

4. 退学などの重大な不利益を避けたいならば、剣道実技を履修せよということは、自分の信仰上の教義に反する行動を事実上強制されるに等しい。

5. 信仰上の理由に基づく格技の履修拒否に対して代替措置を採っている学校もあることからすれば、他の学生に不公平感を生じさせないような適切な方法で代替措置を講ずることは可能である。

STEP UP

愛するということと、信ずるということとのあいだには、本質的なところで共通点があります。それは、その思いが深ければ深いほど、特定の行為や態度を選択の余地のないものとすることです。愛情や信仰を持つ人の立場に立って言えば、その行為や態度は、"他に選びようがない"という意味で必然的と言ってもよいかもしれません。たとえば、親が、燃えさかる家のなかに取り残された子どもを助けるために、自らの命をも省みず飛び込んだといったニュースを耳にすることがあります。子どもを愛する親にとっては、このような命がけの行為であっても、それは、あれこれ考えたうえの選択ではなく、やむにやまれぬ必然的な行為と考えられます。

信仰もまた、愛情と同じように、特定の行為を必然的なものにします。判例 4 で紹介した**牧会活動事件**において、裁判所は、教会での労働と礼拝を通じて反省を促す以外に、牧師には選ぶ道はなかったと述べています。悩み傷ついた迷える羊に手を差しのべる行為は、神に仕える牧師にとって、必然的な行為だったと言うことです。

愛することにとっての必然的な行為や態度とは、愛する人の幸福を心から願い、その人にとって最善の利益となるよう行為することです。そのとき、私たちは、何か別な目的や理由のために、愛する人の幸福を願うわけではありません。病気になった妻が早く元気になってほしいと願う夫は、ただ妻を愛するがために、そう願うはずです。食事の用意やアイロンがけをしてほしいという理由で、妻の健康の回復を願う夫は、妻を真剣に愛しているとは言えないでしょう。

信仰もまた、神への信仰が真摯であればあるほど、何か別な目的のための手段であるとは考えられないはずです。信ずる神の意志や計画に最大限忠実であろうとする理由は、その神を信じているということ以外にはなく、お金儲けや出世のために神にすがる人は、真に信仰に目覚めた人とは言えません。したがって、信仰と現世の利益とは、同列に並べて、損得を計算できるものではありません。むしろ、そのような損得勘定ができないことが、信仰の証しとなるのです。判例 5 で取り上げた**「エホバの証人」剣道実技受講拒否事件**において、退学となった学生は、絶対平和に対する信仰と、体育の単位取得を天秤にかけることはしませんでした。それは、信仰のある人にとっては当然のことです。その点からも、"学生の信仰がきわめて真摯なものであった"という最高裁の評価は、きわめて正当なものでした。

第7章

政教分離

国の権力の中枢にいる人びとから見れば、１人ひとりの国民は、手ですくってもすくっても、指のあいだからさらさらとこぼれ落ちる砂粒のようなものかもしれません。このつかみ所のない１人ひとりの国民を一国の国民として統合するにはどうしたらよいか。政治家たちは、昔から、この問題に頭を悩ませてきました。

明治の初め、欧米への憲法調査から帰ってきた伊藤博文は、欧米の国々には確固たる“背骨”があることを見抜きました。その“背骨”に当たるのがキリスト教という宗教であり、それが国民を統合する要になっていると考えました。そして、伊藤は、日本において国民を統合する役割を果たすのは皇室をおいて他にないと断じたのでした。

では、天皇を神聖な存在とし、崇(あが)め敬う気持ちを国民に浸透させるにはどうしたらよいか。このことに、明治政府はたいへん腐心しました。皇室で執り行われる神道形式の儀式（祭祀）を拡充し、祭祀と国民の祝祭日を結びつけることで、国民の日常生活の中で絶えず天皇を意識させようとしました。また、明治憲法の発布の翌年には、教育勅語が出されました。教育勅語は、天皇が道徳の権威として、国民に道徳的な心得を説くという形式をとった文書です。子どもたちは、学校において天皇に礼拝し、教育勅語を暗唱することを通じて、天皇を崇め敬う気持ちをすり込まれていきました。こうして当時の国民は、天皇の“臣民”として１つに統合されていったのです。

日本国憲法は、明治政府が行ったような、国民を統合する道具として宗教を利用することを完全に否定しました。それを最も明瞭なかたちで表しているのが、政教分離の規定です。

政教分離の意義

1　憲法は、信教の自由を人権として保障しています。国は、国民に対して、特定の宗教を信仰するよう強制したり、信仰を理由に不利な取扱いを行ったりすることを禁じられています〔☞第6章〕。同時に、憲法は、国が宗教的な事柄に関与することがないよう、政治と宗教とを分離する仕組みを設けています。この仕組みが政教分離です。国が特定の宗教に肩入れすること、あるいは、そもそも宗教の領域に立ち入ることを禁止する原則を**政教分離原則**と言います。

憲法は、政教分離原則を具体化するために3つの規定——**政教分離規定**——を置いています。第1に、国が、宗教団体に対して、特権を与えたり、国の統治にかかわる権力の行使を許したりするようなことは認められません〔☞20条①後段〕。第2に、国自身が、宗教教育などの宗教的な活動を行うことも許されません〔☞20条③〕。第3に、国が、宗教団体に対して、金銭を支払ったり、国の財産を利用させたりすることも禁止されます〔☞89条〕。国が宗教団体に金銭を支出したり便宜を提供したりすることは、本来国には禁止されている宗教的な活動を、私的な団体に肩代わりさせる“抜け道”となる危険があるからです。

政教分離原則・規定

政教分離原則
↓ 具体化

政教分離規定	宗教団体への特権付与の禁止
	国による宗教活動の禁止
	宗教団体への公金支出等の禁止

憲法20条　……いかなる宗教団体も、国から特権を受け、又は政治上の権力を行使してはならない。
③　国及びその機関は、宗教教育その他いかなる宗教的活動もしてはならない。
憲法89条　公金その他の公の財産は、宗教上の組織若しくは団体の使用、便益若しくは維持のため、又は公の支配に属しない慈善、教育若しくは博愛の事業に対し、これを支出し、又はその利用に供してはならない。

2　このような政教分離原則は、“神道の祭祀と国の政治とが一致する”という、大日本国憲法（明治憲法）における「**祭政一致**」の原理とは相いれません。祭政一致の原理によれば、国の統治者である天皇の地位は、神道の信仰の対象である天照大神による神勅によって宗教的に根拠づけられるとされます。そして、天皇は、国の統治者であると同時に、神道の最高位の祭主として祭祀をつかさどるものとされていました。そのため、明治憲法の下では、神道は、事実上、国教的な地位にありました〔☞第6章〕。

日本国憲法の政教分離原則は、このような明治憲法の祭政一致の原理を完全に否定するものです。第2次大戦後、日本を占領統治する連合国軍総司令部（GHQ）は、国から神道を分離するために、学校での神道教育を禁止し、神社の管理などにかかわる法令の廃止を命ずる指令——**神道指令**——をいち早く出しました〔☞ 資料1 〕。この神道指令の趣旨を確認したのが、憲法20条や89条の政教分

資料1　**神道指令**
本指令ノ目的ハ宗教ヲ国家ヨリ分離スルニアル、マタ宗教ヲ政治的目的ニ誤用スルコトヲ防止シ、正確ニ同ジ機会ト保護ヲ与ヘラレル権利ヲ有スルアラユル宗教、信仰、信条ヲ正確ニ同ジ法的根拠ノ上ニ立タシメルニアル、本指令ハタダニ神道ニ対シテノミナラズアラユル宗教、信仰、宗派信条乃至哲学ノ信奉者ニ対シテモ政府ト特殊ノ関係ヲ持ツコトヲ禁ジマタ軍国主義的乃至過激ナル国家主義的「イデオロギー」ノ宣伝、弘布ヲ禁ズルモノデアル

離規定であると解されています。

信教の自由と政教分離

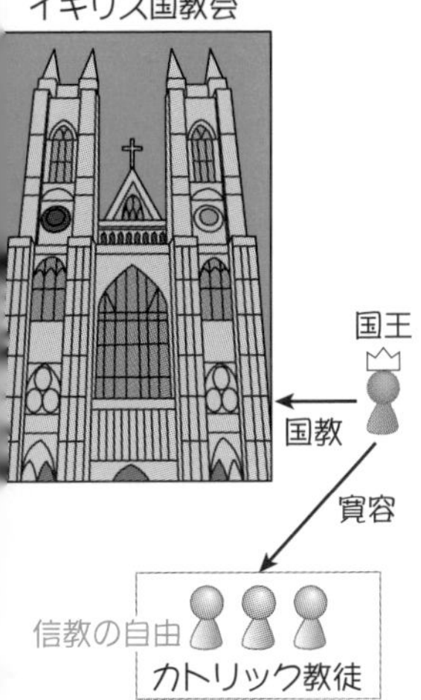

1 信教の自由と政教分離原則とは、“表と裏”のような必然的な関係にはありません。国と宗教の関係は、それぞれの国の長い歴史と文化のなかで形づくられてきたものであって、その関係は多様です。たとえば、イギリス国教会を国教とするイギリスのように、国教がありながら、国民に信教の自由を保障する国もあります。イギリスには20%ほどカトリック教徒がいますが、彼らにも信教の自由が保障されています。

信教の自由と政教分離原則の関係は、その国の歴史的・文化的な背景を抜きに考えることはできません。特に日本の場合は、前述したような戦前の国家神道の歴史を前提にその関係を考える必要があります。

2 日本国憲法においては、信教の自由と、政教分離原則を具体化した憲法の規定（政教分離規定）との関係をどう理解するかについて、①人権説と②制度的保障説の２つの立場があります。

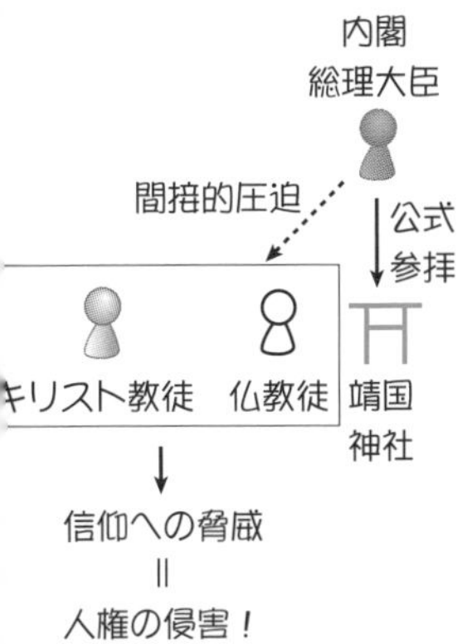

- **人権説**：人権説の立場からは、政教分離規定は、信教の自由を保障する規定と同じく、人権を保障するものと解される。つまり、国が宗教的活動を行ったり、特定の宗教を援助したりすれば、そのことが直ちに人権侵害になると考える。たとえば、内閣総理大臣による靖国神社への「公式参拝」によって、自分の信仰が脅かされたと感ずる人がいたとする。その場合、政教分離に違反する内閣総理大臣の公式参拝は、国民の人権を侵害する国の活動だということになる。

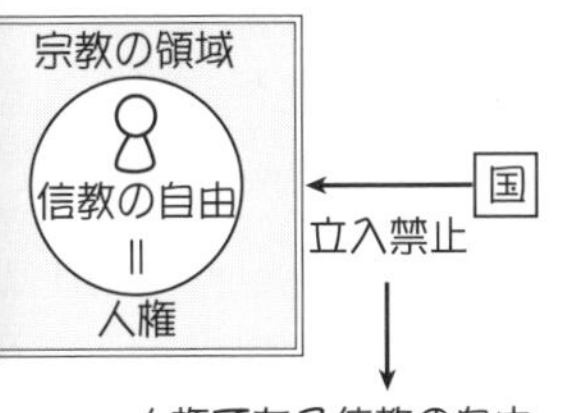

- **制度的保障説**：制度的保障説の立場からは、政教分離規定は、人権である信教の自由をより確実に保障するための仕組み（制度）であると解される。国が特定の宗教を国教とするならば、異なる宗教を信仰するマイノリティは、それだけで心理的な圧迫を受けることになる。また、特定の宗教が国と結びつくことで、他の宗教を間接的に弾圧、排除する力を持つこ

とになるだろう。政教分離規定は、信教の自由を危険にさらす、こうした事態を未然に防ぐ防波堤としての役割を果たす。

判例は、憲法の政教分離規定を制度的保障の規定と解しています。神道形式で行われた起工式（地鎮祭）に自治体が公金を支出したことが、政教分離違反ではないかと争われた、**津地鎮祭訴訟**において、最高裁は次のように述べています〔☞ 判例１ 後述〕。「元来、政教分離規定は、いわゆる制度的保障の規定であつて、信教の自由そのものを直接保障するものではなく、国家と宗教との分離を制度として保障することにより、間接的に信教の自由の保障を確保しようとするものである」。通説も、制度的保障説を支持しています。

政教分離規定を制度的保障と理解すると、この仕組みは、宝石の盗難を防ぐ金庫にたとえることができます。私たちは、高価な宝石を金庫にしまい、厳重なセキュリティ・システムの下に置いて、その盗難を防止しようとします。同じように、人間にとって大切な信教の自由について、現実に国によって侵害される前に、侵害を未然に防ぐセキュリティ・システムがあったほうが、より確実に守ることができます。憲法は、政治の世界と宗教の世界とを隔てる高くて頑丈な“防壁”を設けることで、国による信教の自由の侵害を未然に防ごうとしているのです。

政教分離の性格

政教分離規定
＝
金庫

宝石
＝
信教の自由

宗教の領域

政教分離の限界

1 政教分離原則にとって、国が宗教的な事柄に一切かかわらない、ということが理想です。政教分離原則を最も厳格に考えるならば、国は、非宗教的な存在であることが求められます。

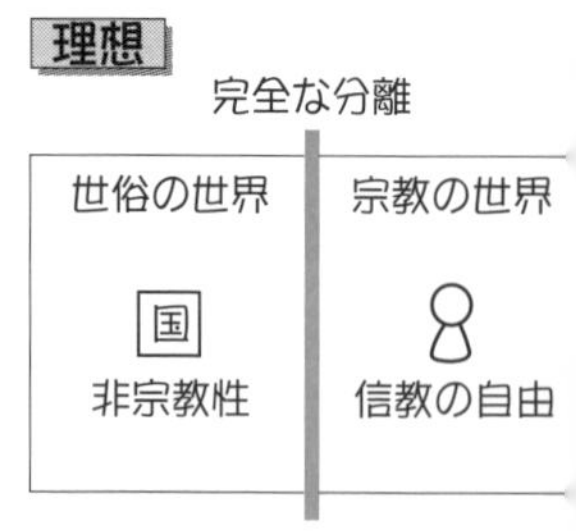

しかし、国の現実の仕組みとして政教分離を考えた場合、国家の非宗教性を徹底的に貫くことには、いろいろな不都合が伴います。宗教的な信仰に根ざした社会的な活動は、教育あるいは福祉、文化の分野で広く見られることです。そういった社会的な活動は、国家にとっても重要な関心事であることも多く、そのため、宗教と国家との接触が生じてしまうことがあります。その場面で、国家と宗教とを無理に引き離そうとすれば、かえって、宗教に対する不公平な取扱いが生じたり、重要な社会の利益を損なったりするおそれがあ

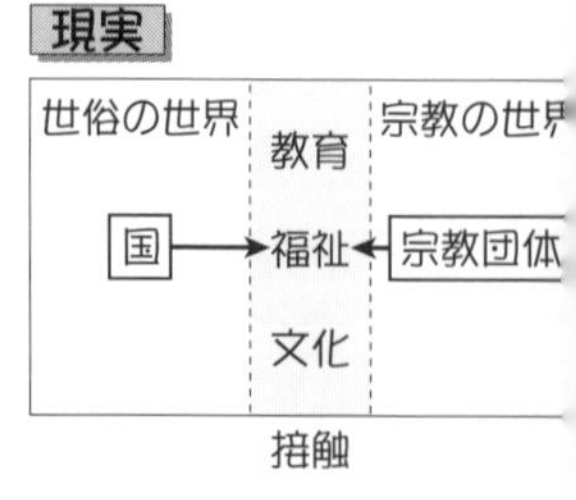

完全な分離の弊害

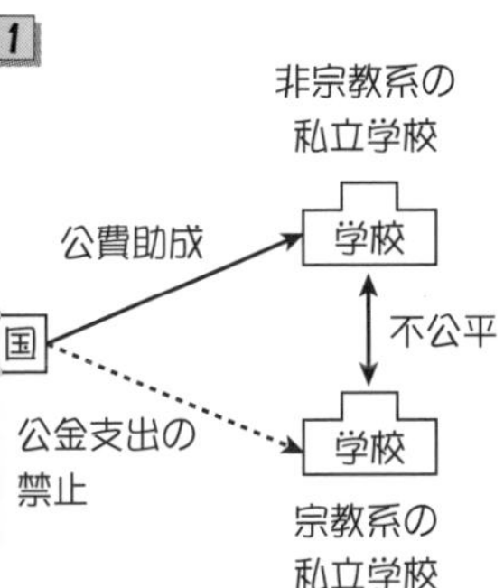

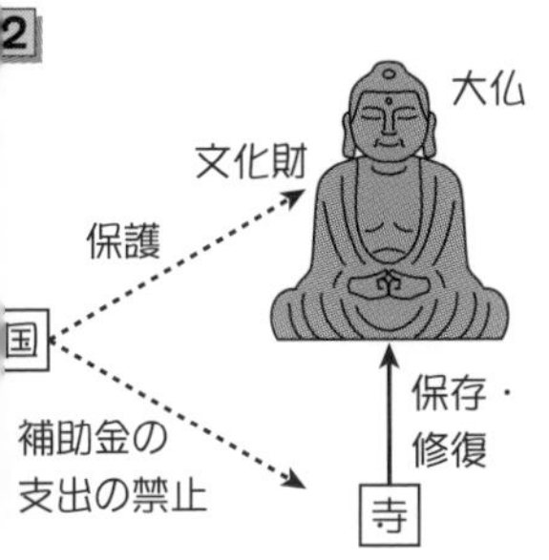

ります。津地鎮祭訴訟において、最高裁もそのような不都合をいくつか指摘しています。

- 特定の宗教と関係のある私立学校に対して助成が許されなくなる〔1〕。
- 日本の貴重な文化財である神社や寺院の建物や仏像などの維持や保存のために補助金を出すことができなくなる〔2〕。
- 刑務所などで行われる受刑者に対する教誨（きょうかい）活動（道徳心を養う活動）が許されなくなる。

2 現実の社会では、教育・福祉・文化などの面で国と宗教との接触が、やむを得ないものであるとすれば、政教分離原則を具体化する憲法の規定は、国と宗教とのある程度のかかわり合いを認めざるを得ません。

そうだとすれば、政教分離原則を具体化した憲法の政教分離規定の解釈においては、国と宗教とがどの程度までかかわり合いを持つことを憲法は許しているのか、その基準を明らかにすることが重要です。基準の定め方は、政治と宗教との分離をどの程度厳格に考えるか、そのスタンスの違いに左右されることになります。大まかに言えば、①**厳格分離**を主張する学説の立場と②**緩やかな分離**で足りるとする判例の立場が対立しています。

IMAGE

政教分離の程度の問題は、落石の危険のある斜面のどの高さに防護柵を作るか、ということにたとえることができます。国は、坂になっている斜面の上に置かれた丸い岩のように、いつ斜面を転がり落ちてくるかわからない危険な存在です。坂の下にあるのは、信教の自由であり、落石に押しつぶされてしまうおそれのある脆(もろ)い存在です。落石から信教の自由を保護する柵の役割を果たすのが、政教分離の仕組みです。そこで、この防護柵を斜面のより高いところに作って、早めに警報を鳴らして、危険に備えるべきか、それともギリギリまで待ってから対処すべきかが問題となります。

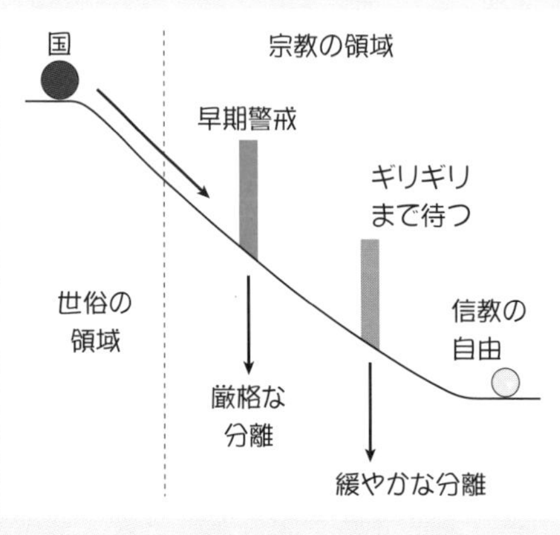

厳格分離の立場は、より高いところに防護柵を作って早めに警戒しようとする立場です。これに対して、**緩やかな分離の立場**は、もっと低いところでも十分落石の被害を食い止めることができるという立場です。厳格分離の立場は、国が宗教的領域へと転がりはじめた初期の段階で、警戒警報を鳴らして、それ以上の国の侵入を阻止しようとします。学説の多くは、この厳格分離の立場を支持しています。

目的効果基準

1　最高裁は、津地鎮祭訴訟において、国と宗教とがどの程度までのかかわり合いを許しているのかについて次のように述べています。「政教分離規定の保障の対象となる国家と宗教との分離にもおのずから一定の限界があることを免れず、政教分離原則が現実の国家制度として具現される場合には、それぞれの国の社会的・文化的諸条件に照らし、国家は実際上宗教とある程度のかかわり合いをもたざるをえないことを前提としたうえで、そのかかわり合いが、信教の自由の保障の確保という制度の根本目的との関係で、いかなる場合にいかなる限度で許されないこととなるかが、問題とならざるをえないのである」。

最高裁は、こう述べたうえで、国と宗教とのかかわり合いが憲法の許容する限度を超えているかどうかを、**①国の活動の目的**と、**②その活動がもたらす効果**という２つの側面から判断するという基準

目的効果基準

宗教とのかかわり合い	目的が宗教的意義
	効果が宗教を援助・圧迫

↓

政教分離違反！

を示しました。この基準は、一般に、「**目的効果基準**」と呼ばれています。この基準によれば、憲法20条3項が禁止する「宗教的活動」は、国と宗教とのかかわり合いの全部を指すものではなく、国の活動の「目的が宗教的意義をもち、その効果が宗教に対する援助、助長、促進又は圧迫、干渉等になるような行為」に限られることになります。

2 具体的な事件において、国のどのような活動が「宗教的意義」を持ち、どのような効果が宗教への援助や圧迫に当たるかは、簡単に判断できる事柄ではありません。判断するに当たっては、さまざまな要素を考慮する必要があります。

社会通念による判断

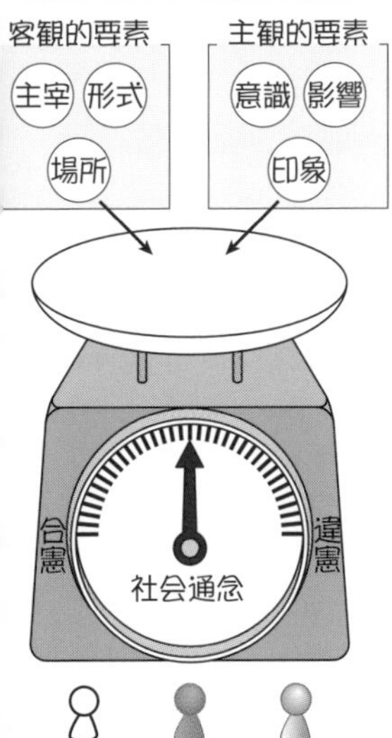

裁判官によって、“社会通念”の計りが違う可能性がある。

● **客観的要素**

1. 国が関わった活動の主宰者は誰か。たとえば、宗教家かそうでないか。
2. 国の活動はどのような場所でどのような形式で行われたか。たとえば、宗教施設内での儀式かそうでないか。

● **主観的要素**

1. 国の活動に参加した人は、国の活動をどのような意味のものとして理解していたか。たとえば、宗教的な儀式として意識していたかどうか。
2. 一般の人は、国の活動をどのような意味のものとして理解していたか。また、その国の活動が、一般人に対してどのような効果や影響を及ぼすか。たとえば、一般の人に、国と特定の宗教との特別な関係を疑わせることになるかどうか。

津地鎮祭訴訟において、最高裁は、このような客観的な要素や主観的な要素を総合的に考慮したうえで、「社会通念に従つて、客観的に判断しなければならない」と述べています。「**社会通念**」というのは、社会で一般的に受け容れられているものの見方や判断のことです。しかし、社会通念の中身は漠然としていますので、何が社会通念かは、結局、裁判官の判断に任されます。そのため、裁判官の個人的なものの見方や判断に左右されるという問題がどうしても出てきます。

津地鎮祭訴訟

1 政教分離規定に関する制度的保障の理解や目的効果基準を確立したのが、ここまでたびたび言及してきた津地鎮祭訴訟の最高裁判決でした〔☞ 判例 1 〕。今度は、最高裁が立てた目的効果基準の適用の仕方を事案に即して見ることにします。

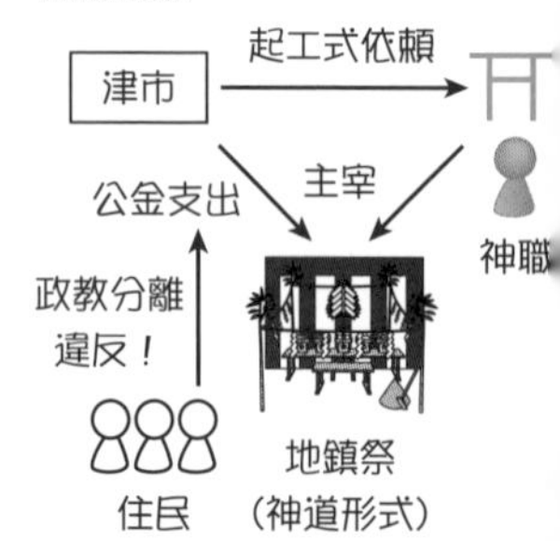

判例 1 津地鎮祭訴訟・最大判昭52・7・13民集31巻4号533頁

津市は、伊勢神宮のお膝元として有名です。津市は、市立体育館を建設するに当たって、地元の神社の宮司を招いて、神道形式で起工式（地鎮祭）を執り行いました。式場には、紅白の幔幕がはりめぐらされ、正面には、榊の前に神酒、神饌をのせた祭壇が作られ、左側には、玉串の榊と盛土、右側には、榊の枝と鍬と鎌が置かれていました。起工式は、神職（神主）によって神道の式次第にのっとって行われました。津市は、この起工式の費用として、神職への報酬 4000 円、供物料など 3664 円を公金から支出しました。

そこで津市の住民は、神社に対する公金の支出が、憲法が定める政教分離規定に違反するとして、津市長らを被告とする住民訴訟を起こしました。この住民訴訟では、被告の津市長は、政教分離規定に違反する違法な公金の支出によって津市が被った損害を補填することを求められました。

2 最高裁は、住民による政教分離違反の主張の是非を判断する前提として、前述したように、政教分離について次のような立場を示しました。①政教分離の憲法の規定は、制度的保障であること。②国と宗教との分離にもおのずと限界があること。③国と宗教とのかかわり合いが相当とされる限度を超えた場合には政教分離違反となること。④政教分離違反かどうか目的効果基準によって判断されること。

最高裁は、本件で問題となった神道形式の起工式が政教分離に違反するかどうかを、目的効果基準に照らして判断し、憲法が禁止する国と宗教との過度なかかわり合いには当たらないと結論づけました。最高裁はまず、本件起工式が宗教的意義を持つ儀式であることを否定します。「古来建物等の建築の着工にあたり地鎮祭等の名のもとに行われてきた土地の平安堅固、工事の無事安全等を祈願する儀式、すなわち起工式は、土地の神を鎮め祭るという宗教的な起源

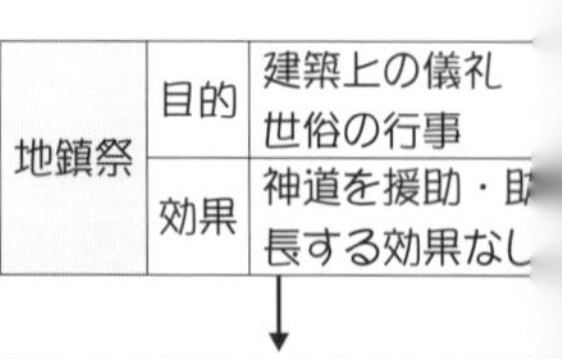

地鎮祭	目的	建築上の儀礼 世俗の行事
	効果	神道を援助・助長する効果なし

自治体と宗教とのかかわり合いは、過度なものではない。

をもつ儀式であつたが、時代の推移とともに、その宗教的な意義が次第に稀薄化してきていることは、疑いのないところである」。

最高裁は次に、工事現場において神道形式で起工式が執り行われたとしても、ことさら神道を援助、助長、促進するような効果を持つものではないと判断しました。このような起工式が、一般人の神道に対する宗教的関心を高めることにはならない理由を、最高裁は2つ挙げています。①多くの国民に宗教意識の雑居性が認められ、宗教に対する関心があまり高くないこと。②神社神道は、祭祀儀礼に専念し、積極的に布教を行うなどの対外的な活動をほとんど行っていないこと。

一般に、最高裁の目的効果基準の適用は、国と宗教とのかかわり合いを広く認める、緩やかな分離の立場に立つものと評価されています。そのため、政治と宗教との厳格な分離を主張する学説から、厳しい批判を受けました。しかし、この緩やかな分離の判例の流れは、1990年半ばまで続くことになります〔☞ 判例3 後述〕。

愛媛玉串料訴訟

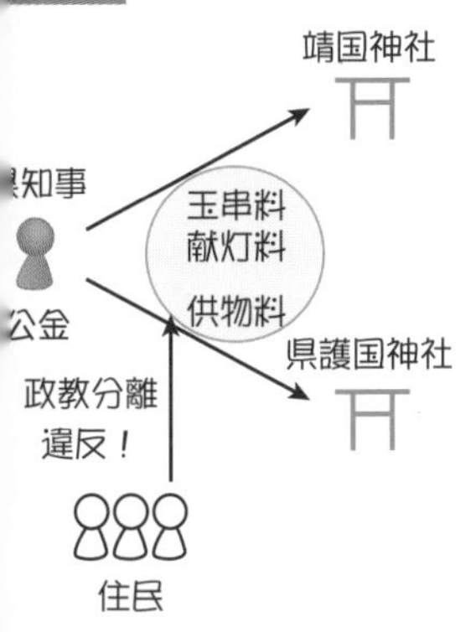

判例2 愛媛玉串料訴訟・最判平9・4・2民集51巻4号1673頁

1 **愛媛玉串料訴訟最高裁判決**は、政治と宗教との分離を緩やかに解する判例の流れに一定の“歯止め”をかけた判決として有名です〔☞ 判例2〕。また、精神的自由の領域において、最高裁がはじめて違憲判決を下した点でも注目されました。

この事件で争われたのは、神社の祭祀に際して、県知事が神社に直接公金からお金を支出した行為でした。愛媛県は、1981年から1986年にかけて、靖国神社の行う宗教上の祭祀である例大祭に際して玉串料として9回にわたり各5000円、また同神社のみたま祭に際して献灯料として4回にわたり各7000円または8000円を公金から支払いました（合計7万6000円）。また、県の護国神社の行う祭祀である慰霊大祭に際して供物料として9回にわたり各1万円を公金から支払いました。そこで愛媛県の住民が、宗教団体である靖国神社と護国神社に対して公金から金銭が支払われたことが、政教分離規定に違反しているとして住民訴訟を起こしました。

2 愛媛玉串料訴訟最高裁判決は、基本的には、津地鎮祭訴訟で最高裁自身が示した判断枠組みに依拠しています。つまり、①政教分離原則は、国家と宗教との一切のかかわり合いを禁止するものではなく、ただ、日本の社会や文化から見て、相当の限度を超えるかかわり合いを禁止するにとどまること。②相当な限度を超えたかかわり合いであるかは、目的効果基準によって判断されること。愛媛玉串料違憲判決も、この前提を崩すものではありませんでした。

しかし、津地鎮祭訴訟と愛媛玉串料訴訟とでは、問題となった具体的な事実において大きな違いがありました。一方で、津地鎮祭訴訟で問題とされた公金の支出は、地鎮祭にかかった費用を1回限り神社に支払ったというもので、その金額も少額でした。他方で、愛媛玉串料訴訟では、愛媛県が、靖国神社の例大祭・みたま祭、県の護国神社の慰霊大祭という神社の恒例行事に当たって、玉串料などの名目で繰り返し公金を支出していました。神社に支払われた金額の合計も、10万円を優に超えていました。このような事案の違いが、2つの事件の結論を分けることになりました。地鎮祭への支出が合憲とされ、玉串料等の支出が違憲とされた、結論の分かれ目を目的効果基準の考慮要素に即して整理してみましょう。

- **目的の客観的側面**：津地鎮祭訴訟で問題となったのは、市立体育館を建設する現場において、神主によって神道形式で執り行われた起工式であった。それに対して、愛媛玉串料訴訟で問題となったのは、神社の境内で行われた、例大祭・みたま祭・慰霊大祭で、靖国神社や護国神社にとってたいへん重要な祭祀であった。
- **目的の主観的側面**：地鎮祭は、現在では、もはや宗教的意義がほとんど認められなくなった建築上の儀礼であり、一般人にとっても式に参列した市長などの関係者にとっても、世俗的な行事としか意識されていなかった。それに対して、例大祭などの祭祀は、神社自身が宗教的意義を持つと考えているのは当然であるし、このような祭祀に当たって玉串料などを奉納することを一般の人が社会的儀礼の範囲内であると評価しているとは考えにくい。
- **効果**：津地鎮祭訴訟のように、工事現場で1回限り行われる神道形式の起工式が、特定の宗教に対する援助や促進につながるとはなかなか言えない。それに対して、愛媛玉串料訴訟では、愛媛県は、神社に対して公金から金銭を継続的に支出しており、合計すると15万円以上のお金が支払われている。また、愛媛県が、別な宗教団体の同じような儀式に対して金銭を支払ったという事実はなかった。

2つの判決の比較

	目的		効果
	客観的側面	主観的側面	
津地鎮祭訴訟	工事現場1回限り 神主による神道形式	建築上の儀礼 世俗行事との意識	宗教への援助の効果なし
愛媛玉串料訴訟	神社の境内 重要な祭祀	神社にとっては祭祀 社会的儀礼を超える	特別なものとの印象

最高裁は、このような事案の違いを踏まえて次のように述べました。「地方公共団体が特定の宗教団体に対してのみ本件のような形で特別のかかわり合いを持つことは、一般人に対して、県が当該特定の宗教団体を特別に支援しており、それらの宗教団体が他の宗教団体とは異なる特別のものであるとの印象を与え、特定の宗教への関心を呼び起こすものといわざるを得ない」。

ここで注意してほしいのは、最高裁が、目的効果基準の効果の判断で、国が特定の宗教を後押ししているような「印象」を一般の人に与えるかどうかを問題にしたことです。この“**特別の印象**”という考慮要素は、目的効果基準の効果に関する審査を厳格な方向に導く可能性があります。「援助」や「圧迫」という要件だけでは、あまりにも漠然としているからです。国家と宗教との厳格な分離を主張する立場からは、“特別の印象”という要素を目的効果基準に取り込むアプローチは、積極的に評価できるでしょう。

特別の印象

政教分離における宗教的活動への関与型と便宜提供型

1 政教分離原則の違反が争われた事件は、さしあたり①宗教的活動への関与型と②便宜提供型の2つの類型に区別できます。

宗教的活動への関与

- **宗教的活動への関与型**：国の公職にある者が、神社などの宗教団体が行う宗教的儀式や行事（地鎮祭）に参加したり、そのような行事に付随する事柄（供物や玉串や献灯）に金銭を支出したりする宗教的活動への関与が争われた事件。津地鎮祭訴訟や愛媛玉串料訴訟、**内閣総理大臣の靖国神社への公式参拝**、天皇が行う神道形式の皇室行事（大嘗祭や新嘗祭）に関連する訴訟がその例である。

- **便宜提供型**：国が、宗教団体等が所有あるいは管理する宗教施設の設置に必要な土地や建物を無償で提供することが争われた事件。戦没者を慰霊するための忠魂碑を建てるのに必要な土地を市が無償で貸していたことが争われた**箕面忠魂碑訴訟**や、市の土地に地蔵像を建てさせ無償で使わせていたことが争われた**大阪地蔵像訴訟**がその例である〔☞ 関連判例〕。また、後述の空知太神社訴訟や那覇市孔子廟訴訟もこの類型に含まれる〔☞ 判例 4 判例 6〕。

便宜提供型

宗教施設

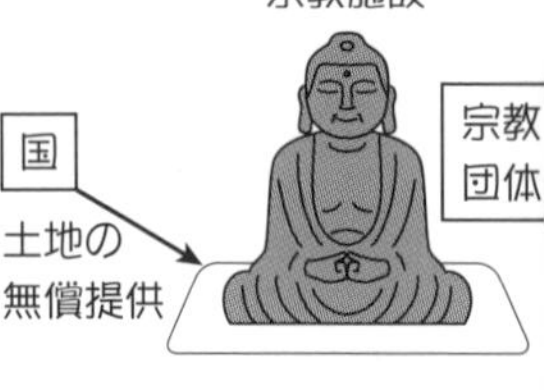

関連判例

① 箕面忠魂碑訴訟・最判平 5・2・16 民集 47 巻 3 号 1687 頁

② 大阪地蔵像訴訟・最判平 4・11・16 判時 1441 号 57 頁

公金支出の問題

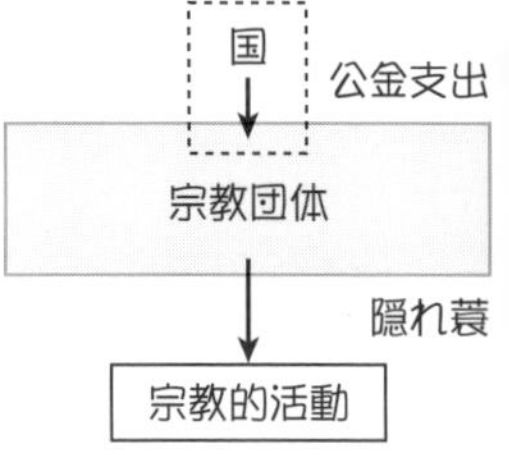

憲法 20 条 3 項は、「宗教教育その他いかなる宗教的活動もしてはならない」と規定していますので、国自らが前面に出て宗教的活動を行ったり、宗教的儀式や行事を主催しその費用を負担したりすることはできません。問題となるのは、宗教団体などの私人が主宰する宗教的儀式や行事に参加するなどのかたちで国が関与したり、それに付随して公金を支出したりするような場合です。国と宗教とのかかわり合いが密接であればあるほど、国が直接宗教的活動を行うのとほとんど変わりなくなります。そのようなことを許せば、憲法 20 条 3 項の宗教的活動の禁止は、形ばかりのものになってしまいます。そこで最高裁は、儀式参加や公金支出を通じて国と宗教が過度にかかわり合うことを禁止し、そのかかわり合いの程度を目的効果基準によって判断しようとしたのです。

2 宗教的活動への関与型の場合、国の公職にある者が、宗教的儀式や行事に出席しつつ、世俗的な目的や動機を強調することは、“言い訳”じみた印象を私たちに与えます。たとえば、戦没者の慰霊祭に参列しながら、戦没者の慰霊や追悼の目的ではなく、戦没者の遺族への社会的儀礼を強調するのは、本来的な目的である慰霊や追悼に対する真剣さを疑わせることになります。したがって、政教分離違反かどうかの決め手は、参加する儀式や行事がどの程度宗教的な色彩を帯びているかということになります。

しかし、宗教団体への便宜提供の場合、便宜提供する国側が世俗的な目的や動機を強調することには、それほど違和感はありません。

国による便宜提供については、真摯さや誠実さといったことは問題にならないからです。また、便宜提供を受ける宗教団体も、国側に宗教的な目的や動機があるかどうかに関心を持っていません。しかし、国側に特定の宗教を援助しようという“隠れた意図”がある場合も否定できません。したがって、問題は、国が主張する世俗的な目的や動機が“真の”目的や動機かどうかということになります。文化的価値のある寺院の保護のために補助金を出す場合のように、目的や動機の世俗性が明白な場合もあります。

しかし、微妙な場合もあるでしょう。たとえば、**自衛官合祀訴訟**では、殉職した自衛官を県の護国神社の神として祭る手続（合祀の手続）に国がかかわったことが政教分離に違反しないかが争われました〔☞ 判例3〕。国とは別な私的団体が殉職自衛官の合祀を申請し、それを受けた県の護国神社の合祀は、たしかに宗教的意義を持ちます。この合祀の手続において国が与えた便宜は、合祀を実現するための募金活動への協力や、合祀に必要な公的な書類の用意といった“事務的”なものでした。そのような事務上の便宜をはかることそれ自体を見れば、宗教的意義はほとんどないし、世俗的な目的や動機を後から持ち出すことも簡単でしょう。実際、国は、協力の目的を“合祀実現により自衛隊員の社会的地位の向上と士気の高揚を図ることにあった”と主張し、最高裁も、その目的の宗教的意義を否定しました。

事件3

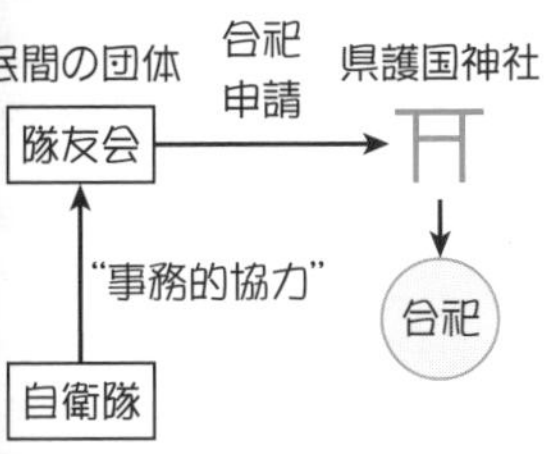

判例3　自衛官合祀訴訟・最大判昭63・6・1判時1277号34頁

自衛官合祀訴訟のような便宜提供型の事件において、便宜提供を受ける団体や施設の性質よりも、便宜提供する国の目的や動機を重視するならば、目的効果基準の目的審査は骨抜きになってしまうおそれがあります。

事件4

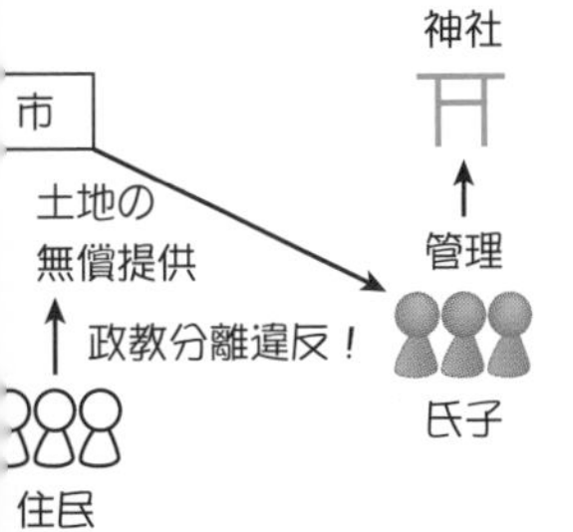

空知太神社訴訟

1　最高裁は、便宜提供型の事件であった**空知太神社訴訟**において、目的効果基準を判決の前面に出すことをせずに判断を下しました〔☞ 判例4〕。また、国の宗教的活動を禁止する憲法20条3項ではなく、宗教団体への特権付与を禁止する憲法20条1項後段と憲法89条を結びつけた点も注目に値します。

空知太神社訴訟で争われたのは、市有地に建てられた町内会の集会所内の一角に祠（ほこら）が作られ、その入り口に「神社」の看板がかけられ、鳥居などの施設が設けられたことでした。この祠などの神社の施設を管理しているのは、その地域の氏子たちでしたが、氏子たちは、施設の設置にかかわる使用料を市に支払ってはいませんでした。空知太神社が集会所内に移築される前から数えると、市は、神社の土地を50年以上にわたって無償で提供していたことになります。このような長期間にわたる土地の無償提供が、宗教団体に対する便宜提供を禁止する憲法89条に違反しないかが問題になりました。

2　最高裁は、「氏子集団」を憲法89条に言う「宗教団体」に当たるものとし、神社という宗教施設を維持するために「氏子集団」に市が土地を無償で提供することは、政教分原則に違反すると判断しました。この最高裁判決は、津地鎮祭訴訟以来の目的効果基準とは異なる判断枠組みを採用しました。第1に、目的と効果という考慮要素に代えて、次の4つの要素を示しました。①宗教的施設の性格、②土地の無償提供に至った経緯、③無償提供の態様、そして、④それに対する一般人の評価です。第2に、これらの事情を考慮し、社会通念に照らして「総合的に判断すべきもの」とし、津地鎮祭訴訟以来、最高裁が使ってきた「客観的」という言葉を「総合的」という言葉に変えました。第3に、適用された憲法の条項が、憲法20条3項ではなく、憲法89条と憲法20条1項後段でした。最高裁は、考慮要素の①と③について次のように判断しています。

- **宗教的施設の性質**：鳥居、地神宮、「神社」と表示された会館入口から祠に至る施設は、一体として神道の神社施設に当たる。また、神社で行われている行事は、神道の方式にのっとって行われている点から考えると、単なる世俗的行事と見ることはできない。
- **便宜提供の態様**：「氏子集団」は、神社の施設を設置するのに必要な対価を何ら支払っておらず、その分の利益を受けているのと同じであり、結果として、「氏子集団」の神社を利用した宗教的活動が容易になっている。また、「氏子集団」は、長期間にわたり継続的にこのような便宜提供を受けている。

判例4　空知太神社訴訟・最大判平22・1・20判時2070号21頁

1　憲法89条は、公の財産を宗教上の組織又は団体の使用、便益若しくは維持のため、その利用に供してはならない旨を定めている。その趣旨は、国家が宗教的に中立であることを要求するいわゆる政教分離原則を、公の財産の利用提供等の財政的な側面において徹底させるところにあり、これによって、憲法20条1項後段の規定する宗教団体に対する特権の付与の禁止を財政的側面からも確保し、信教の自由の保障を一層確実なものにしようとしたものである。

2　国公有地が無償で宗教的施設の敷地としての用に供されている状態が、……信教の自由の保障の確保という制度 の根本目的との関係で相当とされる限度を超えて憲法89条に違反するか否かを判断するに当たっては、当該宗教的施設の性格、当該土地が無償で当該施設の敷地としての用に供されるに至った経緯、当該無償提供の態様、これらに対する一般人の評価等、諸般の事情を考慮し、社会通念に照らして総合的に判断すべきものと解するのが相当である。

違憲判断の決め手

施設の性質	神社施設 神道形式の宗教行事
提供の態様	無償提供 長期的・継続的

最高裁は、考慮要素の④に関して施設の性質と便宜提供の態様から、「一般人の目から見て、市が特定の宗教に対して特別の便益を提供し、これを援助していると評価されてもやむを得ない」と述べます。最高裁は、以上の事情を考慮し、社会通念に照らして総合的に判断すると、“本件利用提供行為は、憲法89条の禁止する公の財産の利用提供に当たり、ひいては憲法20条1項後段の禁止する宗教団体に対する特権の付与に当たる”と結論づけました。この空知太神社訴訟の最高裁判決のアプローチは、総合判断型の審査と呼ばれます。

3 空知太神社訴訟の最高裁判決は、政教分離に関する憲法の議論だけでなく、社会にも大きなインパクトを与える判決でした。明治維新以降、神社の土地は国有地に編入するなどの施策がとられていましたが、戦後、国家神道体制が解体されるなかで、その土地は、神社に譲り渡されていきました。国有地の譲与については、法律が定められました。しかし、その他の公有地については、同様の措置をとるよう指示する政府の通知があっただけで、譲与などの措置がとられないまま、神社の敷地が公有地となっている例が各地で見られました。その土地が神社に無償で提供されている例も多く、空知太神社訴訟の最高裁判決を前提にすれば、政教分離違反の状態にあるということになります。最高裁もこの点を認識していました。

問題は、空知太神社を含めて、公有地を無償で提供され設置されている神社をこの後どうするか、という“後始末の問題”です。最高裁は、“神社への公有地の無償提供は政教分離違反”ということから、“神社を公有地から撤去すべし”であるとか、“公有地を神社に譲り渡すべし”という結論を導き出しているわけではありません。最高裁は一般論として、「当該施設の性格や来歴、無償提供に至る経緯、利用の態様等には様々なものがあり得ることが容易に想定されるところである」と述べています。このような事情を一切考慮せずに、“一刀両断”的に判断することは適切ではないでしょう。

空知太神社訴訟の原告は、政教分離原則に則って、神社との土地利用の契約を解消し、神社の撤去を求めるべきなのに、これをしない市の財産管理上の違法を住民訴訟で争っていました。しかし、最高裁は、神社を撤去して土地を明け渡す以外にも違憲状態を解消する方法があることを指摘し、土地を譲与したり、有償で譲渡したり、適正な価格で貸し付けたりするなどの具体的な方法を示します。また、神社の撤去にともなって住民たちの信頼を損ねないか、神社への土地の譲与が現実に可能かなどの点も考慮すべきであるとします。最高裁はこのような“柔軟な対応”を探らせるために、事件を高裁に差し戻しました。差戻し後の控訴審では、鳥居と祠が設置された土地を氏子に適正な価格で貸与するなどの措置を講ずることで、政教分離違反の状態は解消されると判断され（札幌高判平22・12・6民集66巻2号702頁）、最高裁も高裁の判断を支持しました（最判平24・2・16民集66巻2号673頁）。

白山ひめ神社訴訟

1 最高裁が、政教分離原則にかかわる事例において、目的効果基準を全面的に捨ててしまったと見ることはできません。儀式参加型の最近の事例である**白山ひめ神社訴訟**では、最高裁は、目的効果基準を使って政教分離違反かどうかを判断しました〔☞ 判例5〕。

この事件では、白山ひめ神社の鎮座2100年を記念する祭祀を実施するために発足した会の「発会式」に、地元の市長が来賓として出席して祝辞を述べたことが、政教分離違反に問われました。最高裁は、問題となった鎮座2100年を記念する祭祀を宗教的行事であると同時に、地元にとって「観光上重要な行事」であると位置づけました。そのうえで、最高裁は、地元の観光振興に尽力すべき市長が、その行事を実施するための団体の「発会式」に参加して、祝辞を述べることは、「社会的儀礼を尽くす目的」だったと述べました。また、その行為の態様も、「宗教的色彩を帯びない儀礼的範囲にとどまる」ものであり、特定の宗教に対する援助、助長、促進になるような効果をともなうものではなかったとされました。結果的に、政教分離違反には当たらないと判断されました。

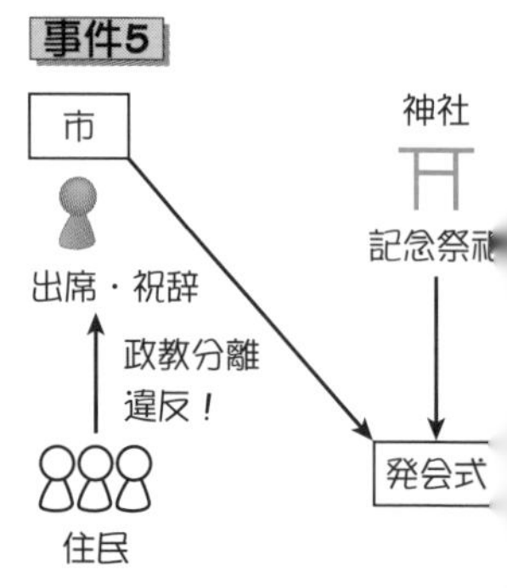

判例5 白山ひめ神社訴訟・最判平22・7・22判時2087号26頁

判決のポイント

神社		重要な観光資源
大祭		観光上重要な行事
発会式	場所	一般の施設
	形式	一般的な団体設立の式典
	祝辞	儀礼的な祝辞の範囲

↓

政教分離違反には当たらず

基準の使い分け？

宗教性と世俗性が同居	目的効果基準
純粋の宗教施設	総合判断型の審査

2 最高裁が、政教分離違反が争われる事件において、津地鎮祭訴訟以来の目的効果基準と空知太神社訴訟の総合判断型の審査とを併用する道を選んだとすれば、その使い分けの基準が問題となります。空知太神社訴訟の藤田宙靖裁判官の補足意見は、この問題について一つの見方を示すものとして注目されます。藤田裁判官によれば、

①問題とされる行為に「宗教性」と「世俗性」が「同居」していてその優劣が微妙な場合には、目的効果基準が使われます。しかし、②宗教外の意義を持たない純粋な宗教施設の敷地として公有地を提供する場合には、目的効果基準を適用するまでもないとされます。また、ある時ある場所で一回限り実際に行われた行為が問題となる場合には、目的効果基準が使われ、行為だけでなく、放ったらかしにしておくなどの不作為も含めた継続的な行為には総合判断型の審査が適切であるとする見方もあります。後者の場合は、目的が問いにくいからです。しかし、いずれの見方も、津地鎮祭訴訟以来の最高裁判決をきれいに説明できるかは疑問です。

那覇市孔子廟訴訟

事件6

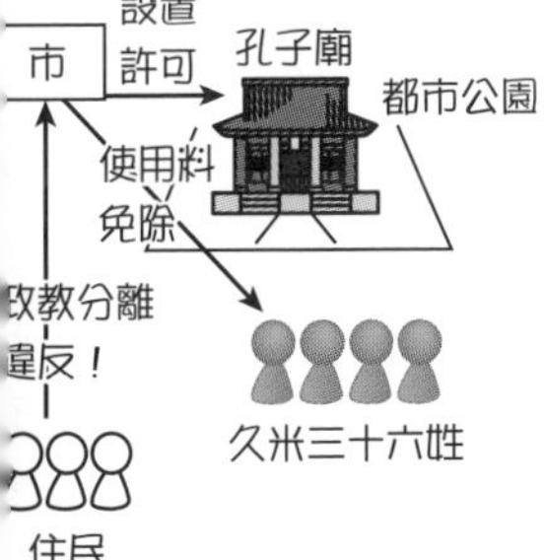

1 このような混沌とした状況の中で下されたのが、那覇市孔子廟訴訟の最高裁判決でした〔☞ 判例6〕。この事件では、那覇市が、その管理する都市公園内に、儒教の祖である孔子とその4人の門弟等を祀る「孔子廟」を設置する許可を与えるとともに、公園の使用料を全額免除したことが政教分離に違反しないかが問題となりました。本件は、空知太神社訴訟とおなじく便宜供与型ですが、次の点で事案を異にします。①孔子廟とそれを所有する「久米三十六姓の末えい」の宗教性は、神社や氏子ほど明らかではないこと。②孔子廟の設置の許可は1回限りのものであり、使用料の免除の期間も短いこと。しかし、③使用する敷地面積は1335㎡と広く、免除される使用料の額も576万7200円と多額であること。

判例6 那覇市孔子廟訴訟・最大判令3・2・24民集75巻2号29頁
本件施設は，本件公園の他の部分から仕切られた区域内に一体として設置されているところ，大成殿は，本件施設の本殿と位置付けられており，その内部の正面には孔子の像及び神位が，その左右には四配の神位がそれぞれ配置され，家族繁栄，学業成就，試験合格等を祈願する多くの人々による参拝を受けているほか，大成殿の香炉灰が封入された「学業成就（祈願）カード」が本件施設で販売されていたこともあったというのである。そうすると，本件施設は，その

2 最高裁は、この事件において空知太神社訴訟の総合判断型の審査を行い、使用料の免除について政教分離に違反すると判断しました。しかし、最高裁が適用した憲法の条文は、憲法89条ではなく、国の宗教的活動を禁止する憲法20条3項でした。空知太神社訴訟の最高裁判決が示した4つの要素のうち、本件において最も問題になるのが、孔子廟なる施設が宗教的な施設と言えるかどうかです。ただ、その判断は、できる限り「外観」や外形など客観的な側面からなされなければなりません。裁判所が個人の内心に立ち入って、その信仰が“正しく宗教的であるか”を判断することは、個人の信

教の自由を侵すおそれがあるからです。最高裁は次の点を指摘し、孔子廟の宗教性を認め、その程度も「軽微とはいえない」と判断しました。

> 外観等に照らして，神体又は本尊に対する参拝を受け入れる社寺との類似性があるということができる。
> 本件施設で行われる釋奠祭禮は，その内容が供物を並べて孔子の霊を迎え，上香，祝文奉読等をした後にこれを送り返すというものであることに鑑みると，思想家である孔子を歴史上の偉大な人物として顕彰するにとどまらず，その霊の存在を前提として，これを崇め奉るという宗教的意義を有する儀式というほかない。また，参加人は釋奠祭禮の観光ショー化等を許容しない姿勢を示しており，釋奠祭禮が主に観光振興等の世俗的な目的に基づいて行われているなどの事情もうかがわれない。……

- **施設の構造**：外観に照らして、神体または本尊に対する参拝を受け入れるという寺社との類似性がある。
- **儀式の性格**：「釋奠祭禮（しゃくてんさいれい）」という年１回の儀式は、孔子の霊の存在を前提として、これを崇め奉るという宗教的意義を有する儀式であり、儀式を執り行う者も、観光ショーとなることを許さない姿勢を示している。
- **施設の来歴**：孔子廟の元となった古来の「至聖廟」と呼ばれる施設等は、明治時代以降は寺社と同様の扱いを受け、また、それが焼失した後に別な土地に建てられた同様の施設も、多くの参拝者を受け入れていた。孔子廟は、これらの施設の宗教性を引き継いでいる。

次に最高裁は、土地が無償提供された経緯について、次の点を取り上げました。①孔子廟を公有地である公園内に設置することについて、当初から施設の宗教性が問題視されていたこと。②本件施設は新築まもないものであり、古来の至聖廟等を復元したものでもなく、法令上文化財として扱われているわけではないこと。以上の点から、最高裁は、孔子廟の観光資源としての意義や歴史的価値によっては、無償提供の必要性や合理性を裏づけることはできないと述べました。

さらに最高裁は、無償提供の態様について、提供される土地の広さや免除される使用料の額の大きさから、孔子廟を管理する団体（久米三十六姓の末えい）が得る利益は「相当に大きい」とし、また、設置許可の更新が繰り返されると予想されることから、団体は継続的に利益を得ることになると判断しました。この団体は社団法人ですが、前述したような宗教性を有する施設の管理と「釋奠祭禮」の挙行を団体の目的として定款にあげており、また、孔子廟に多くの参拝者を受け入れています。最高裁は、無償提供はこのような団体の宗教的活動を容易にするものであると述べ、その効果は「間接的、付随的なものにとどまるとはいえない」と判断しました。そして、一般人の評価においても、特定の宗教に対して「特別な便宜」を提供し、これを援助していると評価されてもやむを得ないとしました。

最高裁は、以上の事情を考慮し、社会通念に照らして総合的に判断した結果、本件の免除は、信教の自由の保障の確保という制度の根本目的との関係で相当とされる限度を超えるものとして、憲法20条3項の禁止する宗教的活動にあたり、違憲であると結論づけました。

3 さて、この那覇市孔子廟訴訟の最高裁判決をどう理解すべきでしょうか。目的効果基準と総合判断型の審査との使い分けの問題については、前述の藤田裁判官の補足意見に依拠しているようにも読めます。問題となった孔子廟が「純粋の」宗教的施設であるとすれば、総合判断型の審査が使われる事案と言えそうです。しかし、そう解すると、最高裁は難しい問題を抱え込むことになります。1つには、そもそも"宗教とは何か"という難問に最高裁は答える必要が出てきます。空知太神社訴訟のように明らかに宗教的施設と言えるような場合はともかく、本件で問題となった孔子廟のような施設は、誰の目から見ても宗教的施設と言えるかは争いがあるでしょう。現に、本件で反対意見を書いた林裁判官は、宗教性を否定しています。「外観」や「参拝」など外形的な事実に基づき、神社との類似性だけで宗教を定義することは、「各種の宗教が多元的、重層的に発達、併存してきている」(津地鎮祭訴訟最高裁判決)日本社会の現実にそぐわないでしょう。

もう一つの問題はより根本的です。施設が宗教的施設であるかは、総合判断の際の考慮要素の1つのはずです(空知太神社訴訟最高裁判決)。しかし、その点が審査基準や審査の振り分け段階で判断されるとすれば、論点を先取りしているとの疑いが出てきます。

4 最高裁は、空知太神社訴訟以降、政教分離原則の意義を説く文章から「宗教とのかかわり合いをもたらす行為の目的及び効果にかんがみ」という言葉を落としています。目的効果基準を使ったとみられる白山ひめ神社訴訟でもそうです。この意味するところは何でしょうか。1つの答えは、さまざまな考慮要素を「目的」と「効果」という大枠に沿って整理する審査のアプローチ――違憲審査基準アプローチ――〔1〕をやめて、目的も効果も総合的に判断するための1つの考慮要素とし、全体に溶かし込んでしまったということです〔2〕。つまり、総合判断型の審査が原則で、その中で目的と効果が考慮される場合もあれば、考慮されない場合もあるということです。前者の場合であっても、もはや「目的効果基準」とは呼べないでしょう。

しかし、政教分離の事件において総合判断型の審査を一般化することは適切でしょうか。総合判断は、どの考慮要素を用い、それぞれにどの程度の重みづけを与えたかの判断が“ブラックボックス化”するおそれがあります。それに対して、違憲審査基準として目的効果基準を使うことの利点は、裁判官の判断過程を“見える化”することができるということです。それによって、私たちは最高裁の判断の説得力を吟味し批判もできますし、下級審の裁判官に対して判断の指針を示すことにもなります。もちろん前に述べたように、最終的に「社会通念」に従って判断されることから、判断が曖昧になる可能性はあります〔☞本章「目的効果基準」〕。しかし、愛媛玉串料訴訟の最高裁判決が示したように、この基準を厳格に適用することは可能です。

１つの方向性を示すとすれば、次のようになります。①厳格分離を前提にすること。②目的効果基準の厳格な適用をベースにすること。③目的効果基準がストレートに適用できない事例では、総合判断型の審査を行うことになるが、その際、目的効果基準が使えない根拠を示すこと。１つの目安として、宗教的活動への参与型には、目的効果基準が使われ、目的を問いにくい便宜供与型には、総合判断型の審査が使われることになるでしょう。いずれにせよ、最高裁判決の更なる蓄積が待たれます。

２つの審査アプローチ

1 目的効果基準

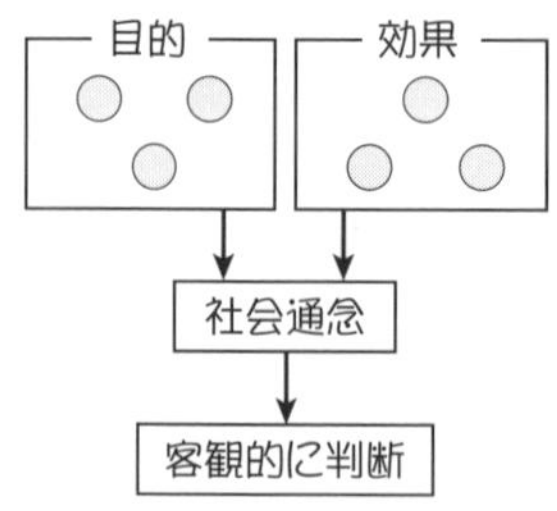

2 総合判断型の審査

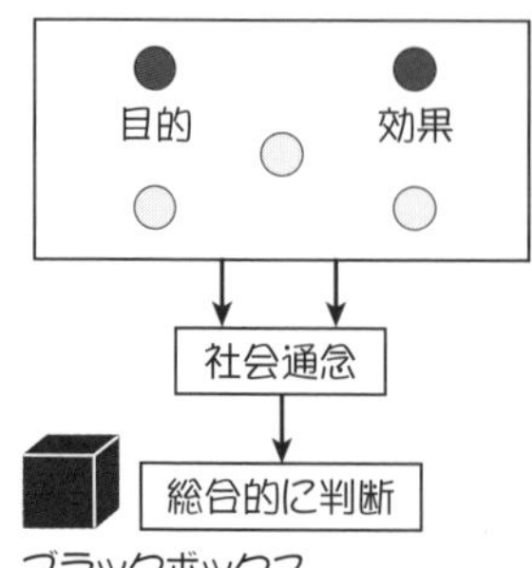

第8章

表現の自由の原理

「私はあなたの意見には反対だ。だが、あなたがそれを主張する権利は、命をかけて守ろう」。この有名な言葉は、18 世紀フランスの哲学者ヴォルテールのものと伝えられています。しかし、いつの世も、ヴォルテールのような態度を貫き通すことのできる人は、少数派です。

むしろ、今の日本社会においては、自分と意見の違う人の発言を封ずることに一所懸命な人のほうが目立ちます。たとえば、現代の靖国神社を描いたドキュメンタリー映画『靖国』が、上映中止に追い込まれたことがあります。また、従軍慰安婦像が展示された「表現の不自由展」が激しい妨害にあったことは、私たちの記憶に新しい出来事です。

言葉は、ナイフと違って、直接、人の身体を傷つけません。しかし、だからと言って、言葉は“無害”だというわけではありません。言葉は、人の感情を激しく揺さぶり、嫌悪や怒りの感情を生み、人の心を立ち直れないほどに深く傷つけ、ときに人を死に追いやることすらあります。だから、表現活動が自由なのは、言葉が“無害”だからではありません。むしろ、私たちには、表現の自由が、個人の権利や社会の重要な利益と厳しく対立する場面があることを認め、それでもなお、表現の自由のほうを選び取る意識的な態度が求められます。

19 世紀イギリスの哲学者 J. S. ミルは、『自由論』のなかで、誰が見ても 100%間違っている発言でさえ、自由な発言を認めなければならないと言います。100%間違っている発言でさえ、誰もが当たり前と考える真理に生気を与え、真理を光り輝かせる“スパイス”となる価値があるからです。かなり苦しい理由づけです。しかし、そう信じ抜くことが、表現の自由の保障にとって大切です。

表現の自由の保障

1 私たちは、食卓を囲んで家族と会話したり、スマートフォンで友達とメールやLINE（ライン）をしたり、インターネット上でブログやフェイスブックやツイッターに書き込みをしたり、YouTubeに動画をあげたり、市民の集まりで意見を言ったりと、毎日いろいろなかたちで自分の考えなり、思いなりを他人に伝えています。また、私たちは、新聞、テレビ、ラジオ、街頭で配られるチラシ、電車に貼られているポスター、インターネットのホームページなどから、生活に必要なさまざまな情報を得ています。このように、意見を述べたり、情報を受け取ったりする活動は、私たちの日常の生活にとって欠かすことのできない大切な営みです。

また、私たち国民は、主権者として、日本や世界でいま何が起こり問題となっているのか、その問題をどう解決したらよいのかについて真剣に考え、政治に参加しなければなりません。そのためには、日本の社会や経済の状況、日本を取り巻く国際情勢について正しく知り、効果的なタイミングで的確な判断を下す用意がなければなりません。そのような認識や判断の基礎となる正確な情報と、活発な議論を促す多様な意見に触れる機会が、私たちには必要です。

このように、表現の自由は、①それぞれの個人の自己実現と②民主的な社会の基礎をなすものであると考えられています。

- **個人の自己実現と表現の自由**：私たちは、自分に備わった能力や素質を十分に発揮して、１人の人間として自分らしく生きることを願う。自分の能力や素質に気づき、鍛え、開花させることを“自己実現”と言う。自分の能力や素質を研（みが）き、それを発揮できる仕事や場所を見つけるためには、多様な意見と情報に触れ、そこから学ぶ必要がある。表現の自由は、文学や芸術的表現だけでなく、商業広告までも含めて、個人の自己実現を促す表現活動の自由を広く保障する。
- **民主主義と表現の自由**：民主主義にとって、政治的に平等な国民が、積極的に政治に参加し、国民全体の利益について十分な討議を行うことが必要である。参加と討議は、民主主義の両輪である。国民の政治参加にとって重要なプロセスは選

表現の自由の価値	自己実現
	民主主義

挙であり、国民が選挙において、国民全体の利益を見据えた賢明な判断を下すためには、自由で活発な討議が求められる。政治に関する多様な意見と情報を確保し、自由で活発な討議を保障するのが、表現の自由の役割である。

憲法21条 集会、結社及び言論、出版その他一切の表現の自由は、これを保障する。
② 検閲は、これをしてはならない。

世界の子どもたちの貧困に心を痛めている……

日本経済における不況の原因は……

統計によれば、日本の年間の自殺者数は……

2 このように意見や情報などを発したり、受け取ったりすることは、私たちの日常生活においても、政治とのかかわりにおいてもたいへん重要です。そこで、憲法は、基本的人権の1つとして、「言論、出版及び一切の表現の自由」を保障すると規定しています〔☞憲法21条〕。憲法が保障する「表現」のなかに、論理的に筋の通った意見や学問的によく練られた思想の表明が含まれるのは当然です。しかし、憲法の保障は、それを超えて、感情や事実の伝達などあらゆる表現活動に及びます。

また、表現の方法も、意見や情報を伝える手段またはメディアとして一般に認められている限り、憲法上保護された表現方法とみなされます。口頭での演説、ビラやチラシ、ポスター、新聞や書籍などの印刷メディア、ラジオやテレビのような放送メディア、絵画や彫刻や音楽のような有形・無形の表現方法が含まれます。近年著しい発達を見せているインターネット上の表現活動にも、憲法上の保護が及びます。

さらに、身体の動きやシンボルによってメッセージを伝える行動も、状況によっては、憲法によって保護される表現活動とみなされます。このような表現活動は、「**象徴的言論**」と呼ばれます。たとえば、戦争に反対する集会で、徴兵検査への呼び出しの通知を焼き捨てる行為は、焼いた人にも、それに拍手で応えた集会の参加者にも、その行動にこめられた反戦のメッセージは明らかです。このように、行動によってメッセージを伝えようとする人の意図が、周囲の人に間違いなく伝わる場合には、その行動は表現活動とみなされます。

表現の自由と知る権利

1 表現の自由は、意見や情報の送り手が国により妨げられることなく表現活動を行う自由を保障するだけではありません。表現の自由は、送られた意見や情報を受け取る受け手の権利、つまり受け手の「**知る権利**」をも保障しています。表現活動において、送り手と受け手は密接不可分な関係にあります。意見や情報の送り手は、それが誰かに伝わることを期待して表現活動を行うはずです。一所懸命書いても、国による妨害のために誰にもそのメッセージが届かないと知れば、書き手は、やがて書く気力を失うでしょう。獄中でつける日記のように、自分自身を奮い立たせるための表現活動もあるかもしれません。しかし、それすら、将来誰かが読むことをほんの少しでも期待していないと言えば嘘になるのではないでしょうか。

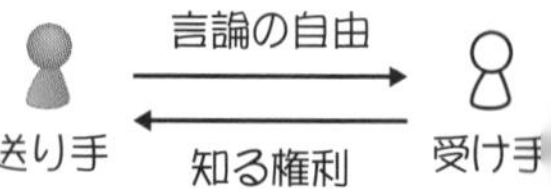

また、私たちの日常生活を支える社会や経済の仕組みは、ますます複雑になってきました。そのため、私たちが便利で快適な生活を送ろうとするならば、種々の正確な情報が欠かせません。たとえば、パソコン1台を買うときのことを考えてください。個人が、自分の力で必要な情報を集めるのは容易でなく、専門家やマス・メディアによって提供される情報に頼らざるを得ません。だからこそ、私たちの日常の生活では、意見や情報を送る権利とともに、多様で正確な情報を求め、これを受け取る権利が重要なのです。

表現の自由の保障

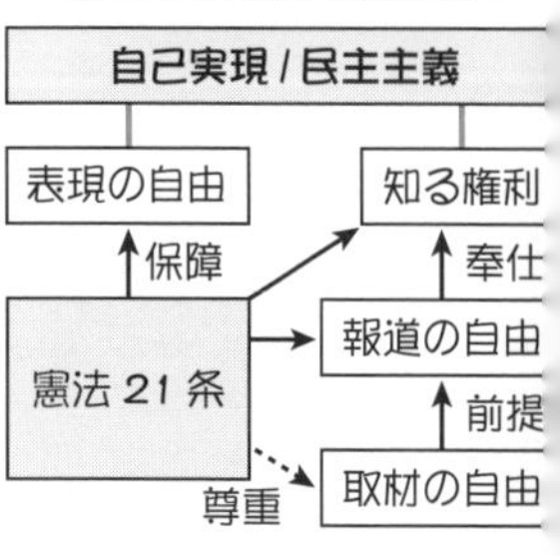

2 私たちが、自分の周りの友だちや知人から得られる意見や情報の量などはたかが知れています。対面による直接の情報交換だけでは、日常の生活ですら不便を感ずるはずです。政治的な問題であればなおさらです。たとえば、高齢者の生活を支える年金制度のあり方について判断するには、日本の将来人口の動向や経済成長、国の財政状況を正しく見通し、社会保険の複雑な仕組みを正確に理解する必要があります。また、高齢者、現役世代、子どもたちのあいだで利益と負担をどのように分け合えば、公平と言えるかといった制度の根本にかかわる問題についても、自分なりの意見を持っていなければなりません。しかし、そのような複雑で争いの余地のある判断を、身近な人との意見や情報の交換だけに基づいて行うのは危険です。

そこで、正確な情報と多様な意見を伝えるマス・メディアの役割が重要になります。最高裁もまた、**博多駅事件**において、国民の知る権利を十分に確保するためには、マス・メディアに対して、**報道の自由**とその前提となる**取材の自由**を保障することが必要であると

判例1 博多駅事件・最大決昭44・11・26刑集23巻11号1490頁

報道機関の報道は、民主主義社会において、国民が国政に関与するにつき、重要な判断の資料を提供し、国民の「知る権利」に奉仕するものである。したがつて、思想の表明の自由とならんで、事実の報道の自由は、表現の自由を規定した憲法21条の保障のもとにあることはいうまでもない。また、このような報道機関の報道が正しい内容をもつためには、報道の自由とともに、報道のための取材の自由も、憲法21条の精神に照らし、十分尊重に値いするものといわなければならない。

事件1

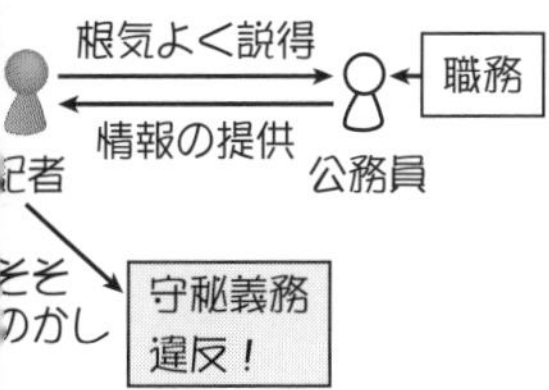

記者としての「正当業務」として処罰されない場合もある。

判例2　外務省秘密漏洩事件・最判昭53・5・31刑集32巻3号457頁

述べています〔☞ 判例1〕。

たとえば、新聞記者は、重要な政策決定にかかわった公務員から情報を得ようと取材します。しかし、公務員には、仕事で知った秘密を外部に漏らさない義務（守秘義務）があります。かりに、記者が公務員に近づき根気よく説得することで秘密の情報を得たとしても、そのことだけで、公務員に守秘義務を破るようそそのかしたとして罰せられるわけではありません〔☞ 判例2〕。

表現の自由と思想の自由市場

1　ちょっとお金に余裕ができて、いつもは行けないレストランに行ったとします。見せてもらったメニューには、美味しそうな料理の名前が、結構いい値段がつけられて、何ページにもわたって並んでいます。どれも美味しそうに思えます。お店の人に料理について説明してもらうと、どれも捨てがたい。迷ったすえに、結局、どこのお店でも食べられそうな無難な料理を注文してしまう。そして、お店を出てから後悔する。そんな経験は、誰にでもあるでしょう。

このように、私たちの日常の生活では、情報が多ければ多いほど、適切で賢明な判断が下せるというわけではありません。情報を扱う私たちの能力と時間には限りがあるからです。しかし、表現の自由の根本には、“社会において情報は、少ないより多いほうが望ましい”という考え方があります。そして、この考え方の背後には、「**思想の自由市場**」という想定があります（思想の自由市場論）。

2　思想の自由市場は、液晶テレビや自動車といった商品の自由市場になぞらえて理解されます。価格を思うままに操ることのできる大企業はなく、商品の性能や価格やデザインなどに基づいて自由な競争が成り立っている市場では、消費者にとって使い勝手がよくて値段も手頃な商品が、消費者の支持を得て売り上げを伸ばすでしょう。消費者の好みに合わない商品は、市場からやがて消えていくに違いありません。思想や意見や情報も、商品と同じだというわけです。

たとえば、死刑制度を残すべきか、廃止すべきかについて、国民の間でさまざまな意見や立場があります。この問題について、それぞれの立場から意見を自由に述べることができ、互いに批判や反論の機会があり、死刑が犯罪を抑止する効果や冤罪の可能性、死刑制度の運用などに関する情報を含めてそのすべてが、問題に関心のある人びとに公開されているとします〔1〕。このような思想の自由市場が成り立っている限り、時間はかかっても、多くの人を納得させ支持を得た立場が勝ち残り、やがて議論も一応収束するでしょう〔2〕。このように思想の自由市場論は考えます。思想が持つ説得力は、常に、思想の自由市場における論争のなかで試され、その吟味に耐えた思想が、とりあえずは“真理”だとされるのです。もちろん、敗れ去った思想の“リベンジ”はいつでも可能です。

思想の自由市場論

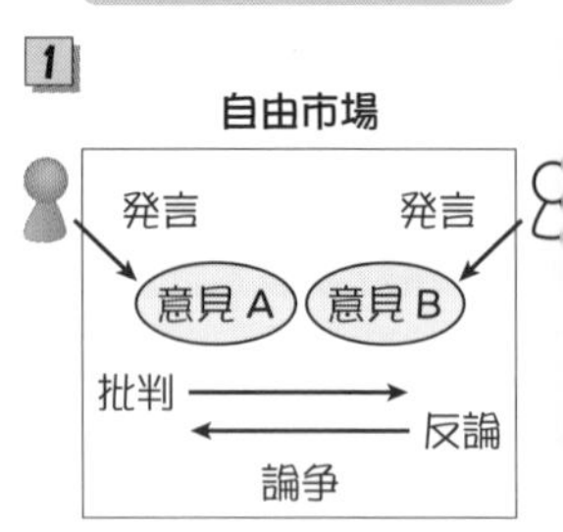

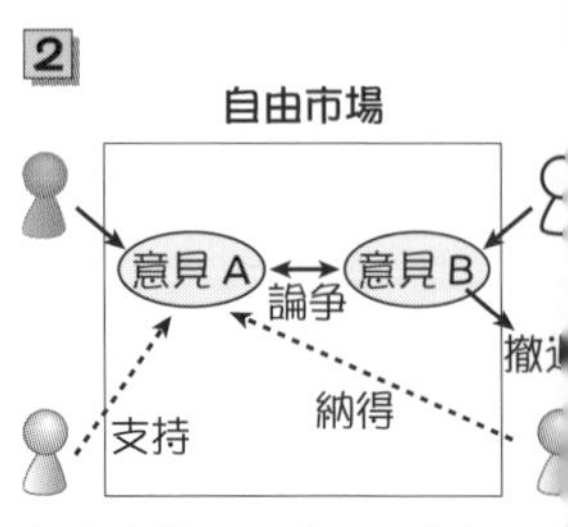

自由市場のなかで、多数の支持を集めて論争に勝った意見が、とりあえず「真理」。

3 思想の自由市場論は、国による自由な表現活動の規制を嫌います。第1に、国による規制は、思想の自由市場に流れ込む意見や情報の数を減らすことになるからです。どんなに自分の意見の正しさに自信があっても、刑罰や損害賠償を覚悟してまで発言しようとする人は多くないでしょう。むしろ、私たちは、少しでも規制に触れそうだと感じると、“安全策”をとって発言を差し控えるのではないでしょうか。このように“安全策”をとることは、「**萎縮効果**」と呼ばれます。あるいは、“自分が言わなくても、きっと誰かが同じことを言ってくれるだろう”と考えるかもしれません。このような萎縮効果を生むような曖昧な規制は、思想の自由市場論が最も警戒する表現活動の規制です。

第2に、国が自由な表現活動を規制することは、思想の自由市場における論争を歪(ゆが)めることになります。死刑制度を支持する立場の人たちが、国の力を借りて、論争において有利な立場に立とうとすることは公平ではありません。思想の自由市場の基本ルールは、言論には言論で対抗するということです。この原則は、「**対抗言論**」のルールと呼ばれます。

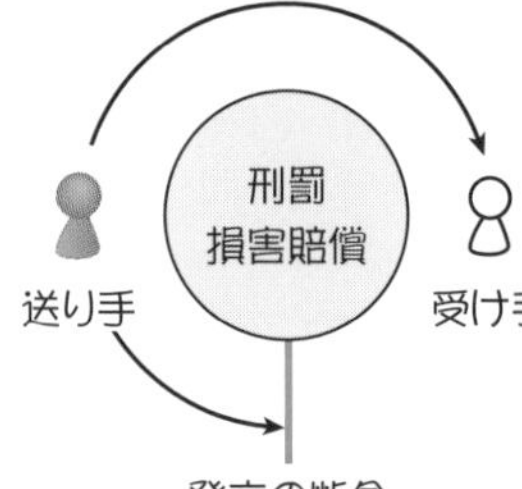

意見や情報の送り手は、“安全策”をとって、当たり障りのない発言をするか、発言を止めてしまう。

第3に、思想の自由市場論は、国による表現活動の規制に対して根深い不信感を持っています。国の権力を握る人たちは、自分たちの権力を脅かす表現活動を禁圧し、自分たちの統治に都合のいい表現活動に肩入れしようとします。自由と民主化を求める運動が、常に厳しい弾圧にあってきたのもそのためです。表現の自由を獲得してきた歴史は、同時に、厳しい言論弾圧の歴史でもあるのです。

IMAGE

マス・メディアが高度に発達した現代の社会では、マス・メディアを利用し、“物量作戦”を仕掛けることのできる資金力がものを言います。一方的なキャンペーン活動は、資金の乏しい反対や批判の声を塗りつぶしてしまうおそれがあります。その意味で、思想の自由市場のなかで勝ち残れるかは、思想の説得力ではなく、送り手の資金力に左右されると言っていいかもしれません。そこで、思想の自由市場は“幻想”だと言う人が出てきても不思議ではありません。たとえば、選挙運動に使える資金の額を制限したり、テレビや新聞などの有料の広告枠を利用できる期間を制限したりするのも（国民投票法105条参照）、“お金がものを言う”効果を少しでも抑えようとする試みとして理解できます。

しかし、国による思想の自由市場への介入には、慎重のうえにも慎重を期すべきです。思想の自由市場は“幻想”であっても、信ずるに足りる“幻想”ではないかと思います。それは、表現の自由の考え方のベースにある、萎縮効果の理論、対抗言論のルール、政府不信の前提といった基本的な発想を結びつける“要”の役割を果たすものです。つまり、思想の自由市場論は、表現の自由の保障を支える前提や理論やルールを詰め込んだ1つの“パッケージ”として理解すべきではないでしょうか。

表現の自由の理論的パッケージ

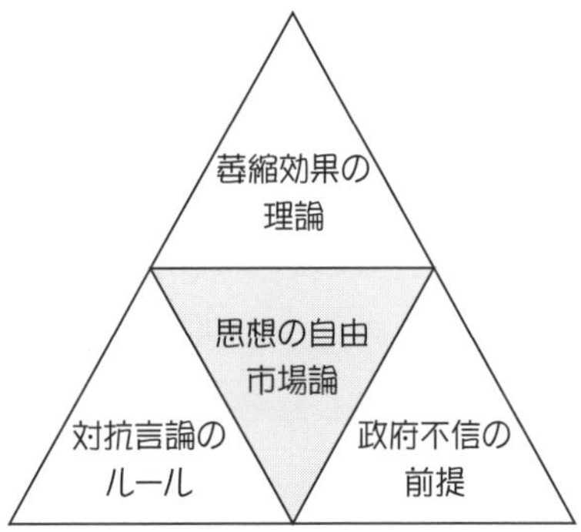

萎縮効果の理論
思想の自由市場論
対抗言論のルール
政府不信の前提

表現の自由と二重の基準の理論

1 表現の自由は、個人の自己実現と民主主義にとって欠かすことのできない社会的な前提です〔☞本章「表現の自由の保障」〕。そのため、裁判所が表現活動を規制する立法の合憲性を審査する場面で、表現の自由は、職業選択の自由（憲法22条）や財産権（憲法29条）といった経済的自由とは異なる扱いを受けます。一般に、経済的自由の場合は、裁判所は、国民を代表する議会に敬意を払って、立法による規制を必要とする社会や経済の実態についての議会の判断には、一応納得できる理由があることを前提にします。したがって、規制の目的が誰の目から見てもおかしいと思える場合や、規制の方法があまりにも乱暴である場合をのぞいては、経済規制の立法は違憲とは判断されません〔☞第10章〕。

それに対して、ある法律が、表現の自由を侵害していると疑われる場合、裁判所は、その法律が憲法に適合するかどうかをより厳しい目で確かめるべきだと考えられています。表現の自由を制限する法律の合憲性をテストする基準も、より厳格になります。このように、経済的自由と表現の自由とで、それぞれ異なる基準を用意して、違憲審査を行うべきだとする考え方は、「**二重の基準の理論**」と呼ばれます。

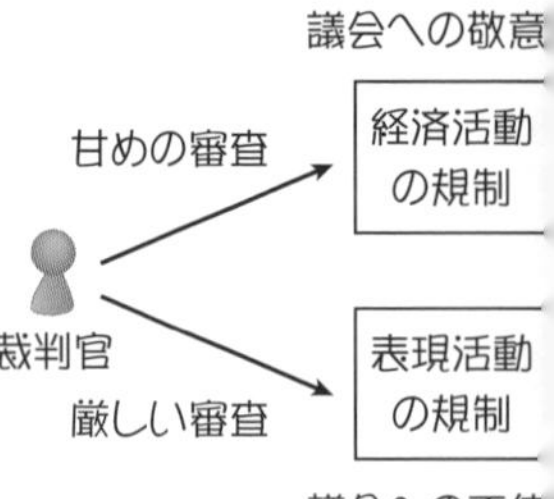

2 二重の基準の理論では、裁判所には、表現の自由を守る防波堤としての役割を果たすことが期待されています。その理由の1つは、民主主義と表現の自由との関係から説明することができます。

議会が、間違った経済政策に基づいて経済的自由を規制する法律を作り、人びとの経済活動を不当に制限することも、現実にはあり得ます。しかし、経済政策の誤りを指摘するための資料が公開されていて、国民やマス・メディアから政策に対する厳しい批判が巻き起これば、議会もこれを無視できません。なぜなら、世論を敵に回せば、議員は次の選挙で落選するかもしれないし、政策を実施する政権はその座を追われるかもしれないからです。情報の公開と自由な批判が保障されている限り、その政策の間違いが明らかになったときには、時間がかかったとしても、やがて選挙や議会の民主的な手続を通じて是正されることが期待できます〔1〕。

しかし、国の政策に反対したり、厳しく批判したりする主張が、国によって抑えつけられてしまうと、民主主義を支える社会的な基盤そのものが傷つけられることになります〔2〕。賛否の分かれている政治の問題について、国に都合のいい意見や情報しか国民の耳に届かないとすれば、世論もまた、国にとって都合のいい方向に誘導されていきます。そして、反対や批判を封じることで世論を味方につけている限り、国の政策が変更されることもないでしょう。また、反論したり弁明したりする手間が省けるので、国は煩わしい論議に付き合うことなく、政策を実施できます。したがって、政権を握っている議会の多数派には、政策に対する反対や批判を禁ずる規制を廃止するような動機づけも生まれてきません。

民主的な過程そのものが傷つけられている場合に、その傷を選挙や議会の民主的な手続を通じて直すのは困難です。そのため、世論や議会の動向に影響されない裁判所に、民主主義を修復する役割が

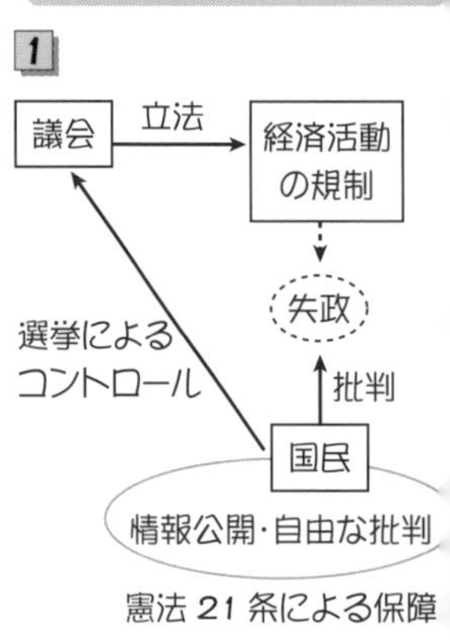

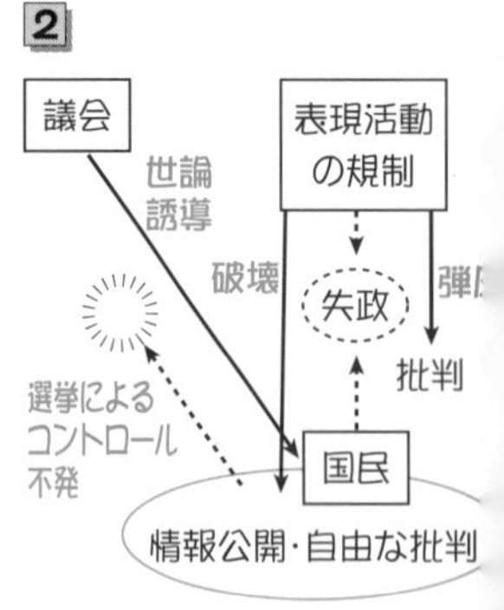

政治プロセスから独立した裁判所が、民主主義のプロセスを修復する。

期待されるのです。そこで、裁判所には、民主主義の健全な働きを弱めるおそれのある表現活動に対する規制については、とくに厳しく審査することが求められます。

事前抑制の禁止

1 表現の自由などの精神的自由を規制する立法の合憲性は、職業選択の自由などの経済的自由を規制する立法よりも、特別に厳しい基準によって判断されなければなりません。このような考え方を二重の基準の理論と呼びました。この二重の基準の理論の考え方から導かれる、代表的な原則に、「**事前抑制の禁止**」があります。

経済活動の場合、飲食店の営業のように、国から事前に営業の許可を受けなければならない活動がいくつもあります〔☞第10章〕。ところが、表現活動の場合、意見や情報が思想の自由市場に到達する前に、国がその内容を審査して、不適切であると判断したものの発表を禁止する仕組みは、「事前抑制」と呼ばれ、禁止されます〔**1**〕。歴史的に見れば、表現の自由とは、このような事前抑制からの自由であると理解されてきました。憲法は、後で詳しく見るように、事前抑制の典型的な例である「**検閲**」を明文で禁じています〔☞憲法21条②〕。

表現活動に対する事前抑制と対比される規制方法が、「**事後処罰**」です。事後処罰は、とりあえず発言や出版を許したうえで、発表後に法律に照らしてその内容に問題があると判断された発言や出版を取り締まるという仕組みです〔**2**〕。たとえば、他人の社会的な評判を傷つける発言をした人に対して、後から、刑法の名誉毀損罪を理由に刑罰を科したり〔☞刑法230条①〕、民事上の損害賠償を命じたりすることが〔☞民法709条〕、事後処罰の例です。

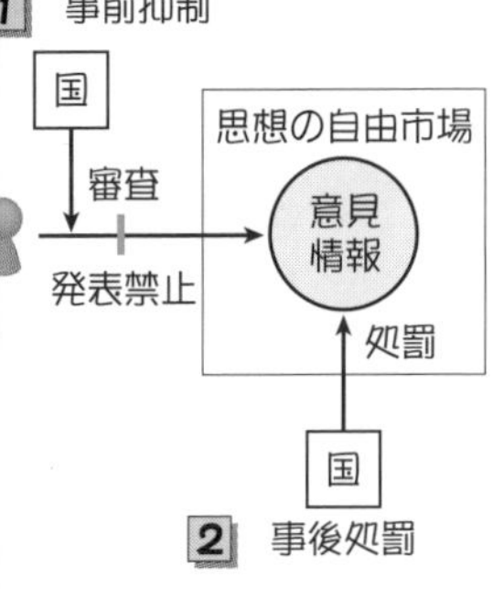

刑法230条　公然と事実を摘示し、人の名誉を毀損した者は、その事実の有無にかかわらず、3年以下の懲役若しくは禁錮又は50万円以下の罰金に処する。

民法709条　故意又は過失によって他人の権利又は法律上保護される利益を侵害した者は、これによって生じた損害を賠償する責任を負う。

2 事前抑制は、事後処罰に比べて、表現の自由にとってより危険な規制であると考えられています。何よりも、事前抑制は、思想の自由市場の基本的な考え方に反しています。思想の自由市場論によれば、意見の説得力や情報の正確性は、自由な発言とその後の議論を通じて確かめられるべきだとされます。多くの人が納得し支持する意見や情報が、正しい意見であり情報だというわけです〔☞本章

「表現の自由と思想の自由論」]。事前抑制の仕組みは、思想の自由市場に流れ込む意見や情報を選り分ける“関所”のような役割を国に認めることになります〔1〕。しかし、それは、思想の自由市場によるテストを経ることなく、国が意見や情報の善し悪しを決めることを意味します。したがって、事前抑制は、思想の自由市場論と相いれません。

また、事前抑制には、国による規制がどこまでも拡大していく危険があります。ほんとうは、憲法の保護が及ぶはずの表現活動にまで規制の“網”がかかってしまうかもしれません。“網”が広がる理由は2つあります。第1に、表現活動がもたらす害悪の判断は、事前抑制の性質上、常に予測に基づくものにならざるを得ません。予測が間違っていて、規制の必要のない表現活動も規制の対象とされるおそれがあります。また、意見や情報を選り分ける仕事を担当している人の立場からすれば、有害な意見や情報を差し止めずに見逃した責任を問われたくありません。そのため、少しでも害を生む疑いがあれば、意見や情報の発表を許さないでしょう〔2〕。このような過剰反応が、規制の“網”を拡大させることになります。

第2に、事前抑制の場合、思想の自由市場でテストされる前に意見や情報がせき止められてしまいますから、国民は、発表を禁じた国の判断が適切であったかどうかを確かめようがありません。そして、意見や情報の選り分けの判断は、国民の監視の目が届かない“密室”で行われます〔3〕。そのため、国民の批判に耐えるほどの理由づけもなく行われるおそれがあります。また、意見や情報の内容に対する個人の好悪が入り込んでしまう危険もあります。

さらに、事前抑制は、国が作った“関所”を無事通り抜けた意見や情報にも、相当なダメージを与えます。国の判断には時間がかかります。その間に受け手の関心が別なところに移ったり、そもそも関心が薄れてしまったりすることも考えられます。そのため、後になって発表を許されたとしても、当初、意見や情報が持っていた社会的なインパクトや新鮮さは失せてしまい、誰にも見向きもされないかもしれません。また、国に“お墨付き”をもらった意見や情報に対しては、“国に都合よく改ざんされたのではないか”といった疑いの目を向ける人もいるでしょう〔4〕。事前抑制の手続が面倒なこともあって、そもそも発表を諦める人も出てくるでしょう。これは、思想の自由市場論が嫌う萎縮効果にほかなりません。そして、効果的なタイミングをねらって意見や情報を発すること自体が、表

事前抑制の危険性

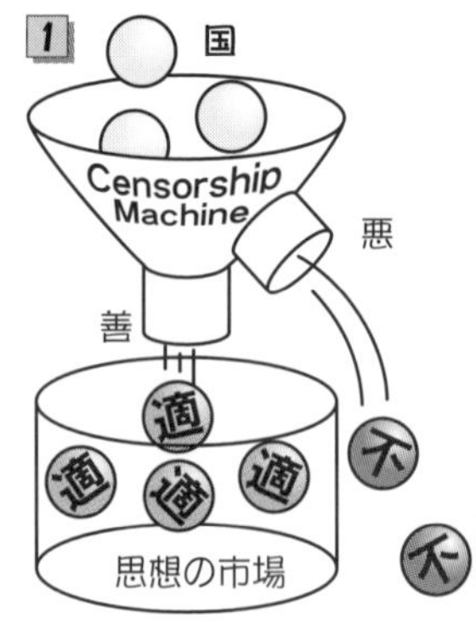

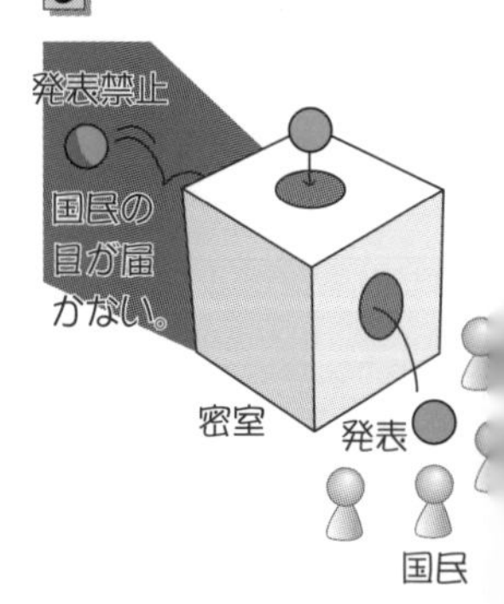

現の自由の保障に含まれていることを忘れてはなりません。

事前抑制の危険性

- 国が有害だと判断した意見や情報は、思想の自由市場に届く前に遮断され、受け手から、意見や情報の正しさを判断する機会を奪ってしまう。
- 国による規制が拡大する危険がある。表現活動がもたらす害悪についての判断は、常に仮定に基づくものにならざるを得ないし、国民の目の届かない密室で行われるからである。
- 意見や情報を発する効果的なタイミングを逃してしまい、本来のインパクトや新鮮さが薄れてしまう。

IMAGE

事前抑制が表現活動にとってより過酷な規制であると解される理由を、サッカーの試合を例にとって考えてみることにします。サッカーの試合では、選手が試合のベンチやスタメンから外されるのが事前抑制に当たり、試合中に犯した反則のために退場させられるのが事後処罰に当たります。

監督が、コンディションや戦術的な理由からある選手を試合に出場させなかったとします。スタメンから外されたその選手も、彼の華麗なプレイを楽しみにしていた観客もたいへん悔しい思いをするはずです。また、監督の戦術的な判断がほんとうに正しかったのかは、彼が試合に出ていない以上、誰もはっきりしたことは言えません。ひょっとすると、監督の思い込みや判断ミスに基づくものであったかもしれません。かりに、試合の結果が見えてしまった後半のラスト５分になって、彼がピッチに立ったとしても、観客はそれほど興奮しないでしょう。最も怖いのは、彼がその後二度と試合に出ることができず、ファンの誰からも忘れられてしまうことです。

3 最高裁も、“表現活動に対する事前抑制は原則禁止である”と述べています。ある雑誌社が、北海道知事選挙に立候補することを予定していた政治家について、政治家としての資質を問題にし、激しい調子で攻撃する記事を掲載しようとしていました。この記事の掲載を出版前に知った政治家は、名誉が傷つけられるのを防止するために、出版の事前差止めを裁判所に求めました。裁判所は、この差止めの申請を認め、雑誌の販売・頒布などを禁止しました。これに対して、雑誌社は、裁判所による出版の事前差止めは違法であるとして、国に対して損害賠償を請求する訴訟を起こしました。北方ジャーナル事件として知られている事件です。

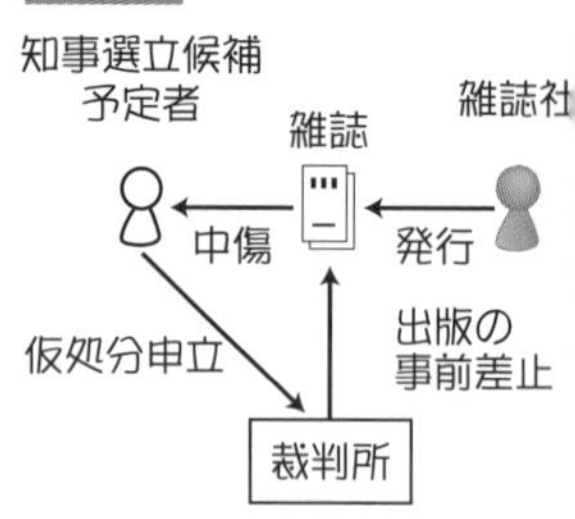

最高裁は、裁判所による出版物に対する事前差止めも事前抑制に当たるとし、厳格で明確な要件を定めた場合に限って、例外的に許されるとしました〔☞ 判例3〕。最高裁も、①意見や情報が思想の自由市場に出る前に抑止して、それが受け手に到達する途(みち)を閉ざしたり、遅らせたりして、公の批判の機会を減少させること、②予測に基づくものとならざるを得ないために規制の範囲が拡大しやすく、濫用の危険もあること、③表現活動を思いとどまらせる萎縮効果が大きいことなどを事前抑制の危険として指摘しています。

判例3　北方ジャーナル事件・最大判昭61・6・11民集40巻4号872頁

検閲と税関検査事件

1　事前抑制は、意見や情報が思想の自由市場に到達する前に、国がその内容を審査し、不適切だと判断したものの発表を禁止する仕組みです。事前抑制の第1の特質は、国による表現内容についての事前審査という点にあります。一般的なイメージでは、「検閲」とは、新聞や書籍の発行・出版前に、国が記事や書籍の内容を審査して、不適当と判断したものの発行・出版を許さない仕組みでしょう。このイメージでは、検閲は、事前抑制の典型的な例ということになります。

そこで問題となるのが、憲法が禁止する「検閲」が、この一般的なイメージとどう重なるかということです。憲法の解釈の問題として、事前抑制と検閲をイコールと考えて〔1〕、憲法21条2項は、事前抑制一般を広く禁止する意味に理解する立場があり得ます。また、検閲を事前抑制の一種と考えて、検閲の概念を事前抑制よりも狭く理解する立場も成り立ちます〔2〕。

検閲の理解

1　第1の考え方

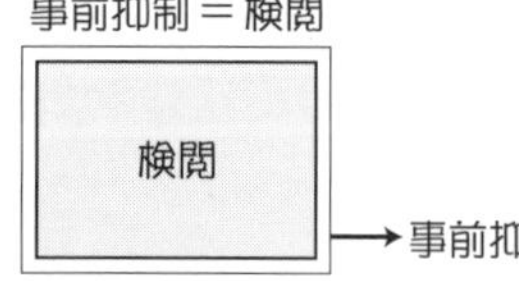

2　第2の考え方

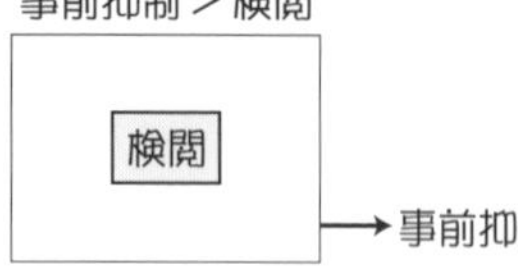

2　憲法が禁止する検閲の解釈が争われたのが、税関検査事件です。外国から日本に貨物を輸入しようとする場合、輸入しようとする貨物が、輸入禁制品に当たらないかどうかについて税関で検査を受け

なければなりません。この検査が税関検査です。改正される前の関税定率法は、輸入禁制品として、「公安又は風俗を害すべき書籍、図画、彫刻物その他の物品」を輸入できない貨物と定めていました。「風俗を害する」ものとして輸入を禁止されるのは、主としてわいせつな表現物です。

この税関検査の結果、輸入しようとした雑誌や書籍などが、「公安又は風俗を害すべき書籍、図画、彫刻物その他の物品」に当たると判断された場合、税関長は、輸入しようとした人に輸入ができない旨を通知することになっています。通知を受けた人は、輸入禁制品に当たるとする税関の判断に不服がある場合には、税関長に対して異議を申し立てることができます。しかし、異議が認められなければ、輸入しようとした人は、輸入品を廃棄または積戻ししなければならず、目的の雑誌や書籍を見たり読んだりすることはできません。

事件3

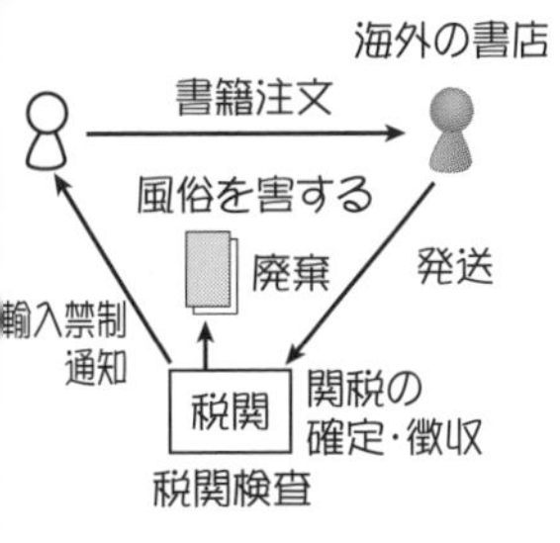

3 税関検査は、海外から日本へと流れ込んでくる有害な表現物を水際で食い止めるための仕組みとして働きます。税関検査は、国による出版物の事前審査という検閲の特質を備えているように見えます。税関という国の機関が、輸入しようとする雑誌や書籍などの内容を審査しているからです。そして、税関検査の結果、輸入が禁じられた表現物は、廃棄や積戻しを命じられますので、この表現物が日本国内の思想の自由市場に達することはありません。そのため、税関検査が、憲法の禁止する検閲に当たるかどうかが争われてきました。

最高裁は、結論から言えば、税関検査は憲法により禁止された検閲には当たらないと判断しました〔☞ 判例4〕。このような結論を導くに当たって、最高裁は、憲法が禁止する検閲をきわめて狭く定義しました。最高裁の定義の第1の特徴は、検閲を行う国の組織を行政権に限定したことです。伝統的な学説が、広く「公権力」による事前審査を検閲と定義してきたことと対照的です。また、最高裁は、憲法による検閲を一切の例外を許さない絶対的な禁止と解釈しました。つまり、憲法が禁止する検閲を行政権によるものに限るかわりに、その禁止を絶対的なものにしたのです。

最高裁による定義は、行政による「思想内容等の表現物」の事前審査という要件に加えて、さらにいくつかの要件を加えています。

判例4 税関検査事件・最大判昭59・12・12民集38巻12号1308頁
憲法21条2項にいう「検閲」とは、行政権が主体となつて、思想内容等の表現物を対象とし、その全部又は一部の発表の禁止を目的として、対象とされる一定の表現物につき網羅的一般的に、発表前にその内容を審査した上、不適当と認めるものの発表を禁止することを、その特質として備えるものを指すと解すべきである。

検閲の主体	行政権
検閲の対象	思想内容等の表現物
検閲の目的	発表の禁止
検閲の方法	網羅的一般的
検閲の時期	発表前
検閲の効果	不適当とされるものの発表の禁止

これらの要件が、検閲に当たる事前審査の範囲をきわめて狭いものにしています。

最高裁の検閲の要件と税関検査

- **「発表の禁止を目的」**：表現物を規制する国の目的は、表現物の「発表の禁止」を第1の目的としていなければならない。税関検査の場合、外国から輸入される貨物に課される関税を確定し徴収することが、検査の第1の目的である。そのため、税関検査は、表現物の発表の禁止を直接の目的としていない点で、検閲には当たらないことになる。
- **「網羅的一般的に」**：網羅的で一般的な審査とは、表現物を1度すべて国の手許に集めたうえで、片っ端から表現物を選り分けていくような審査の方法を意味する。税関検査は、関税を確定・徴収する手続のなかで怪しいと目をつけた表現物だけをチェックする仕組みである。税関検査は、徹底的な審査でないため、検閲には当たらない。
- **「発表前にその内容を審査」**：発表前とは、発言や出版などの表現活動が行われる以前の時点を意味する。この条件を厳密に適用すると、海外から輸入される雑誌や書籍などは、すでに本国の人びとの目に触れているため、発表前の審査とはみなされない。したがって、税関検査は発表前の審査ではない。

---

4 学説の多くは、最高裁の検閲の定義が極端に狭いことを批判しています。この定義に当てはまるような仕組みは、日本が戦前行っていた新聞や出版の事前許可制のような仕組みしかありません。この仕組みでは、まず、国が新聞・雑誌の発行や書籍の出版をすべて許可制のもとに置きます。そして、国の許可なく、新聞を発行したり、書籍を出版したりした人を処罰することにします。そのうえで、国は、事前に記事や書籍の内容を審査して、好ましくない内容を含む記事の削除や内容の修正を命じたり、そもそも新聞や書籍自体の発刊を禁止したりします。このような仕組みが、民主的な社会で許されないのは明らかです。検閲の禁止は、表現の自由の保障にとって“伝家の宝刀”です。しかし、使いどころがなければ、その刀も“錆(さび)”ついてしまいます。

最高裁の定義では、検閲は、表現物を発表前に審査して、不適切なものの発表を禁止するという仕組みです。しかし、表現の自由が、受け手の知る権利をも保障していることに注意しなければなりません〔☞本章「表現の自由と知る権利」〕。受け手の目から見れば、表現物の発表の禁止も、閲覧や受領の禁止も、同じ効果を持ちます。水道にたとえて言えば、浄水場のところで水が止められているのも、蛇口につながる水道管が閉められているのも、水道を利用する人にとっては、自由に水が使えない点ではかわりありません。したがって、送り手の表現の自由だけでなく、受け手の知る権利を保障するためには、国による表現内容の審査が、事実上、受け手の閲覧や受領を禁ずる効果と結びつくならば、それもまた検閲であると考えるべきです。

送り手 → 国 ← 受け手
発表禁止　閲覧禁止
送り手と受け手との言論のキャッチボールを妨害する点で同じ。

5 税関検査と同じように、検閲に当たるのではないかと長く争われてきた仕組みに**教科書検定**があります。国による検定に合格しなければ、図書は、小中高校の授業で教科書として使うことはできません。教科書検定では、教育基本法や学校教育法や学習指導要領に沿った内容であるか、政治や宗教について公平な立場から書かれているか、記述の内容が正確であるか、内容の難易や分量などが適切かといった観点から、申請のあった図書の内容が審査されます。

最高裁は、**第1次家永訴訟**において、教科書検定は検閲には当たらないと判断しました〔☞ 判例5 〕。教科書検定は、税関検査事件で示された検閲の定義に当てはまらないとされたからです。判断の決め手として、検定を通らなかった図書でも、一般図書として出版し書店で販売することは可能であるということ、また、すでに一般図書として出版されたものを検定に申請することも可能であることが指摘されました。つまり、教科書検定は、①発表の禁止を目的

判例5　第1次家永訴訟・最判平5・3・16民集47巻5号3483頁

検閲が争われた事例

	主体	対象	目的	方法	時期	効果
税関検査	○税関	○書籍・図画	×関税の徴収確定	×ランダム	×海外で発表済	×受領禁止
教科書検定	○文科省	○教科書	×教育水準の画一化	○全教科書対象	×発表済 一般図書として販売可能	×教科書として使用不可
自販収納	○自治体	○図書	×青少年の保護	×一般規制	×販売後	×自販収納禁止

としていないし、②発表前の審査でもない、ということです。

ほかにも、子どもに有害な図書を自動販売機で売ることを規制する自治体の条例が、検閲に当たり違憲ではないかと争われた事件——**岐阜県青少年保護育成条例事件**——があります〔☞ 判例6 〕。この仕組みも、検閲には当たらないとされました。

判例6 岐阜県青少年保護育成条例事件・最判平1・9・19刑集43巻8号785頁

第9章
表現の自由の保障と限界

言葉は、“人畜無害”だから、言葉を発する自由（表現の自由）が認められているわけではありません。そもそも、言葉に人を動かす力がなければ、言葉を発する自由をわざわざ人権として保障する必要もないでしょう。靴下を右からはくか、左からはくかの自由が、人権として保障する必要がないように。

言葉は、私たちの感情を揺さぶり、世界の見方を変え、行動に駆り立てる力を持っています。たとえば、辞世の句をしたためて特攻の出撃を待つ間に終戦を迎えた“元特攻隊員”の言葉は、私たちに戦争のむごさを教え、平和について深く考え、平和のために行動するきっかけを私たちに与えるでしょう。もちろん、それは、言葉を使った表現活動に限られません。たとえば、中国のジーンズ工場で昼夜問わず懸命に働く少女たちの姿を追うドキュメンタリーの映像は、私たちが量販店で安く買うジーンズに対する見方を変えるでしょう〔『女工哀歌』（2005年）〕。その意味で、すべての表現活動は、「煽動」だと言えるかもしれません。

表現活動は、人を動かす力があるからこそ、人権として保障されるべき価値のある活動です。しかし、他方で、表現活動は、他人の権利を侵害したり、社会の重要な利益を損なったりもします。そのため、公共の福祉を理由に国による規制を受ける場合があります。また、表現活動が私たちの意識と行動を変える力を秘めているからこそ、権力を持つ者は、その力が自らに向かうことを恐れて、表現活動を規制しようとするのです。

マンガやアニメに対する規制が議論されることがあります。たとえば、女性に対する性的暴力を「賛美」するようなマンガやアニメを国が規制するのは、表現の自由を保障する憲法21条に違反しないかが問題となります。「賛美」するかどうかは、ものの見方にかかわります。しかし、国が特定のものの見方を理由に表現活動を規制することは、原則として、憲法で許されていません。これが、表現の自由の基本原則です。

表現活動の効果とその規制

1　世の中には、誰にも言わず、通り魔殺人を犯した男を密かに崇拝するような人もいます。しかし、私たちには理解しがたい思いを胸に抱いていることを理由に、国がその人を非難し罰することはできません。他人の心の内を正しく知ることができない以上、心に秘めた思想や意見を理由に、国が個人を処罰することは、そもそも不可能なことだからです。

もちろん、国は、“踏み絵”あるいは“自白剤”を使って、心に隠されている思想や意見を察知することができるかもしれません。しかし、露見した思想や意見がどんなに邪悪で醜悪に見えたとしても、そのことを理由に不利益を課すことはできません〔☞憲法19条〕。過激で危険な思想も意見も、沈黙さえ守っていれば、他人の権利や社会の重要な利益を直接損なうことはありません。つまり、思想や意見が内心にとどまるかぎり、人権を制約する根拠となる公共の福祉を害することはないのです。憲法が**内心の自由**を絶対的に保障する理由の1つは、公共の福祉による制約を完全に免れている点にあります〔☞第6章〕。

人の心のなかは、“ブラックボックス”。

憲法 19 条　思想及び良心の自由は、これを侵してはならない。

2　しかし、その思想や意見がひとたび外に向かって発せられたならば、事情は一変します。意見や情報などのメッセージを他人に伝える表現活動は、内心の精神活動とは違って、他人の権利や社会の重要な利益を損なうおそれがあるからです〔☞第2章〕。たとえば、“離婚の真相”を暴露する週刊誌の記事は、他人のプライバシー権を侵害する場合があります。また、ところ構わず派手なポスターやビラを貼ることは、町の美観を損なうことになるでしょう。

ただ、外面的な表現活動が他人の権利や社会の重要な利益を損なうと言っても、そのような害悪が表現活動のどの側面から生じたものであるかをきちんと見きわめる必要があります。表現活動には、他人に意見や情報を伝達するコミュニケーションの側面と、そのメッセージを伝達する手段の側面があります。それぞれの側面は、性質の異なる効果を持ちます。

コミュニケーション効果

伝達手段に付随する効果

表現活動の効果

- **コミュニケーション効果**：伝達された意見や情報が、そのメッセージを受け取った人の感情や行動などを以前とは違ったものにしてしまう効果。たとえば、伝達されたメッセージは、受け手に嫌悪や羞恥などの感情を呼び起こしたり、受け手に行動を起こさせる動機や理由を与えたりする。
- **伝達手段に付随する効果**：表現活動にともなう行動や伝達手段から生ずる効果。この効果は、伝達されるメッセージの内容とは関係なく生ずる。その主張の中身にかかわらず、スピーカーが発する大音響は、人びとを睡眠不足にしたり、道路でのデモ行進は、交通渋滞を引き起こしたりする。

	内容に基づく規制	内容中立的規制
規制理由	コミュニケーション効果	伝達手段に付随する効果
例	犯罪の煽動の禁止	ビラ貼りの制限

3 表現活動に対する国の規制は、表現活動のコミュニケーション効果を理由に規制する場合と、伝達手段に付随する効果を理由にする規制に大きく分けることができます。コミュニケーション効果を理由にする表現規制は、「**内容に基づく規制**」と呼ばれます。伝達手段に付随する効果を理由にする表現規制は、「**内容中立的規制**」と呼ばれます。

内容に基づく規制の典型は、**犯罪の煽動を禁じる規制**です。この場合、他人を犯罪に駆り立てるような感情の高ぶりや動機づけを与えること（コミュニケーション効果）が規制の理由になっています。内容中立的規制の典型は、**ビラ貼りを制限する規制**です。この場合、町のあちこちにビラをべたべたと貼ることが町の美観を損なうこと（伝達手段に付随する効果）から規制を受けることになります。

事件1

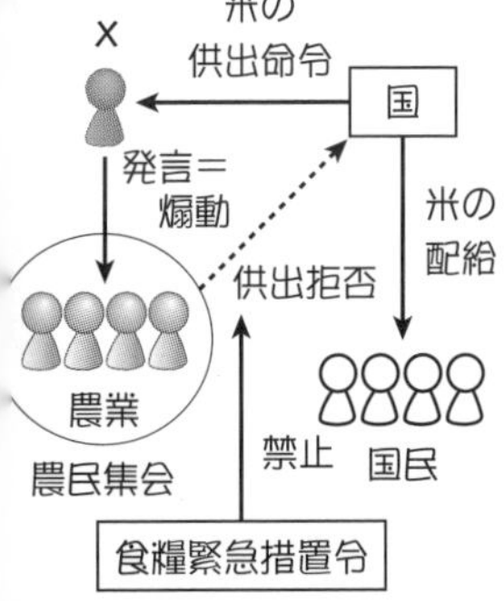

判例1 最大判昭24・5・18刑集3巻6号839頁

内容に基づく規制と内容中立的規制

- **犯罪の煽動**：敗戦直後の厳しい食糧難のなか、国は、食糧緊急措置令を発して、農家に対して米を政府に売り渡すよう命じた。ところが、農民の集会に出席したXは、政府のやり方を厳しく批判し、仲間に米の売渡しを拒否するよう呼びかけた。その後、Xは、米を政府に売らないよう仲間をあおり立てることを禁止した命令に違反するとして、起訴された。最高裁は、当時の厳しい食糧事情のもとで、米の売渡しを拒否するよう人びとをあおり立てるのは、国民としての重要な義務を果たさないよう呼びかけるものであり、公共の福祉を害すると述べて、犯罪の煽動を禁じた命令を合憲とした〔☞ 判例1 〕。

- **ビラ貼りの禁止**：X らは、政治的な内容のビラを橋の柱や電柱などにのりで貼って回った。ところが、ビラの貼られた場所は、市の条例によりビラ貼りが禁止されている場所だったため、X らは、条例違反を理由に起訴された。最高裁は、国民の文化的な生活を向上させることを目的とする憲法のもとでは、都市の美観や自然の趣を維持することも、公共の福祉に適うと述べて、ビラ貼りの規制を合憲とした〔☞ 判例2 〕。

事件2

X　自治体　ビラ貼り制限地区　ビラ　ビラ

判例2　最大判昭 43・12・18 刑集 22 巻 13 号 1549 頁

内容に基づく規制

1　表現の自由は、個人の自己実現にとっても、国民の政治参加にとっても欠くことのできない前提条件です〔☞第8章〕。しかし、表現の自由は、内心の自由とは違って、国のあらゆる規制から免れる絶対的な権利ではありません。宗教的行為の自由のような他の外面的な精神的自由権と同じく〔☞第6章〕、公共の福祉による制約を受けます。たとえば、犯罪を煽動する激しい演説や、町の美観を汚すビラ貼りは、場合によっては国により禁止されたり、制限されたりします。

2　ただし、コミュニケーション効果から生ずる弊害を理由に表現活動を規制する、内容に基づく規制は、厳格な要件のもとで例外的にしか許されません。一般に、内容に基づく規制は、伝達手段に付随する効果を問題にする内容中立的規制に比べて、表現の自由にとって危険な規制だと考えられているからです。

内容に基づく規制が表現の自由にとってより危険な規制である理由は、2つあります。第1の理由は、内容に基づく規制は、特定の立場やテーマを差別的に取り扱う危険があるということです。内容に基づく規制は、特定の立場に立つ見解や、特定のテーマにかかわる意見を狙い撃ちにする規制です。そのため、国にとって都合の悪

内容・主題への差別的取扱い

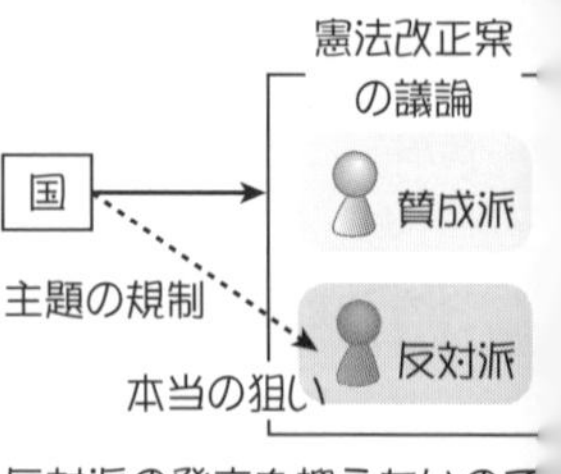

反対派の発言を抑えたいので議論全体を規制する。

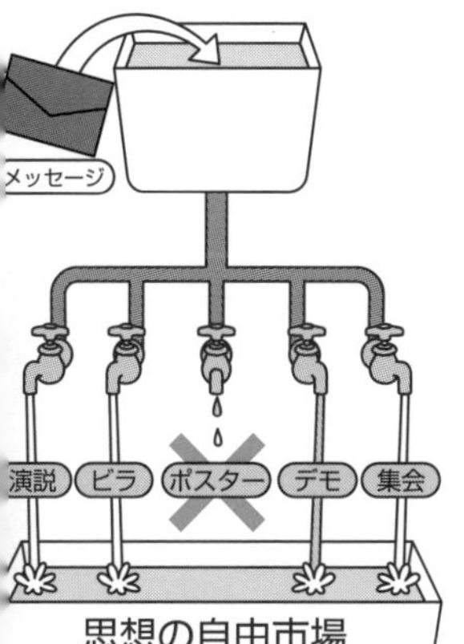

ポスターが規制されても、まだ他にメッセージを伝える方法がある。

い表現活動を取り締まる手段として濫用される危険があります。他方、内容中立的規制は、表現される立場やテーマとは関係なく一律に課される規制なので、国にとって好ましくない見解やテーマを国民の目から隠す方法としては使いにくい面があります。

第2に、内容に基づく規制には、思想の自由市場を歪(ゆが)める危険があります。内容に基づく規制は、特定の立場の表現や特定のテーマに関する表現を、情報の流れのなかから摘(つま)み出して、排除します。商品の流通にたとえて言えば、特定のメーカーの製品を市場から閉め出したり、特定の性能を持つ製品を消費者に売らなかったりするのと同じです。このように、内容に基づく規制は、思想の自由市場から特定の意見や情報を消してしまう働きをします。他方、内容中立的な規制は、特定の伝達方法やメディアを利用することを制限するにとどまります。したがって、表現活動をする人には、自分の意見や情報を発表する別な方法やメディアが残されているのが普通です。たとえば、ポスターの掲示が認められなくても、街頭での演説やビラまきによって、自分のメッセージを他の人に伝える道が残されているでしょう。

3 内容に基づく規制は、表現の自由にとってきわめて危険な規制と言えます。したがって、表現内容に基づく規制は、ごく例外的な場合にしか許されません。内容に基づく規制は、表現活動が個人や社会にとってきわめて重要な権利や利益を損なう場合に、その権利や利益を守るために必要な限度で認められます。裁判所は、規制が必要な限度をはみ出すものでないかを厳格に審査するよう求められます（厳格審査）。

内容に基づく規制

- **犯罪の煽動**：暴力によって国を転覆させたり、政治的な目的から放火したりするような重大な犯罪を誰かに実行させようとして、「やれ！ やれ！」とあおり立てるのが、煽動である〔☞ 判例1〕。煽動罪の特徴は、実際に暴動や放火などの犯罪が起こらなくても、あおり立てた人を処罰できることにある〔☞破壊活動防止法38条〕。
- **わいせつ表現・有害図書・児童ポルノ**：社会の性に関する道徳や秩序を害するわいせつ表現や、子どもたちの心身の発達

破壊活動防止法38条 刑法第77条（内乱罪）、第81条（外患誘致罪）若しくは第82条（外患援助罪）の罪の教唆をなし、又はこれらの罪を実行させる目的をもつてその罪のせん動をなした者は、7年以下の懲役又は禁こに処する。

に悪い影響を与える有害図書、あるいは、子どもをモデルにした児童ポルノは、憲法上保護された表現活動の範囲外にあるとされている〔☞ 判例3〕。これらの性表現の販売や頒布などは、刑法や自治体の青少年保護育成条例、児童ポルノ禁止法によって禁じられている〔☞刑法175条〕。

● **名誉・プライバシーを侵害する表現**：他人の社会的な評価を下げるような発言をしたり、人には知られたくない他人の私生活上の秘密を暴露したりすれば、名誉毀損やプライバシー侵害を理由に、民法上の損害賠償を命じられることがある。また、他人の名誉を毀損した者は、刑法上処罰される〔☞刑法230条〕。

● **虚偽広告**：商品の広告などのような、主として営利を目的とした表現——「**営利的言論**」と呼ばれる——もまた、私たちが消費者として賢い選択をするうえで欠くことのできない情報である。したがって、営利的言論も、その保護の程度は弱いにしても、憲法で保護された表現活動である。しかし、消費者を騙(だま)したり、誤解させたりするような広告や宣伝は、国による規制の対象となる〔☞ 判例4〕。

判例3　チャタレイ事件・最大判昭32・3・13刑集11巻3号997頁

刑法175条　わいせつな文書、図画その他の物を頒布し販売し、又は公然と陳列した者は、2年以下の懲役又は250万円以下の罰金若しくは科料に処する。販売の目的でこれらの物を所持した者も同様とする。

刑法230条　公然と事実を摘示し、人の名誉を毀損した者は、その事実の有無にかかわらず、3年以下の懲役若しくは禁錮又は50万円以下の罰金に処する。

判例4　最大判昭36・2・15刑集15巻2号347頁

4　内容に基づく規制が例外的に認められるのはどのような場合かを考える際、次の4つのことに注意しなければなりません。第1に、内容に基づく規制は、伝達されるメッセージそれ自体の当否を問題にするものであってはなりません。発表された論文の内容が学問的に間違っているとか、出版された小説の内容が道徳的に問題であるとかといった理由で、国がその発表や出版を規制することは憲法上許されません。国は、学問的な権威を持つ学者ではないし、道徳的な威光を放つ宗教家でもないため、学問の真理や道徳の正邪を判定する権威も資格も持ちません。内容に基づく規制は、あくまでも、伝達されたメッセージが持つコミュニケーション効果から生ずる弊害（他人の権利や社会の重要な利益が損なわれる危険）を取り除くための規制でなければなりません〔1〕。

第2に、内容に基づく規制が必要かどうかの判断は、個別のメッセージが持つ文学的・思想的・科学的・社会的な価値と、そのメッセージがもたらす現実の弊害とを秤(はかり)にかけて行われるべきではあり

内容に基づく規制のポイン

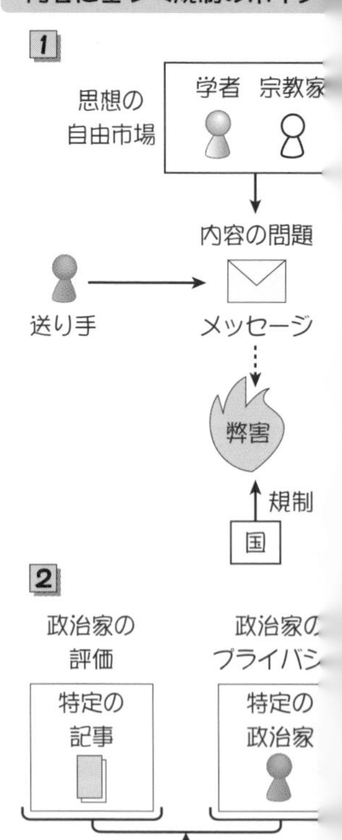

判例5　月刊ペン事件・最判昭56・4・16刑集35巻3号84頁
私人の私生活上の行状であつても、そのたずさわる社会的活動の性質及びこれを通じて社会に及ぼす影響力の程度などのいかんによつては、その社会的活動に対する批判ないし評価の一資料として、刑法230条ノ2第1項にいう「公共ノ利害ニ関スル事実」にあたる場合があると解すべきである。

ません。政治家Xの私生活を面白おかしく書き立てた、“2011年4月1日号の『週刊○○』”の特定の記事は、読者に何か意味のある意見や情報を与えるものではないかもしれません。しかし、“表現の大きなくくり”(カテゴリーやジャンル)で言えば、政治家や社会的な影響力のある公人についての私生活上の事柄は、政治的な判断や社会的な評価を行ううえで、国民にとって必要な情報の1つでしょう〔☞判例5〕。規制の必要性を判断するため天秤にかけられるのは、大きなくくりとしてのカテゴリーやジャンルが持つ価値でなければなりません(定義づけ衡量)。特定の記事の持つ価値ではありません〔2〕。

第3に、ある表現活動が他人の権利や社会の利益を害するという、漠然としたおそれだけで、表現活動を制限することは許されません。表現活動がもたらす危険が深刻なもので、その危険が差し迫ったものであることが明らかに予測でき、また、表現活動を規制する以外に危険を避ける方法がない場合には、その表現活動を制限することは、憲法に違反しないと解されます。この判断の基準は、「**明白かつ現在の危険のテスト**」と呼ばれています。このテストは、とくに犯罪の煽動を規制する場面で用いられるべき基準とされています。

第4に、内容に基づく規制は、規制の対象となる表現活動をできる限り明確に定義しなければなりません。この原則は、「明確性の理論」と呼ばれます。自由にできる表現活動と規制される表現活動との境界線が不明確だと、“100%安全”でないと発言しないという慎重な人は、発言を控えてしまうかもしれません(萎縮効果)〔3〕。たとえば、刑法は「わいせつ」文書の販売などを禁止していますが(刑法175条)、禁止の対象となる「わいせつ」文書の範囲をどこまで明確に確定できるかが絶えず争われてきました〔☞判例6〕。

3

表現する人は臆病。

判例6　『四畳半襖の下張り』事件・最判昭55・11・28刑集34巻6号433頁

STEP UP

社会のマイノリティに属する人種・民族・宗教を激しくののしって、その人種・民族・宗教に対する憎しみや敵意をあおり立てる発言・集会・デモが大きな社会問題となっています。このような言論は**ヘイト・スピーチ**と呼ばれます。国際人権法では、ヘイト・スピーチの規制が各国に求められています（国連自由権規約20条①・人種差別撤廃条約4条）。

日本に暮らす朝鮮・韓国の人々を激しくののしるプラカードを掲げて、大声で不快なコールを繰り返すデモが日本の各地で行われています。これを“差別”や“暴力”と見るか、それとも“言葉”と見るかは議論の分かれるところです。“言葉”と見るならば、ヘイト・スピーチも憲法21条で保護された「言論」や「集会」ということになりますし、国が規制する場合には、内容に基づく規制として裁判所による厳格な審査に服します。

ヘイト・スピーチが朝鮮学校に通っている子どもたちなど特定の人を標的にし、標的にされた人の名誉を傷つけたり、教育を受ける機会を奪ったりするならば、ヘイト・スピーチをした者は民事上の損害賠償責任を免れないでしょう（京都地判平25・10・7判時2208号74頁）。問題となるのは、人種・民族・宗教を一般的に攻撃・中傷する場合です。国は2016年、在日朝鮮・韓国の人に対するヘイト・スピーチに限定したかたちで、ヘイト・スピーチを“解消”するための法律（いわゆる「ヘイト・スピーチ解消法」）を制定しました。ただし、この法律は、ヘイト・スピーチそれ自体を規制するものではなく、ヘイト・スピーチの解消に向けた積極的な取り組みを国や自治体に求めるものです。この法律の“間接的な効果”として、ヘイト・スピーチを行う団体のデモ行進の差止めを求める訴えを裁判所が認める事例も出てきました（横浜地裁川崎支決平28・6・2判時2296号14頁）。また、ヘイト・スピーチを規制する大阪市の条例も、最高裁で合憲とされました（大阪市ヘイト・スピーチ対処条例事件・最判令4・2・15民集76巻2号190頁）。

ヘイト・スピーチは一面では“政治的主張”を含んだ言論です。しかし、これを表現の自由が高い価値を認める「政治的言論」と捉えることは難しいでしょう。民主主義に不可欠な政治的言論は、民主的な議論に参加する人々がお互いに“生きるに値する人生を持つ平等な存在である”ことを認め合うことからスタートします。相手の話を遮って、自分の主張を一方的にまくし立てることが認められないように、民主的な議論には、相手を対等な存在として認める“節度”が必要です。ヘイト・スピーチはこの“節度”を著しく欠いています。ただ、規制の対象をどう絞り、どのような規制の方法をとるかについては、他の政治的言論を萎縮させることのないよう慎重に検討しなければなりません。

内容中立的規制

1 表現活動にも、ビラを配るなど何らかの身体の動きがともないますし、メッセージを伝えるためには、拡声器やポスターなどの道具や手段が必要になります。こういった表現活動にともなう行動や伝達手段が、他人の権利や社会の利益を損なう場合があり、そのことを理由に表現活動を規制するのが、内容中立的規制です。この規制は、伝えようとするメッセージに対する否定的あるいは差別的な評価を含む危険が小さい点で、内容に基づく規制とは異なります。そのため、内容中立的規制は、表現活動に対する標準的な規制方法であると考えられています。

2 内容中立的規制は、規制の対象が何かという点から、大きく2つに区別することができます。

内容中立的規制のタイプ

1

2

内容中立的規制

- **時・場所・方法の規制**：表現活動が行われる時間や場所が、社会的に見て適切でない場合がある。たとえば、学校で授業が行われている時間帯に校舎の周辺で拡声器を使って演説するのは、生徒たちの学習の妨げになる〔1〕。また、通勤通学で混雑する時間帯に歩道をふさぐようなやり方でビラを配るのは、通行の障害になる。大きく重たい広告の看板をビルから吊り下げるならば、多少の風や地震でも落ちてこない、しっかりした構造のものでなければならない。そうでないと、通行している人が、風に飛ばされた看板に当たって怪我をするおそれがあるからである。このような場合には、表現活動を行う時間や場所を制限したり、看板やポスターなどの重さや大きさを制限したりすることは、必要最小限度にとどまるかぎり、憲法上許される。
- **行動の規制（付随的規制）**：私たちは、怒りや抗議の気持ちを、言葉ではなく、行動や態度で示す場合がある。たとえば、国の指導者の大きな張りぼてを作って、市民がそれに火をつける光景がテレビで報道されることがある〔2〕。これもまた、時の政府を厳しく批判する政治的な表現活動の一種と理解することができる（象徴的言論）。しかし、このような行動は、普通は表現活動とは関係のない行動であって、むしろ、その行動が持つ危険性のために禁止されている場合もある（付随的規制）。たとえば、多数の人が集まる公共の場で火を放つことは、危険である。そのため、このような行動が禁止されることはありうる。しかし、結果として、抗議行動の１つとして国旗のような国のシンボルを集会の最中に燃やすことも禁止されることになる。この場合も、表現の自由と公共の福祉との調整が必要になる。

---

3 内容中立的規制であっても、表現活動に対する制約にかわりありません。したがって、裁判所は、その規制が憲法に違反していないかどうかを慎重に審査することが求められます。表面上は表現内容と無関係な規制に見えても、実は特定のメッセージを禁止する隠れた目的がある場合もあります。たとえば、外国大使館の前でプラカードを掲げて表現活動することを禁止する規制は、多くの場合、大使館の本国に対する抗議行動を禁止する効果を持ちます。その国に友好的な感情を持っている人は、大使館の前でプラカードを掲げて意見表明することはあまりないからです。裁判所は、表面上は内容中立的規制に見えても、特定の立場や意見に対する差別的な意図が隠れていないかどうかを見きわめなければなりません。

また、内容中立的規制の対象となる演説、ビラまき、ポスターの掲示、デモ行進といった表現活動は、出版や放送といったマス・メディアには簡単にアクセスできない、普通の市民が利用する表現方法です。そこで、国が表現活動を行う特定の時間や場所や方法を規制する場合には、普通の市民が利用できる別な時間や場所や方法が十分に残されていなければなりません。

しかし、単純に表現活動のための別なチャンネルが残っていればいいというものではありません。なぜなら、いつどこでどんな方法で自分の意見を他人に伝えるか、ということ自体が、表現活動の一部であり、ある表現方法を選んだことには、その人なりの考えがあるはずだからです。また、表現方法そのものに特別な意味や価値がある場合もあります。戦争の悲惨さは、小説でも写真でも絵画でも映画でも表現することは可能でしょう。しかし、ピカソが描いたゲルニカの絵は、他の表現方法に置き換えることのできない固有の価値を持っています。したがって、表現活動に対する内容中立的な規制であっても、やはり、国は、規制を必要とする、それ相応の重要な目的を示さなければなりません。裁判所は、規制する目的が重要かどうか、代わりとなる手段が十分に残されているかどうかについてきちんと判断しなければなりません。

内容中立的規制のポイント

特定の立場・意見を差別的に規制する意図はないか？
規制の目的は重要か？
規制の手段は、規制の目的とつり合ったものか？
表現活動のための他の手段は十分残っているか？

公衆の集まる場所での表現活動

1　メッセージの送り手が、意見や情報をできる限り大勢の人に伝えたいと考えるならば、できるだけ多くの人が集まる場所で表現活動を行いたいと考えるはずです。人通りの多い道路や人が集まる公園は、表現活動にとって格好の場所です。ところが、私人が管理する住居と同じように、国が道路や公園の管理者として“ビラ貼り・配り等の宣伝活動”を一律に禁止したならば、国民の多くが表現活動の場を失ってしまうことになるでしょう。一般の人には、新聞に意見広告を出したり、本を出版したりすることは難しいからです。そこで、多くの人に自由な表現活動の場を保障する趣旨から、道路や公園など古くから表現活動が行われてきた場所は「**パブリック・フォーラム**」と呼ばれ、管理する国であっても、表現活動を一律にそこから閉め出してしまうことは許されないと解されています。

パブリック・フォーラム

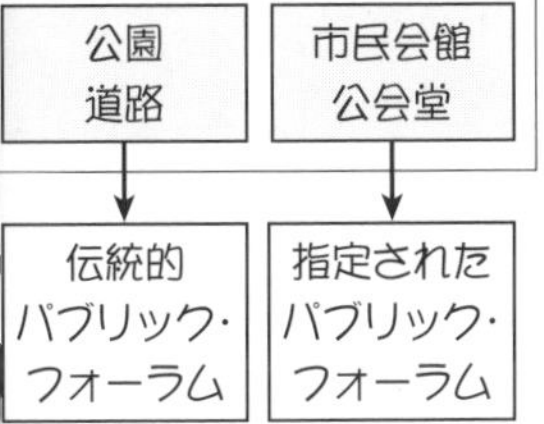

2　しかし、道路や公園は、表現活動のためというよりは、車や歩行者の通行のため、あるいは休息やレクリエーションのために作られるのが普通です。そのため、集会やデモ行進などの表現活動が、通行や息抜きのような他の利用目的と衝突する場合が出てきます。そこで、国は、表現活動とそれ以外の利用目的との調整を図らなければなりません。また、利用や収容できる人数に限りがある場合には、利用者が重なったり、収容人数を超えたりして管理に支障が出ないように事前の調整が必要になります。

このような調整は、事柄の性質上、実際に集会やデモ行進が行われる前に行う必要があります（届出制や許可制）。しかし、事前の調整には、集会やデモ行進を行う人びとの立場や思想を事前にチェックする仕組み（検閲）として使われる危険がともないます〔☞第8

章〕。したがって、その調整は、施設などの管理や運営にとって必要な限度で行われるべきです。

3 最高裁は、これまで、道路や公園、公民館などの利用をめぐる事件においていくつかの調整のための原則を示してきました。第1に、道路や公園、公民館の管理を名目にしながら、実際には、自由な表現活動を禁圧することを直接の目的にするような国の規制は許されません〔☞ 判例7〕。そのような規制は、施設を管理する国の権限を越えるものだからです。

判例7　皇居外苑使用不許可事件・最大判昭28・12・23民集7巻13号1561頁

第2に、道路や公園で行われる集会やデモ行進を全面的に禁止しておいて、利用を希望するすべての人に利用申請を行わせて、国が、利用を許可するかどうかを判断するような仕組み（一般的な許可制）は、表現の自由を保障する憲法の趣旨に反します〔☞ 判例8〕。集会であれデモ行進であれ、公共の福祉に反しない限り、国民が自由に行えることが原則だからです。調整が必要な場所や利用の形態に限って、利用者に事前の申請を求めるのが原則です。

一般的許可制

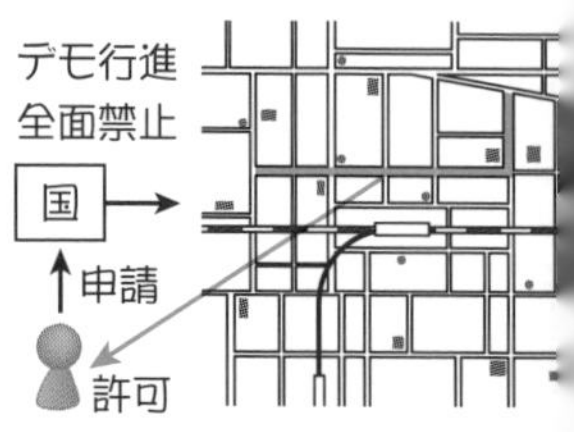

判例8　新潟県公安条例事件・最大判昭29・11・24刑集8巻11号1866頁

第3に、事前の調整が必要な場合には、国は、規制の対象となる表現活動の場所や方法について、合理的で明確な基準を法律や条例で定めていなければなりません（明確性の理論）。基準が不明確だと、表現活動をためらう人が出たり、利用を認めるかどうかを判断する行政庁が差別的な運用を行ったりするおそれがあるからです。基準の明確さは、「通常の判断能力を有する一般人」が理解できる程度のものでなければなりません〔☞ 判例9〕。

判例9　徳島市公安条例事件・最大判昭50・9・10刑集29巻8号489頁

表現活動を規制する法律の言葉があまり明確でない場合、裁判所が解釈によってその輪郭をはっきりさせて、規制を憲法に違反しない範囲に押し込めることがあります。この手法は**合憲限定解釈**と呼ばれます。たとえば、「暴走族」を定義する市の条例の言葉が明確でなく、社会がイメージする「暴走族」以外の集団も規制の対象となることが問題となった事件があります〔☞ 判例10〕。具体的には、「公衆に不安若しくは恐怖を覚えさせるような特異な服装」を着て公共の場に集まる集団を「暴走族」の定義に含めていました。何に不安や恐怖を覚えるかは人それぞれですし、“ちょっと変な”服装を着て公園で踊ったり歌ったりするグループも公園から出ていくよう命じられる可能性もあります。最高裁は、条例の言葉を社会がイメージする「暴走族」に類似する集団に限定しました。しかし、

判例10　広島市暴走族追放条例事件・最判平19・9・18刑集61巻6号601頁

このように解釈によって法律や条令を“救済する”ことには慎重であるべきです。むしろ、表現行為を萎縮させる危険のある法律の言葉については、裁判所は一度違憲と判断した上で、議会に再考を促すべきでしょう。

最後に、道路や公園、公民館での表現活動が公共の秩序を損なうことを理由に規制する場合、国は、「公共の安全に対し明らかに差迫った危険を及ぼすことが予見される」ことを示さなければなりません（明白かつ現在の危険のテスト）〔☞ 判例 8〕。とりわけ、公民館の利用については、「人の生命、身体又は財産が侵害され、公共の安全が損なわれる危険を回避し、防止することの必要性」が、表現の自由や集会の自由に優越する場合に限られます〔☞ 判例 11〕。

判例 11　泉佐野市民会館事件・最判平 7・3・7 民集 49 巻 3 号 687 頁

パブリック・フォーラムではない場所での表現活動

1　公園や道路以外にも、多くの人が集まりそうな場所はあります。たとえば、鉄道や地下鉄などの構内や空港などは、道路や公園以上に多くの人が行き交う場所です。また、郊外に大きなショッピングセンターができて、多くの人が車で買い物などに出かけるようになれば、街中の道路にはあまり人が出なくなるでしょう。むしろ、ショッピングセンターでビラやチラシなどを配ったほうが、多くの人に読んでもらえる可能性があります。

しかし、このような場所は、古くから表現活動に適した場所であるとは考えられてきませんでしたし、表現活動がその場所や施設の本来の用途を妨げるおそれもあります。また、ショッピングセンターや団地の多くは、民間の人たちによって管理されています。そのため、道路や公園などのパブリック・フォーラムに適用される調整の原則がストレートに当てはまる場所や施設ではありません。

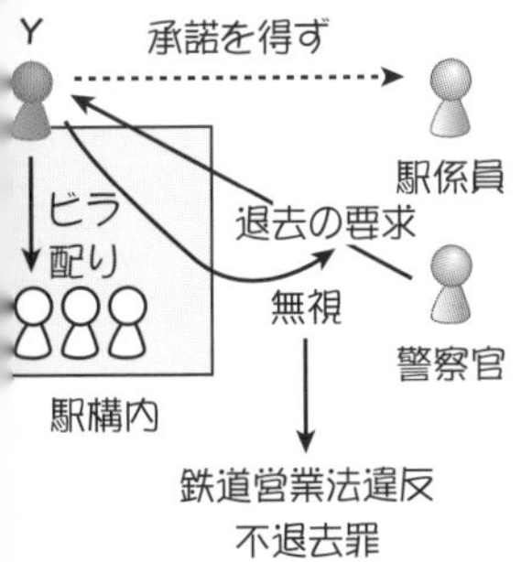

2　最高裁は、民間の鉄道会社が管理する駅構内でのビラ配りが問題となった事件で、駅係員の承諾を得ずにビラ配りしたことを処罰しても、憲法 21 条に違反しないと判示しました〔☞ 判例 12〕。この事件は、国の管理する施設での表現活動が処罰された事件ではありませんが、設問を考えるうえで参考になります。最高裁は、一般論として、表現の自由も「公共の福祉のため必要かつ合理的な制

判例 12　最判昭 59・12・18 刑集 38 巻 12 号 3026 頁

限」を受けると述べます。つづけて、ある行為が「たとえ思想を外部に発表するための手段であっても、その手段が他人の財産権、管理権を不当に害するごときものは許されない」として、駅係員の制止を無視してビラを配りつづけた行為を処罰することは許されるとしました。

3 公務員宿舎やマンションのような集合住宅に無断で立ち入って、その住人の郵便受けなどにビラを投函する行為が、刑法が禁止する住居侵入に当たるとして起訴されるケースが、近年増えてきました〔☞刑法130条〕。住居侵入罪が保護しようとしている利益は、住居や邸宅に住む人の平穏であると解されています。したがって、この規定は、表現活動を直接規制する目的で定められたものではありません。しかし、ビラを住宅のポストに入れるためには、その住居の一部に立ち入る必要がありますので、その行為が住居侵入に当たるということになれば、結果的に、ビラ配りができなくなります。

最高裁は、自衛隊基地に隣接する自衛隊の宿舎で反戦ビラを配る行為を住居侵入として処罰したとしても、憲法21条に違反しないと判断しました〔☞ 判例13 〕。最高裁は、この宿舎を、防衛庁（現防衛省）の職員とその家族が「私的生活を営む場所」と性格づけ、一般の人が自由に出入りできる場所ではないとしました。そのうえで、表現活動のためとは言え、管理者の意思に反して建物に立ち入るのは、管理者の「管理権」を侵害するだけでなく、私的生活を営む居住者の「私生活の平穏」を侵害すると判示しました。

刑法130条　正当な理由がないのに、人の住居若しくは人の看守する邸宅、建造物若しくは艦船に侵入し……（た）者は、3年以下の懲役又は10万円以下の罰金に処する。

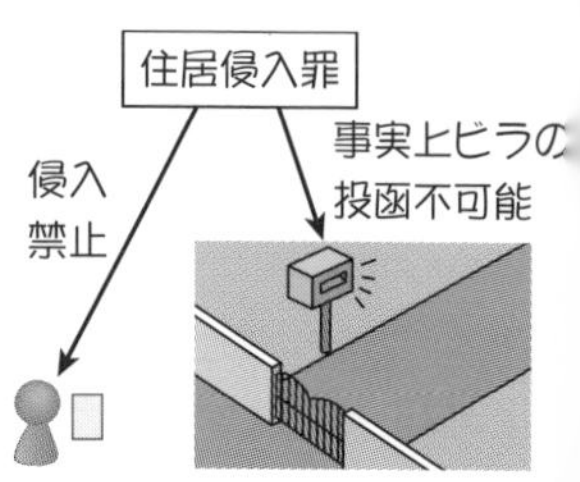

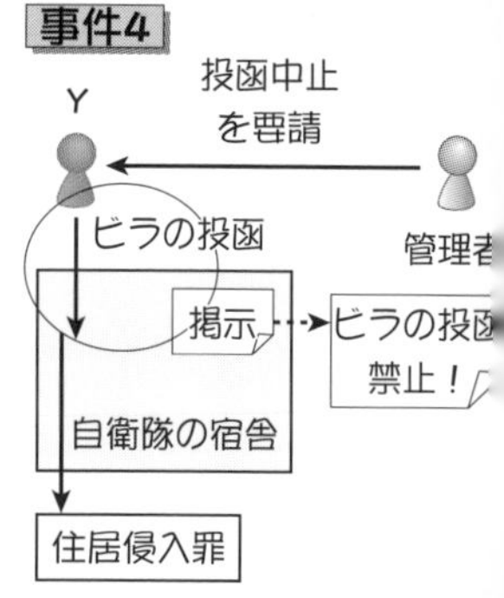

判例13　立川基地反戦ビラ事件・最判平20・4・11刑集62巻5号1217頁

4 この判決には、学説からの批判があります。この事件で問題とされたビラの内容は、自衛隊の海外派遣を決めた国の決定を批判するものであり、このような政治的な表現に対する制限が争われている場合には、裁判所は、事実に即してもっと丁寧に審査すべきです。ビラ配りという表現活動が、実際に、自衛隊宿舎の管理権や住民の私生活の平穏を「不当に害する」ものであったかを、もう少し具体的に示す必要があります。

また、ビラ配りを禁止する宿舎のルールの運用として、宅配ピザの広告のような商業用のチラシについては、その配布が黙認されているとすれば、この規制は、内容に基づく規制であることを強く疑わせます。内容中立的規制が、国にとって不都合な表現活動を取り締まる“隠れ蓑（みの）”として使われていないかを、裁判所は慎重に検討すべきです。さらに、メッセージが特定の人や集団に宛てられている場合には、そのコミュニケーションの通路を完全に遮断してしまうことは、送り手だけでなく、受け手の知る権利をも侵害するおそれがあります。この点も、裁判所はしっかり考慮すべきです。

5　ビラ配りに関して2つの最高裁判決が注目されます〔☞ 判例14、判例15〕。この事件は、ビラ配りが住居侵入罪に問われた判例13とは違って、公務員が政党の機関誌等を集合住宅に配付する行為が、国家公務員法によって禁止されている公務員の「政治的行為」に当たるかどうかが争われました〔☞国家公務員法102条①〕。法律が禁止する「政治的行為」には、「政党その他の政治的団体の機関紙たる新聞その他の刊行物を発行し、編集し、配布し又はこれらの行為を援助すること」も含まれていました（人事院規則14－7）。最高裁は、かつて、郵便局員による選挙ポスターの掲示が問題となった**猿払事件**において、公務員の政治活動を一律に禁止する国家公務員法を合憲と判断しています〔☞ 判例16〕。公務員の政治活動の禁止は、行政の活動が政治的に偏っているという疑いを国民に抱かせないためにどうしても必要な規制であるとされたのです。

この2つの最高裁判決は、猿払事件判決を前提としながら、公務員によるビラ配りが法律により禁止される「政治的行為」に当たるかどうかを実態に即して判断する姿勢を見せています。まず、人事院規則に規定されている「政治的行為」は、いずれも、公務員の仕事が政治的に中立な仕方で行われることを「実質的に」損なうおそれのある類型の行為であるとされました。そのうえで、定型的な仕事を任されている管理職でない公務員が、休日、公務員であることを知られないように政党の機関誌を配ることは、公務員の職務の遂行の政治的中立性を実質的に損なうものではない、と最高裁は判断しました〔☞ 判例14〕。このような姿勢は、自衛隊宿舎の管理権や住民の私生活の平穏を「不当に害する」ものであったかを抽象的にしか判断しなかった判例13とは異なります。表現の自由の重要性を考えれば、判例14と判例15の姿勢のほうが妥当でしょう。

国家公務員法102条　職員は、政党又は政治的目的のために、寄附金その他の利益を求め、若しくは受領し、又は何らの方法を以てするを問わず、これらの行為に関与し、あるいは選挙権の行使を除く外、人事院規則で定める政治的行為をしてはならない。

判例14　目黒社会保険事務所年金審査官事件・最判平24・12・7刑集66巻12号1722頁

判例15　厚生労働省課長補佐事件・最判平24・12・7刑集66巻12号1337頁

判例16　猿払事件・最大判昭49・11・6刑集28巻9号393頁

Mini Lecture 5　人権の私人間適用

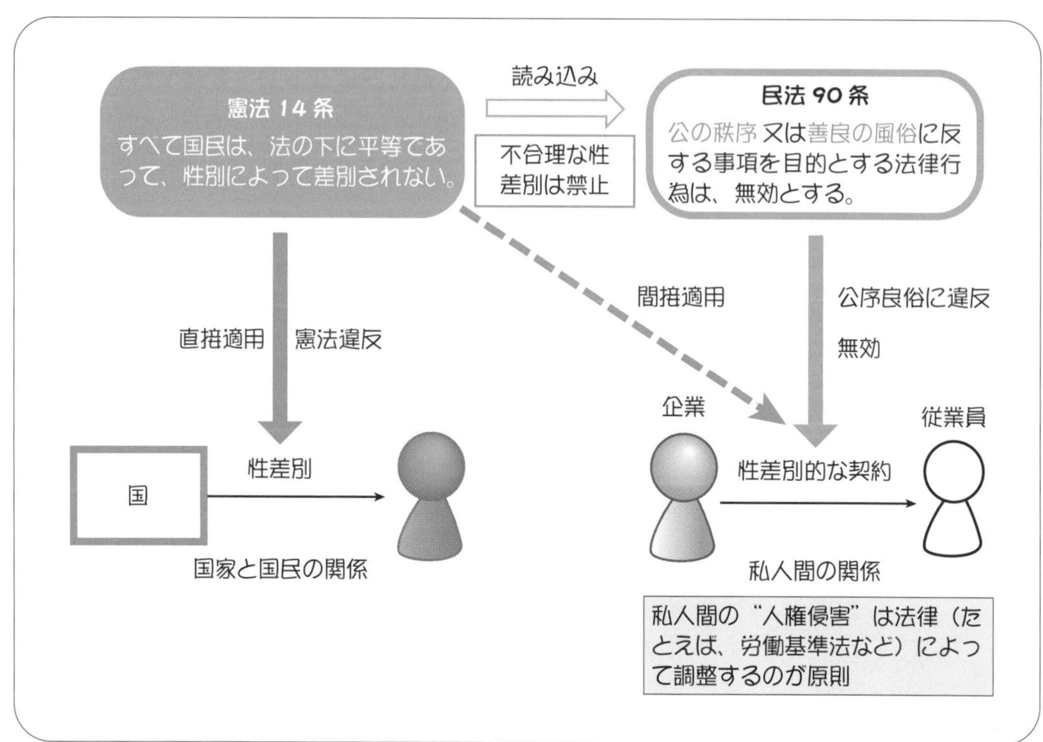

憲法 14 条
すべて国民は、法の下に平等であって、性別によって差別されない。
読み込み
不合理な性差別は禁止
民法 90 条
公の秩序 又は善良の風俗に反する事項を目的とする法律行為は、無効とする。
直接適用
憲法違反
間接適用
公序良俗に違反
無効
企業
従業員
国
性差別
性差別的な契約
国家と国民の関係
私人間の関係
私人間の“人権侵害”は法律（たとえば、労働基準法など）によって調整するのが原則

1　近代の憲法は、国の権力を制限するためのものです。憲法に組み入れられた人権もまた、国の活動を制約したり、国が実現すべき目標を定めたりするものです。したがって、人権は、その性質上、国民と国家との関係を規律するものであって、国民同士（私人間）の関係に適用されるべきものではありません。

しかし、私たちの生活のある部分を取り上げれば、国家以上に私たちの生活に強い影響力を持つ組織（企業やマスコミなど）があります。このような組織が、他の私人を差別したり、自由な表現活動を妨げたりする場合があります。このとき、差別を禁止する憲法14条や表現の自由を保障する憲法21条が私人間にも適用できないかが問題となります。

2　最高裁は、政治信条にかかわる質問に答えなかった者を企業が雇い入れなかったことが争われた裁判――**三菱樹脂事件**――で、人権規定を直接私人間に適用することを否定しました〔**判例** 最大判昭48・12・12民集27巻11号1536頁〕。私人間における“人権侵害”については、法律によって適切に調整するのが原則だとされました。

ただし、最高裁は、民法90条のような私法の一般条項に人権規定の趣旨を読み込むことで、ひどい“人権侵害”についてはこれを是正する方法もあると述べています（間接適用説）。たとえば、女性従業員の定年の年齢を男性よりも低く定めた企業の規則は、不合理な性差別を禁止する憲法14条の趣旨が間接的に考慮されて、裁判で無効とされました〔☞第4章〕。

第10章 経済的自由

国による経済規制を縮小・撤廃する「規制緩和」の流れは、日本経済と日本社会の姿を大きく変えました。それまでは、業界のなかに小さくても居場所を見つけることができれば、その業界全体を統率する国の保護のもと、苦しくても何とかやっていくことのできる仕組みが日本経済の至るところに見られました。しかし、この「落ちこぼれゼロ方式」（護送船団方式）は、1990年半ば以降、その牙城（がじょう）とも言える金融業界においてすら崩壊しました。

いまや日本経済の原則は、国による規制と保護ではなく、市場における自由と競争です。経済活動を縛る国の規制は、自由な競争を阻害する悪弊として槍玉に挙げられ、自由な競争こそが、生産の効率性を高め、商品やサービスの質を向上させるというわけです。しかし、企業の経済活動は、ときに人間と地域社会を破壊するほどの大きな力を持っています。私たちは、1960年代の高度成長期における産業公害が、いまなお地域の人びとを苦しめつづけていることを忘れてはなりません。

規制緩和は、日本社会のありようをも劇的に変えました。その最たる例が、派遣労働をめぐる規制緩和です。これまで私たちにとって当たり前だった働き方は、“学校を卒業して、正規労働者として会社に入り、勤続年数に応じて給与や地位が上がっていく”というものでした。しかし、2003年の法改正により、派遣労働が自動車や電化製品を製造する業種にまで拡大され、日本の労働者全体における非正規労働者（派遣やパート）の数が一気に増えました。日本の労働者の4割が、非正規労働者と言われています。それが、日本社会における格差や貧困の問題を生む1つの原因ともなっています。

経済活動が社会全体に大きなインパクトを持つ以上、国は、その活動を完全に野放しにすることは許されません。経済活動の自由とそれに対する国の規制とのバランスをいかにとっていくかを問い直す必要があります。

経済的自由と社会的な制約

1　日本国憲法は、職業選択の自由、居住・移転の自由、財産権をそれぞれ基本的人権として保障しています〔☞憲法22条①、29条〕。職業選択の自由、居住・移転の自由、財産権は、人権の体系のなかでは、経済的自由に分類される人権です。

経済的自由は、封建的な支配関係の下で身分や土地に縛られていた市民が、その支配を脱して、自由な経済活動を求めて主張した権利でした。資本主義経済の発達のためには、市民社会の成立が欠かせません。土地のしがらみから逃れ自由に住むべき場所を定め、生まれとは関係なく自分の就く職業を選択できなければなりません。また、自由に使うことのできるお金や土地などの財産を利用し、他人と対等な立場で商売上の取引を行い、その営業を通じて富を増やすことが許されていなければなりません。17世紀以降、富を蓄え急速に力をつけてきた市民の要求を反映して、近代の人権宣言において、経済的自由は「神聖不可侵」の権利として手厚く保護されました（フランス人権宣言17条）。

資本主義経済がさらに高度に発展するにつれて、資本家と労働者の利害が厳しく対立するとともに、労働条件や労働環境の悪化、失業や貧困といった「社会問題」が深刻化していきます。19世紀半ば以降、こうした社会問題の緩和や解消のために積極的な役割を果たすことが国家に求められるようになりました〔☞第11章〕。そのため、国家の役割を警察、防衛、外交などの消極的なものにとどめようとする自由主義的な経済体制は、20世紀に入って、大きな修正を迫られることになります。福祉国家への転換です。

しかし、現代の資本主義経済においても、“自分の生活は自分の責任で維持すべきである”という原則は、基本的には維持されています。そして、日常の生活に欠かせない衣食住の確保が、本人の責任であるとすれば、生計を立てるために必要な経済活動の自由を人権として保障することは、今日においても重要な意味を持ちます。また、職業は、私たちの人生の目的と切り離すことのできないものであり、自分の仕事にやりがいを見つけることができるかどうかは、個人の幸福追求や自己実現を大きく左右します〔☞第2章〕。この点は、最高裁も認めています〔☞ 判例1-1 〕。

憲法22条①　何人も、公共の福祉に反しない限り、居住、移転及び職業選択の自由を有する。
憲法29条　財産権は、これを侵してはならない。
②　財産権の内容は、公共の福祉に適合するやうに、法律でこれを定める。
③　私有財産は、正当な補償の下に、これを公共のために用ひることができる。

判例1-1　薬事法事件・最大判昭50・4・30民集29巻4号572頁
職業は、人が自己の生計を維持するためにする継続的活動であるとともに、分業社会においては、これを通じて社会の存続と発展に寄与する社会的機能分担の活動たる性質を有し、各人が自己のもつ個性を全うすべき場として、個人の人格的価値とも不可分の関連を有するものである。

2 資本主義経済が高度に発展するにつれて、近代の人権宣言において神聖不可侵の権利とされていた財産権の行使にも、一定の「社会的な制約」がともなうと考えられるようになってきました。そして、20世紀初頭に制定されたワイマール憲法では、「義務をともない、その行使は、同時に公共の福祉に役立つべき」権利と規定されるに至りました。

財産権の社会的な制約

1

2

自分が所有する財産の利用や処分が、完全に所有者の自由に委ねられたならば、他人や社会全体に重大な害悪をもたらすことは明らかです。たとえば、自分の土地だからと言って、自由にどんな高い建物でも建てられるとすれば、近隣に住む人は、日陰になったり、風通しが悪くなったり、電波の受信に障害が出たりと、生活上の不便や不利益を強いられることになります。また、自分の土地だからと言って、周辺への影響も調べずに有害な物質を埋め立てれば、有害な物質が地下水に流れ込んで、近隣の住民だけでなく社会全体に大きな健康被害をもたらす危険があります〔1〕。

それだけでなく、人が利用できる土地や資源には限りがあります。国は、国民生活を向上させるために、道路や鉄道、空港を整備したり、公園や公民館などの公共施設を作ったりする必要があります。そのために使える土地は無尽蔵にあるわけではないので、場合によっては、個人が所有する土地の提供を求めなければなりません〔2〕。

日本国憲法は、経済的自由を保障する22条と29条の条文に「公共の福祉」の文言を入れています。しかし、精神的自由を保障する19条（思想・良心の自由）、20条（信教の自由）、21条（表現の自由）、23条（学問の自由）の条文には、「公共の福祉」という文言はありません。この違いについては、経済的自由の行使には一定の社会的な制約がともない、そのため国の規制に服する場合が比較的多いことから、憲法は、「公共の福祉」を明記しているのだと解されています。

職業選択の自由と規制の類型

1 経済的自由の1つに、職業選択の自由があります（22条）。職業選択の自由を文字通りに理解するならば、自分の就く職業を自由に選択できることを保障する権利ということになります。調理師免許を取ってレストランを開業することも、プロ野球選手として球団と選手契約を結ぶことも、自動車メーカーに正社員として入社することも、公務員試験を受験して東京都の職員になることも、自分の生計を立てるための仕事を選ぶという点では、職業選択にほかなりません。憲法は、まず、自己の従事すべき職業を決定する自由を保障しています（狭義の職業選択の自由）。

また、職業選択の自由は、選択した職業を継続的に行う自由の保障をも含むものと理解されています。職業が自分や家族の生計を支えるための活動であることから、就いた職業から利益なり給料なりが継続して得られなければ、意味がありません。したがって、自分の都合のため仕事を続けられなくなったり、経営が行き詰まって転業や廃業を決めたりしない限りは、選んだ職業を続けていく自由が保障される必要があります（職業遂行の自由）。

さらに、独立して事業を起こした人には、業者や顧客などとの経済取引を通じて利益を上げる自由が保障されると解されています。たとえば、生花店を経営しようとする人は、開店資金を銀行から融資してもらい、立地を考えて病院の近くに店舗を借り、園芸農家から生花を仕入れて、病院に入院する患者を見舞いに行くお客さんに、アレンジした花束を売ることになるでしょう。このような職業活動のプロセス全体が、職業遂行の自由として憲法上の保護の対象となります。営利を目的として自ら事業を営む人の職業遂行の自由は、とくに「**営業の自由**」と呼ばれます。

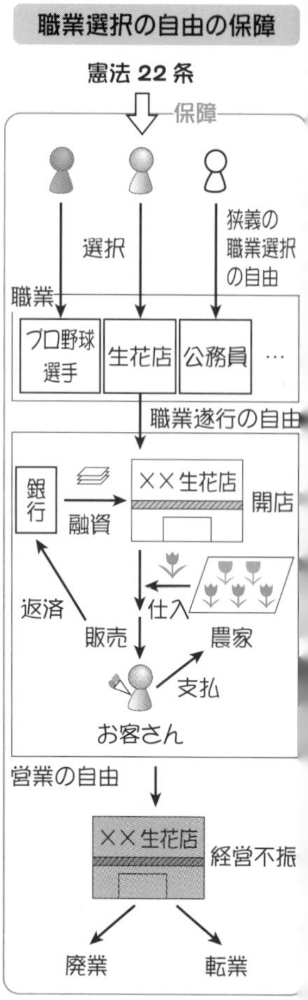

職業選択の自由の保障

2 職業は、多数の人びととのお金や商品・サービスのやりとりをともなう経済活動であり、商品やサービスを提供することで他人の日常の生活に深くかかわることになります。また、新製品の開発や斬新な販売戦略は、同業者の経営の存続を脅かすだけでなく、関係する業界で働く労働者とその家族の生活にも影響を与えます。このような経済活動がもたらす複雑な相互作用のために、職業選択の自由は、精神的自由に比べて、国の規制を招きやすいと考えられています。

職業活動に対する国の規制は、規制の目的の観点から、**①消極目的規制**と**②積極目的規制**の２つに大別されます。

規制目的の区別

営業規制	消極目的規制 ‖ 国民の生命・財産等の保護
	積極目的規制 ‖ 社会的劣位者の保護

規制目的の区別

- **消極目的規制**：消極目的規制とは、経済活動から引き起こされる国民の生命や健康、財産などに対する害悪を国が緩和したり、除去したりするために行う規制である。**内在的規制**あるいは**警察的規制**と言われることもある。たとえば、薬局での不良医薬品の販売により国民の健康が損なわれることのないようにするために、薬剤師の資格を持たない者による医薬品の販売を禁止する規制が、この規制に当たる。
- **積極目的規制**：積極目的規制とは、日本経済全体の調和のとれた発展を図ったり、経済的に苦しい立場に置かれている人びとを保護したりするために行う規制である。**政策的規制**と言われることもある。たとえば、自家風呂の普及のため銭湯の経営が年々困難になっている一方で、自家風呂を持たない家庭にとっては、銭湯は欠くことのできない施設である。そこで、国は、経営基盤の脆弱な銭湯が共倒れすることを防ぐために、既存の銭湯を保護し、銭湯の新規開業を規制する場合がある。この規制は、積極目的規制に当たる。

職業活動

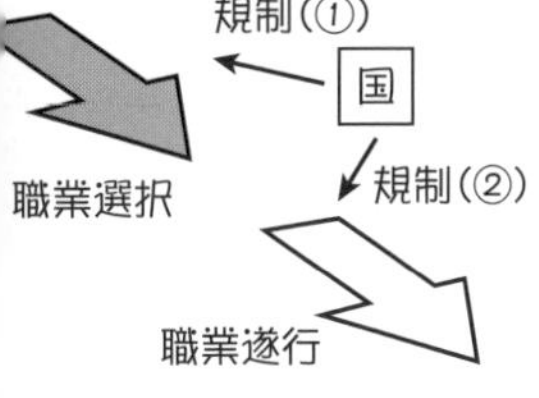

3　また、職業活動に対する規制は、職業活動のどの段階に規制をかけるかによって、**①職業選択の自由そのものに対する規制**と**②職業遂行の自由に対する規制**の２つに大別されます。一般に、特定の職業に従事する道を閉ざしてしまう可能性のある、職業選択の自由そのものに対する規制（①）は、職業遂行の自由に対する規制（②）よりも、個人にとって厳しい規制方法だと言えます。

理容業法11条①（理容業を始めようとする人は）、理容所の位置、構造設備、……管理理容師その他の従業者の氏名その他必要な事項をあらかじめ都道府県知事に届け出なければならない。

風俗営業法３条①（麻雀荘やパチンコ店を開業しようとする者は）、風俗営業の種別……に応じて、営業所ごとに、当該営業所の所在地を管轄する都道府県公安委員会……の許可を受けなければならない。

職業活動に対する規制方法

- **届出制**：届出制では、特定の営業活動を行うことを国に通知し、届出を求められている事項について適切に記載されていれば、届出の義務は果たされたことになる〔☞理容業法11条①〕。
- **許可制**：許可制では、国が特定の営業活動に従事することを一般的に禁止したうえで、一定の要件を満たした者に、申請に基づき営業の許可が与えられる〔☞風俗営業法３条①〕。

- **資格制**：資格制では、資格試験に合格するなどして国家資格等を取得した者にのみ、業務に従事することを認める〔☞医師法２条〕。
- **特許制**：特許制では、電気やガス、鉄道などの公益事業については、国は、事業を経営する能力を持つ者に、その事業を行う特権を与え、事業計画や料金設定などについて監督する権限を持つ〔☞電気事業法３条①〕。

医師法２条　〔医師として医療行為を行うためには〕、医師国家試験に合格し、厚生労働大臣の免許を受けなければならない。

電気事業法３条①　電気事業……を営もうとする者は、経済産業大臣の許可を受けなければならない。

積極目的規制と小売市場判決

1　職業選択の自由は、社会的な制約をともなう権利であることから、精神的自由に比べて規制に服す可能性が高いと言っても、基本的人権である以上、規制は必要最小限度にとどめられるべきです。しかし、初期の判例には、「公共の福祉」を制約の根拠にして、職業活動に対する規制の合憲性を簡単に認めてしまう傾向がありました。そこには、公共の福祉の内容について厳密に定義したり、将来の判決の指針となるような一般的な基準を立てたり、あるいは、職業活動に対する規制を根拠づける立法の目的について事実に即して検討するという姿勢は、あまり見られませんでした。

初期の代表的な判決

- **古物営業の許可制**：古物営業法によれば、他人が一度使用した物や、使用するために入手した物（「古物」）を取引しようとする質屋などの業者は、古物商の営業許可を取らなければならない。最高裁は、古物商に流れる盗品の発見や、犯罪の防止・検挙などのために必要な規制であるとし、規制を合憲とした〔☞ 判例２ 〕。
- **タクシー営業の許可制**：当時の自動車運送法によれば、許可を得ずに自家用自動車を使い、料金を取って、乗客を運送することは禁じられていた。最高裁は、道路運送の総合的な発展が公共の福祉の増進につながるとして、規制を合憲とした〔☞ 判例３ 〕。

判例２　最大判昭28・3・18刑集７巻３号577頁
〔古物営業について営業許可制をとるのは〕贓物の相当数が古物商に流される現実の事態に鑑み、その流れを阻止し、又はその発見に努め、被害者の保護を計ると共に犯罪の予防、鎮圧乃至検挙を容易にするために必要であり、右は国民生活の安寧を図り、いわゆる「公共の福祉」を維持する所以であるからである。

判例３　最大判昭38・12・4刑集17巻12号2434頁
道路運送法は道路運送事業の適正な運営及び公正な競争を確保するとともに、道路運送に関する秩序を確立することにより道路運送の総合的な発達を図り、もつて公共の福祉を増進することを目的とするものである。そして同法が自動車運送事業の経営を各人の自由になしうるところとしないで免許制をとり、一定の免許基準の下にこれを免許することにしているのは、わが国の交通及び道路運送の実情に照らしてみて、同法の目的とするところに副うものと認められる。

事件 1

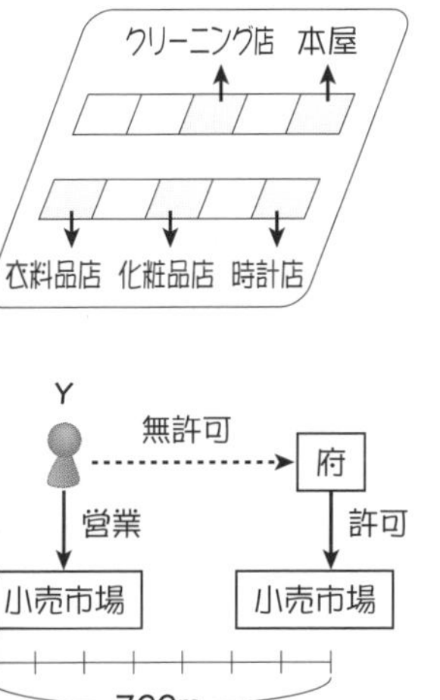

2 営業規制が職業選択の自由を侵害するという主張を、公共の福祉を理由に簡単に退けるという判例の流れを変えたのが、1972年の**小売市場事件**の最高裁判決でした〔☞ **判例 4**〕。この事件で争われたのは、小売商業特別措置法という法律でした。この法律は、1つの建物の中に10以上の小売商が入って営業している小売市場を、国の許可を受けることなく開設・経営することを禁じていました。法律が小売市場について許可制をとった理由は、小売市場が濫立することによって、それぞれの市場で営業する零細な小売商が過当な競争を強いられ、結果的に、経営が行き詰まって共倒れすることを防ぐことにありました。

大阪府は、この法律に基づいて、小売商の過当競争を避けるために、小売市場を新規に出す場合、既存の小売市場との距離が、利用できる道路の最短距離で測って700メートルに満たないときには、許可を与えない旨の内規を定めていました。このような規制は、「**距離制限**」と呼ばれます。本件の被告であるYは、大阪府から許可を得ないまま小売市場の営業を開始したために、起訴されました。第1審、控訴審ともに、小売市場に対する許可制は、Yの職業選択の自由を侵害するものではなく、憲法22条に違反するものでは

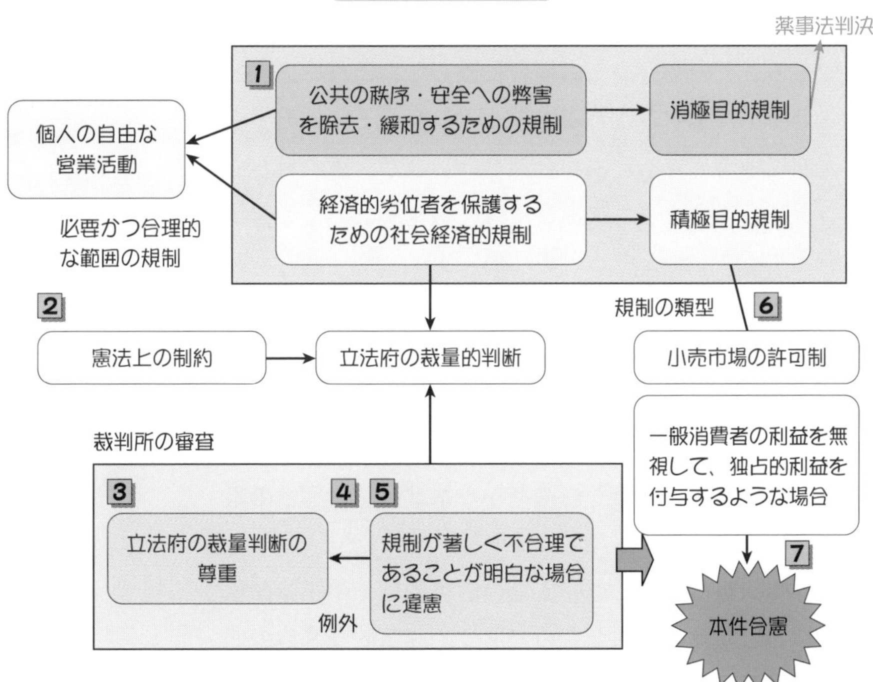

ないと判断し、Yを有罪とする判決を下しました。

小売市場判決の論理

1 最高裁は、まず、営業規制の目的を2つのタイプに区別します。第1は、自由な経済活動から、社会の安全や秩序の維持にとって見過ごしにできない害悪が生じたときには、この害悪を除去・緩和するための規制です（消極目的規制）。第2は、福祉国家の理想から、経済的に不利な立場にある人びとを適切に保護するための規制です（積極目的規制）。

2 最高裁は、“積極目的規制は、その目的を達成するための必要で合理的な範囲にとどまる限り、憲法の禁止するところではない”という原則を示します。しかし、積極目的からする営業規制についても、憲法上の制約があることを認めます。

3 ただし、最高裁は、積極目的規制については、営業規制を行う必要があるか、営業規制を行うにしても、何を規制の対象とし、どのような規制の方法をとるかについては、立法府の判断を待つほかないとして、立法府の判断をできる限り尊重する姿勢を示します。裁判所は**立法裁量**を尊重することを建前とします。

4 もちろん、立法府の裁量判断を尊重すると言っても、裁判所は、無条件にその判断を追認するわけではありません。最高裁は、「立法府がその裁量権を逸脱し、当該法的規制措置が著しく不合理であることの明白である場合に限って、これを違憲として、その効力を否定することができる」と述べます。要するに、営業規制に納得できる理由が全然ないことが、誰の目から見てもはっきりしているような場合には、裁判所は、その営業規制を違憲とすることができると言うのです。

5 しかし、誰が見ても、規制することに全然理由がないといったことは、そうあるものではありません。国民を代表する立法府が審議し、多数決で決定した営業規制には、それ相応の根拠があるはずです。したがって、最高裁が示した違憲審査基準は、かなり緩(ゆる)いものです。このような緩やかな基準は、**合理性の基準**とか、**明白性の原則**と呼ばれています。

6 さて、本件で問題となった小売市場の許可制は、中小企業保護政策の一環として設けられたものであり、経済的な基盤の弱い小売商を過当競争によってもたらされる共倒れの危険から保

判例4 小売市場事件・最大判昭47・11・22刑集26巻9号586頁
法的規制措置の必要の有無や法的規制措置の対象・手段・態様などを判断するにあたっては、その対象となる社会経済の実態についての正確な基礎資料が必要であり、具体的な法的規制措置が現実の社会経済にどのような影響を及ぼすか、その利害得失を洞察するとともに、広く社会経済政策全体との調和を考慮する等、相互に関連する諸条件についての適正な評価と判断が必要であって、このような評価と判断の機能は、まさに立法府の使命とするところであり、立法府こそがその機能を果たす適格を具えた国家機関であるというべきである。

護するための規制です。したがって、**積極目的規制**に属します。

7 最高裁は、積極目的規制の合憲性を審査する合理性の基準を本件に適用して合憲の結論を導きました。本件の営業規制は、①消費者の利益を犠牲にして小売商に独占的な利益を与えるものでもないし、②規制の対象も絞られている、ということがその理由でした。

この小売市場事件の最高裁判決は、積極目的規制の合憲性審査のあり方について1つの立場を示したものです。もう1つの消極目的規制の合憲性をどのように審査するかの判断は、後の判決に委ねられました。その判断を示したのが、**薬事法事件**の最高裁判決でした。

消極目的規制と薬事法判決

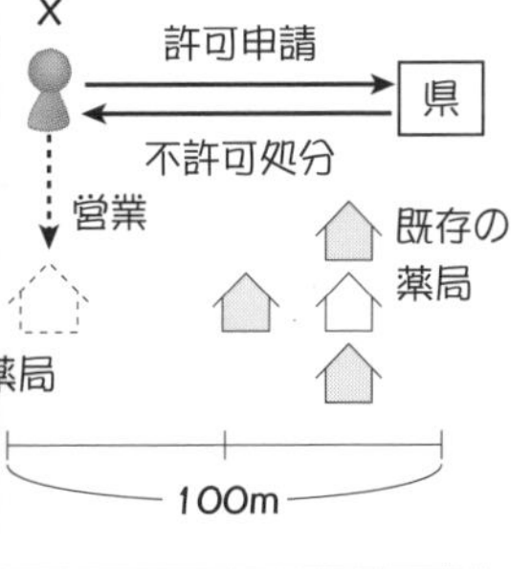

1 薬事法もまた、小売商業調整特別措置法と同じように、薬局の新規開設には国の許可が必要であるとし、薬局の濫立や遍在を防止するために距離制限の規定を置いていました。広島県は、薬事法に基づいて条例を定めて、薬局を適正に配置するという目的のために、既存の薬局から水平最短距離で100メートル離れていることを、薬局の新規開設の許可の条件としました。

スーパーマーケットを経営するXは、その店舗内で医薬品を販売しようと計画し、広島県に薬局開設の許可を申請しましたが、県知事により不許可の処分を受けました。Xの店舗から水平距離で55メートルのところにすでに1軒薬局があり、半径100メートル圏内には3軒の薬局があったため、Xは、距離制限の規定のために許可が得られなかったのです。そこで、Xは、この距離制限がXの職業選択の自由を侵害するものであることを理由に、薬局開設の不許可処分の取消を求めて訴訟に及びました。

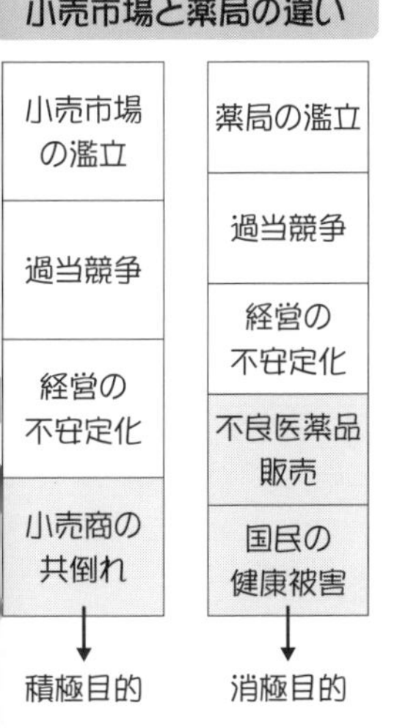

2 この薬事法の距離制限と小売市場の距離制限とでは、規制目的の定め方に違いがありました。

小売市場の距離制限の場合、規制の究極の目的は、経営基盤の弱い小売商を保護することでした。それに対して、薬事法の距離制限は、薬局それ自体の保護ではなく、過当競争により経営が悪化した薬局が、施設などの不備から不良医薬品を消費者に売り、そのことで国民の健康に被害が及ぶことを避けることを目的としていました。したがって、薬事法の営業規制は、積極目的規制と言うよりは、国民の生命や健康に対する弊害を除去・緩和するための消極目的規制に当たります。この目的の違いを考えるならば、積極目的規制の合憲性が争われた小売市場判決の論理が、消極目的規制である薬事法の合憲性が問題とされた本件にストレートに適用できるかは、議論に余地のあるところでした。

3 最高裁は、薬事法事件では、小売市場事件とは違った論理を採用しました〔☞ 判例1-2〕。小売市場事件では、最高裁は、営業規制が「著しく不合理であることの明白である場合に限って」違憲無効となると判示しました。これは、合理性の基準という最も緩やかな違憲審査基準です。これに対して、最高裁は、薬事法事件では、より厳格な違憲審査基準を用いて、距離制限規定の合憲性を審査しました。

判例1-2　薬事法事件
自由な職業活動が社会公共に対してもたらす弊害を防止するための消極的、警察的措置である場合には、許可制に比べて職業の自由に対するよりゆるやかな制限である職業活動の内容及び態様に対する規制によっては右の目的を十分に達成することができないと認められることを要するもの、というべきである。

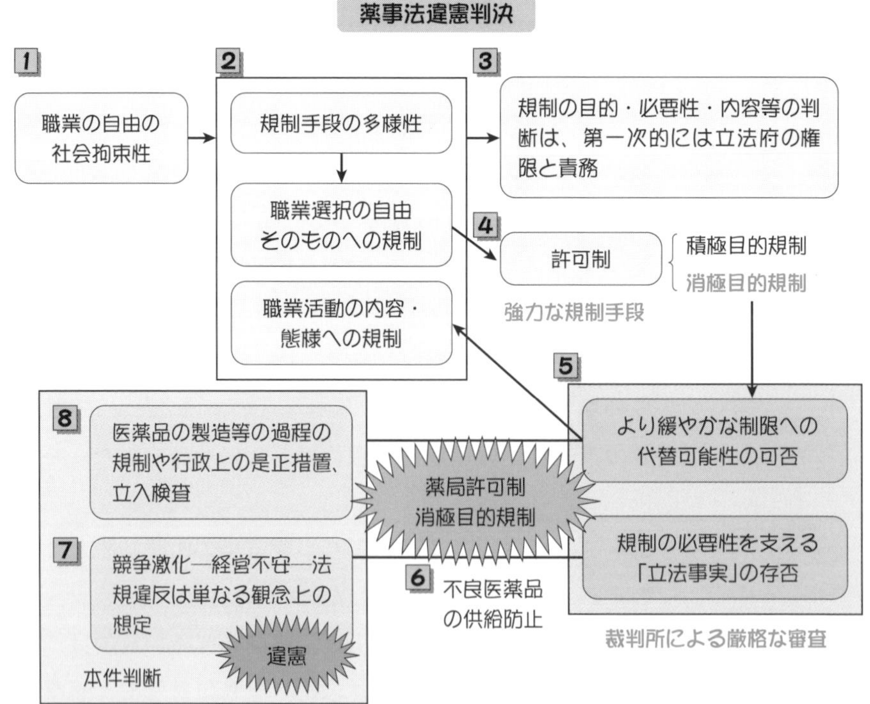

薬事法判決の論理

1 最高裁は、人間にとっての職業の重要性について説いた後で、職業は、「その性質上、社会的相互関連性が大きいものであるから、職業の自由は、それ以外の憲法の保障する自由、殊にいわゆる精神的自由に比較して、公権力による規制の要請」が強い、と言います（二重の基準の理論）。

2 最高裁は、職業の種類や性質、内容、社会に与える影響などが多種多様であり、職業を規制する理由も積極的なものから消極的なものまで千差万別であることを指摘します。それに対応して、規制もさまざまな形態をとりうると述べます。

3 そして、「規制の目的、必要性、内容、これによって制限される職業の自由の性質、内容及び制限の程度を検討し、これらを比較考量」するのは、第１次的には立法府の権限と責務に属するものであり、裁判所は、その立法府の判断を尊重すべきであるとします。

4 しかし、最高裁は、営業規制のなかでも許可制をとる場合には、規制の合憲性を判断するに当たってある程度厳しい姿勢で臨むべきことを示唆します。それは、許可制が、職業選択の自由そのものに対する強力な規制手段であるためです。したがって、許可制をとる場合、「重要な公共の利益のために必要かつ合理的な措置であること」が求められると言います。

5 また、許可制が消極目的規制である場合には、許可制よりも営業の自由にとって制約の弱い方法によって規制が可能かどうかを審査すべきであると述べます。たとえば、職業選択の自由そのものに対する規制ではなく、職業遂行の自由に対する規制である、職業活動の内容や態様による規制で十分に対処できるのに、許可制をとった場合には、違憲と判断されます。この合憲性のテストは、「**より制限的でない他に選びうる手段テスト**」（LRAのテスト）と呼ばれています。

6 最高裁は、薬事法の許可制を消極目的規制と理解したうえで、距離制限規定の合憲性を審査します。最高裁は、まず、不良医薬品の供給を防止し、国民の生命や健康に対する危険を防止するという目的は、「重要な公共の利益」にかかわることを認めます。

7 問題は、この目的を実現するための手段として、距離制限が合理的で必要であるかどうかということです。つまり、薬局の濫立→過当競争→経営の不安定化→不良医薬品の供給という一連の流れが、現実の社会に存在しているかどうかが問われることになります。このような立法の必要性を裏づける社会的な事実は、「**立法事実**」と呼ばれます。最高裁は、薬局の濫立→過当競争→経営の不安定化→不良医薬品の供給という一連の流れはあくまでも観念上の想定にすぎず、現実にどの程度の危険が社会に存在しているかは、はっきりしないと述べて、立法事実の存在を否定しました。

8 かりに、経営の不安定化から、薬局が不良医薬品を販売する危険があるとしても、このような危険には、距離制限ではない規制手段によって十分対処可能であると、最高裁は言います。重点的な監督の強化や抜き打ちの立入検査など、職業活動の内容や態様の規制により、不良医薬品の供給を防止することはできると言うのです。

結局、最高裁は、距離制限の必要性を裏づける立法事実がないこと、そして、より制限的でない他に選びうる手段があることを理由に、薬事法の距離制限規定を違憲と判断しました。

規制目的区分論

1 学説は当初、小売市場事件と薬事法事件の２つの最高裁判決が示した合憲性の判断枠組みを、営業規制の規制目的を軸にして整理しました。小売市場事件は、営業規制のなかでも積極目的規制の合憲性の判断を示したものであり、薬事法事件は、消極目的規制の合憲性の判断基準を示したものであると理解されます。そして、最高裁は、積極目的規制と消極目的規制とで、営業規制の合憲性を判定する基準に違いを設けて、積極目的規制については、立法府の判断に甘い基準を用い、消極目的規制については、より厳しい基準を用いたとされました。

確かに、最高裁が薬事法事件で使った違憲審査基準は、小売市場

規制目的区分論

積極目的規制	緩やかな基準
消極目的規制	厳しい基準

判例5　最判令3・3・18 民集75巻3号552頁

→ 医薬品のネット販売を規制する消極目的規制に対してLRAのテストは適用されず。

判例6　最判令4・2・7 民集76巻2号101頁

→ あん摩マッサージ指圧師などの養成において視覚に障がいのある人を優遇する積極目的規制について立法事実にまで立ち入って審査する。

事件で使った合理性の基準に比べて、かなり厳しいものです。とくに規制の方法について、より制限的でない他に選びうる手段がないかを審査して（LRAのテスト）、別な規制方法でも目的を達成できると、裁判所自らが認定するのは、かなり大胆なことです。通常は、その判断は立法府に任されたものだからです。このような厳しい違憲審査基準は、「厳格な合理性の基準」と呼ばれます。

営業規制の場合、裁判所が立法府の判断を尊重するという建前は変わりません。しかし、薬事法事件では、最高裁は、営業規制の合理性や必要性を根拠づけるような社会的な事実、つまり立法事実の存否にまで踏み込んで判断します。その点で、立法府の判断を簡単に肯定した小売市場事件の最高裁判決とは、異なりました。

2 小売市場事件と薬事法事件で示された最高裁の判断枠組みは、「規制目的区分論」と呼ばれています。しかし、その後、この判断枠組みを杓子（しゃくし）定規に適用すると、たいへんおかしなことになることが、学説によって指摘されました。また近時、この枠組みでは説明できない最高裁判決も出てきました〔☞ 判例5 判例6〕。

公衆浴場規制の目的

公衆浴場許可制	昭和30年	消極目的 ‖ 国民の健康
	平成元年	積極目的？ ‖ 家に風呂のない人と経営者の保護

判例7　公衆浴場事件（昭和30年判決）・最大判昭30・1・26刑集9巻1号89頁

〔公衆浴場の〕その偏在により、多数の国民が日常容易に公衆浴場を利用しようとする場合に不便を来たすおそれなきを保し難く、また、その濫立により、浴場経営に無用の競争を生じその経営を経済的に不合理ならしめ、ひいて浴場の衛生設備の低下等好ましからざる影響を来たすおそれなきを保し難い。

規制目的区分論の問題点

- **予防的な規制の問題**：消極目的規制は、国民の生命や健康や財産を保護するための規制である。経済活動からもたらされる生命や健康などに対するリスクが非常に大きいと予想される場合には、むしろ、国は、重大な結果を避けるために、予防的に広汎な規制を行うべきではないか。たとえば、公害のような一度起きると取り返しのつかない被害を国民に与えるような場合である。このような広汎な規制は、ひょっとすると必要最小限度の範囲を少しはみ出すかもしれない。しかし、それを裁判所が厳密に審査して違憲とすることは、現実的ではないだろう。
- **事実上の無審査の問題**：積極目的規制に適用される合理性の基準は、非常に緩やかな違憲審査基準である。裁判所は、立法府の判断を全面的に支持して、滅多なことでは違憲の判断を下そうとしない。そうすると、積極目的規制の場合は、職業選択の自由という人権の侵害が問題となっているにもかかわらず、裁判所によるチェックは、事実上なきに等しいということになりかねない。

● **振り分け問題**：経済規制を積極目的規制と消極目的規制のどちらか一方に振り分けることにも無理がある。賢い立法者は、法律の文言をいじって、消極目的規制を積極目的規制に書き換えることもできるだろう。また、時の経過のなかで規制の目的が変化する場合もありうる〔☞ 判例7 判例8〕。さらに、どっちの目的にも当てはまらない規制もある。たとえば、お酒を販売する業者に対する免許制は、お酒を買った人が支払う酒税を円滑に徴収するという目的のための規制である。この酒税の円滑な徴収が、積極目的と消極目的のいずれに当たるかは、意見の分かれるところである〔☞ 判例9〕。

判例8 公衆浴場事件（平成元年判決）・最判平1・1・20刑集43巻1号1頁
公衆浴場が住民の日常生活において欠くことのできない公共的施設であり、これに依存している住民の需要に応えるため、その維持、確保を図る必要のあることは、立法当時も今日も変わりはない。むしろ、公衆浴場の経営が困難な状況にある今日においては、一層その重要性が増している。そうすると、公衆浴場業者が経営の困難から廃業や転業をすることを防止し、健全で安定した経営を行えるように種々の立法上の手段をとり、国民の保健福祉を維持することは、まさに公共の福祉に適合する……。
※最判平1・3・7判時1308号111頁参照。

有力な学説は、規制の目的以外にも、違憲審査基準の厳格度に影響を与える考慮要素があると主張します。さらに進んで、考慮要素の中でも規制目的の重要性は、相対的に低いと考えるべきかもしれません。むしろ、規制が個人の自律的な決定や自己実現に与える影響や規制の強度の方が、問題にされるべきでしょう。また、規制目的そのものよりも、裁判所の審査能力が違憲審査基準の厳格度に影響を与えていると見るのが適切です。

基準を緩める要素	基準を引き上げる要素
積極目的規制	消極目的規制
職業遂行の自由に対する規制	職業選択の自由そのものに対する規制
税制など専門技術的な判断を要する規制	個人の能力や技術とは関係のない規制

許可制や免許制は、職業選択の自由そのものに対する規制であり、法律の要件に当てはまる者にしか営業させないという規制ですから、相当に厳しい営業規制ということになります。したがって、このような規制手段が用いられる場合には、裁判所は、厳しく合憲性を判断するよう求められます。また、職業に必要な知識や技術の修得ではなく、距離制限規制のように、本人の努力ではいかんともしがたい条件を課している規制は、職業選択の自由そのものの規制のなかでも特に厳しいものと言えます。これも、違憲審査基準を引き上げる重要な要素です。

逆に、税制など専門技術的な判断が求められ、またその判断が憲法上立法府に委ねられていると考えられる規制については、裁判所は、立法府の裁量を尊重することになります。したがって、違憲審査基準は緩められることになります。

判例9 酒類販売免許制事件・最判平4・12・15民集46巻9号2829頁
1　租税の適正かつ確実な賦課徴収を図るという国家の財政目的のための職業の許可制による規制については、その必要性と合理性についての立法府の判断が、右の政策的、技術的な裁量の範囲を逸脱するもので、著しく不合理なものでない限り、これを憲法二二条一項の規定に違反するものということはできない。
2　酒税法は、酒税の確実な徴収とその税負担の消費者への円滑な転嫁を確保する必要から、このような制度を採用したものと解される。

STEP UP

1. 財産権もまた、経済的自由に属する権利です。職業選択の自由に関する事件で使われる規制目的区分論が、財産権に関する事件にも適用されるかどうかが問題となります。財産権に対する規制についても、規制の目的から消極目的規制と積極目的規制に区別することができます。小売市場判決以前の古い判決ですが、**奈良県ため池条例事件**（最大判昭38・6・26刑集17巻5号521頁）で問題となった規制は、典型的な消極目的規制でした。

ため池の多い奈良県では、古くからため池の堤とう（ため池を囲む土手）で耕作が行われていました。しかし、大雨が降った場合など、堤とうが崩れて洪水が起こる原因となるとして、県が条例を定めて、ため池の堤とうに農作物を植えたり、小屋などを建てたりすることを禁止しました。この禁止は、ため池が決壊して水があふれ出し、付近に住む人の生命や財産などに被害が及ぶのを未然に防ぐための消極目的規制と言えます。この問題を一般的な筋道で考えるならば、ため池の堤とうを利用する財産権の行使が、公共の福祉によって制約を受けるかどうかが問題となるはずです。

しかし、最高裁は別な理屈で、この条例による規制を合憲としました。最高裁の理屈によれば、ため池の堤とうでの耕作などは、付近住民の生命や財産を危険にさらす行為であって、そもそも財産権の行使の「埒外（らちがい）」であるとされました。堤とうを所有しているのに、まったく使えないとしても、つまり、堤とうに対する財産権が“絵に描いた餅”であっても、所有者は、災害を未然に防ぐという目的のためにそれを我慢する「責務」があると言うのです。この場合に、消極目的規制の違憲審査基準である厳格な合理性の基準が適用されたならば、結論は変わったでしょうか。立法事実に科学的な根拠があれば、おそらく結論は変わらなかったでしょう。

2. 薬事法判決以後で財産権の規制が問題となった事件が、**森林法事件**（最大判昭62・4・2民集41巻3号408頁）です。この事件では、共有している森林を持ち分に応じて単独で所有したいと考えた場合、持ち分が1/2を超えている共有者のみが、分割を請求できるとする森林法の規定が争われました。この規定は、分割できる共有物については、持ち分の割合に関わりなく、誰でも分割できるとする民法の原則を修正するものです。たとえば、親の遺産として2人の兄弟が森林を1/2ずつの割合で共有する場合、どちらからも分割請求できないという“にっちもさっちもいかない”状況が生ずることもあり得ます。

最高裁は、この森林法の規制を財産権に対する不当な制約

であるとして違憲と判断しました。最高裁は判断の枠組みを論ずるところで、財産権を規制する目的には「積極的なもの」から「消極的なもの」まで種々様々である点を指摘し、薬事法判決を引用します。判断の枠組みとしては、立法府の裁量を尊重することを原則として、①立法の目的が公共の福祉に合致する「社会的理由」に基づくか、②規制の手段が立法目的を達成するため手段として必要性や合理性に欠けるところはないかを検討するとします。

最高裁は目的審査においては、森林法の立法目的が公共の福祉に合致することをあっさりと認めます。森林経営のためにはある程度の規模がなければならないが、森林の分割を簡単に認めると、森林の細分化を引き起こし、森林経営が立ちゆかなくなるおそれがあります。森林法は、森林の細分化を防止することで森林経営の安定を図り、結果として森林の保続培養と森林の生産力の増進を目指すものであり、このような立法目的は公共の福祉に適うとします。これは、森林法の目的規定を引き写したものです。

最高裁は一転して、手段審査においてかなり厳しい姿勢をとります。次のような理由を挙げて、規制目的とそれを達成する手段との合理的な関連性を認めませんでした。①森林の持ち分が 1/2 ずつの者の意見が対立し、仲違いを起こした場合、森林経営にとって必要な管理や変更ができなくなり、かえって森林を荒廃させること。②森林を単独で所有する者や 1/2 を超える持ち分を持つ者が、森林の分割を行えるのに比べて、持ち分が 1/2 以下の者に限って、森林の細分化を防ぎ森林経営を安定させる必要性が高いと考える理由はないこと。③安定した森林経営に必要な規模は、地域や気候、樹木等の種類によって変わってくるのに、面積や時期を問うことなく一律に森林の分割を認めないのは合理性に欠けること。

3. 森林法判決の審査は、小売市場判決ほど緩やかな審査ではないが、薬事法判決ほど厳しい審査でもありません。森林法の目的は「森林経営の安定」を前面に出せば、積極目的規制と見ることもできます。しかし、最高裁は手段審査については、立法目的とそれを達成する手段との合理的な関連性を簡単に認めることはしませんでした。この森林法違憲判決を最高裁の経済的自由に関する判例の流れの中でどのように位置づけたらよいでしょうか。

規制目的区分論が職業選択の自由に関する最高裁の判断枠組みであるかについて、疑問が呈されています。少なくとも、財産権に関する判例については規制目的区分論を使わずに、規制の必要性や内容、制約を受ける財産権の種類や性質、制限の程度などを比較衡量して、規制が公共の福祉に適合しているかが判断されていると考えられます（証券取引法違反事件・最大判平 14・2・13 民集 56 巻 2 号 331 頁）。財産権とそれに対する規制は、職業選択の自由以上に多種多様であり、具体的な事件に即した判断が求められるからです。

第11章 生 存 権

今の日本経済には、「経済大国」あるいは“Japan as No.1”と呼ばれた頃の勢いは見る影もありません。それでも今なお世界の国々のなかで「豊かな社会」の1つであることは間違いありません。そんな日本において、隣に住んでいる誰かが、何日も食べる物を口にすることができずに「餓死」することなど想像できるでしょうか。

しかし、今や、人の生き死ににかかわる「貧困」は、どこか遠い世界の話ではありません。2007年に、北九州で一人の男性が「孤独死」をしました。その男性は、日記に「ハラ減った。オニギリ食べたーい。25日米食っていない」と書き残して、亡くなったと言います〔『朝日新聞』2007年7月31日朝刊〕。なぜこのような痛ましい事件が、「健康で文化的な最低限度の生活を営む権利」を国民に保障する日本で起こったのでしょうか。

直ちに生死にかかわらないとしても、住むところを失い、毎日食べる物を手に入れることに汲々（きゅうきゅう）とする生活を強いられている人たちもいます。「ホームレス」と呼ばれる人たちです。厚生労働省の調査（2010年1月実施）によれば、目視によって把握した数だけでも、1万3124人の「ホームレス」が確認されています。この人たちが、「健康で文化的な最低限度の生活」を割り込んだ生活を送っていることは明らかです。

生死にかかわる絶対的貧困の問題もさることながら、国民のあいだの生活格差も大きな社会問題となっています。現在、会社で正社員として目一杯働いても、ギリギリの生活すら維持できない人たちがいます。このような労働者は「ワーキング・プア」などと呼ばれましたが、近時、「子どもの貧困」「下流老人」など、新しい「貧困」が「発見」されています。この問題を生存権の観点から考えてみましょう。現在、コロナ禍において、一層厳しい生活を強いられている人もいます。

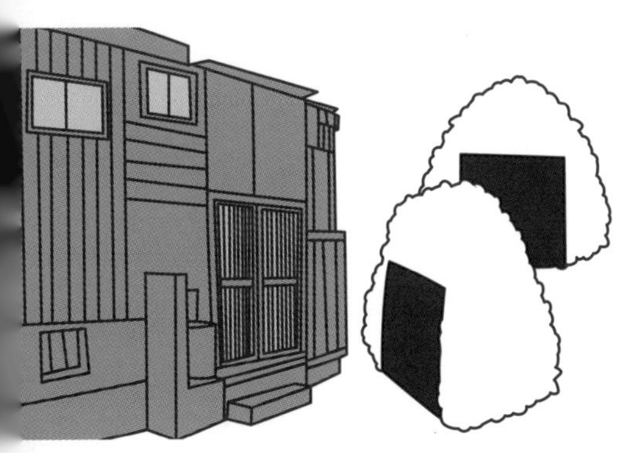

社会権の登場

1 日本国憲法は、人権の分類において「**社会権**」に属する権利をいくつか保障しています〔☞憲法25条－28条〕。社会権は、自由権や参政権に遅れて登場した、“新顔の権利”です。このような社会権を本格的に憲法で保障したのは、1919年に制定された**ワイマール憲法**がはじめてであると言われています。なかでも、「経済生活の秩序は、すべての人に、人たるに値する生存を保障することを目ざす、正義の諸原則に適合するものでなければならない」(151条①) と定めた規定が有名です。この規定は、日本国憲法25条の生存権の規定の“原型”であると考えられています。

社会権の規定が20世紀に入って登場した背景には、高度に発展した資本主義経済のもとでの労働者の悲惨な生活がありました。資本主義経済のもとでは、豊富な資金と生産のための土地や工場や機械を持つ「**資本家**」と呼ばれる人たちは、自分の才覚とお金を頼りに、これらの生産のための手段を使ってさらに大きな利益を追求することができます。そして、資本家は、工場などで実際に生産に当たる労働者を雇い入れます。

その一方で、お金も生産のための手段も持たない**労働者**は、資本家に雇われて働く以外に生計を立てる道はありません。資本主義経済では、資本家は圧倒的に強い力を持っています。資本家は、より大きな利益を得るために、危険な環境で長時間にわたって労働者を働かせようとします。厳しい条件で働くことを拒む労働者がいたとしても、“替え”はいくらでもいると考えます。労働者は、職を失えば生活が成り立たないので、劣悪な労働条件を呑(の)んで働かなければなりません。また、労働者には、怪我や病気、景気の悪化のために職を失い、貧困に陥るという危険がつきまといます。19世紀後半以降、このような劣悪な労働条件や失業、貧困といった労働者をめぐる社会問題に、国が真剣に取り組むことを求められるなかで、生存権という考えが生まれてきたのでした(福祉国家の理念)。

2 社会権もまた、自由権と同じく、人権です。日本国憲法25条は、ワイマール憲法とは違って、「健康で文化的な最低限度の生活を営む」ことは国民の「権利」であると謳(うた)っています。ただ、同じ

憲法25条 すべて国民は、健康で文化的な最低限度の生活を営む権利を有する。
② 国は、すべての生活部面について、社会福祉、社会保障及び公衆衛生の向上及び増進に努めなければならない。
憲法26条 すべて国民は、法律の定めるところにより、その能力に応じて、ひとしく教育を受ける権利を有する。
② すべて国民は、法律の定めるところにより、その保護する子女に普通教育を受けさせる義務を負ふ。義務教育はこれを無償とする。
憲法27条 すべて国民は、勤労の権利を有し、義務を負ふ。
② 賃金、就業時間、休息その他の勤労条件に関する基準は、法律でこれを定める。
③ 児童は、これを酷使してはならない。
第28条 勤労者の団結する権利及び団体交渉その他の団体行動をする権利は、これを保障する。

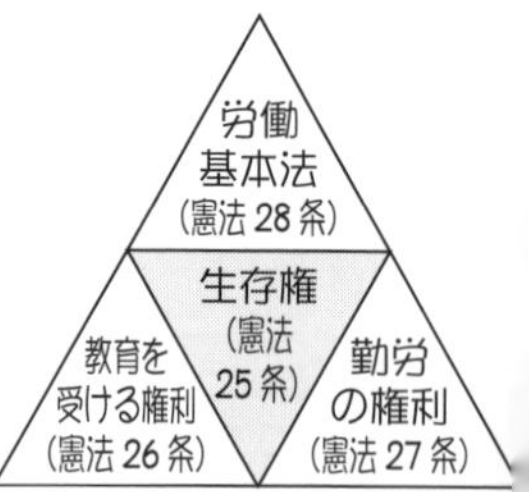

	自由権	社会権
人間の理解	自律的で対等な人間	多様な違いを持った人間
権利の目的	個人の自由と自律的な生き方の保障	社会・経済的に不利な立場にある個人の生存の確保と地位の向上
権利の性格	国家の立入りを禁止する防御権的性格	状況を改善するために必要な支援を求める請求権的性格

人権と言っても、社会権と自由権とでは、権利の性質が異なることに注意しなければなりません。

第1に、自由権と社会権とでは、人間についての見方が異なっています。自由権においては、すべての個人は、自分の人生の目標を自分で定めて、その目標の実現に努める自由で自律的な存在であり、お互いに対等であると考えられています〔☞第2章〕。しかし、現実の社会を生きる人間は、決して自由でも対等でもありません。ほとんどの労働者は、仕事はもちろんのこと、働く場所や働き方を自由に選べるわけではありませんし、労働者と資本家の力の差は歴然としています。それに、私たちはそれぞれ、体力も違えば能力も違います。心身の障がいのように、その違いが、教育や労働などの社会参加を著しく困難にする場合もあります。社会権は、人間をさまざまな違いを持った具体的な存在と捉えます。

第2に、このような人間について見方の違いが、それぞれの権利の目的や性質についての違いを生むことになります。一方で、自由権は、個人が自由に活動できる領域を保護することを目的としています。国は、個人の自由な活動に委ねられた領域、たとえば宗教や学問、経済、私生活といった領域に理由もなく立ち入ることを禁止されます。その意味で、自由権は、国家の介入を防ぐ防御権的な性質を持ちます。

他方、社会権は、現実の社会・経済状況のなかでとくに不利な立場に置かれている人びとに対して人間としての最低限度の生活を保障し、その地位を向上させることを目的としています。病気や怪我をした人、失業した人、あるいは障がいを負った人に対して、国が何の施策も講じないとすれば、彼らの状況はますます悪くなるでしょう。したがって、社会権は、病気や失業、障がいなどのために不利な状況に陥った人びとに対して、その最低限度の生活を保障し、その地位を向上させるために必要な支援を行うよう国に求めます。そのため、社会権は、国に援助を求める請求権的な性質を持ちます。

生存権の保障と社会保障

1 社会権の1つである生存権は、その性質上、国に対して、「健康で文化的な最低限度の生活を営む」のに必要な援助を求める、請求権的な権利です。このことは、憲法25条1項が、生存権を国民の権利として規定し、2項が、国の社会保障の義務を定める規定の仕方にも表れています。憲法25条の1項と2項は、"一組のもの"として理解されるべきです。なぜなら、国が国民に対して生存権を保障するためには、社会福祉や社会保障、公衆衛生を向上・増進させる国の積極的な施策が不可欠だからです。

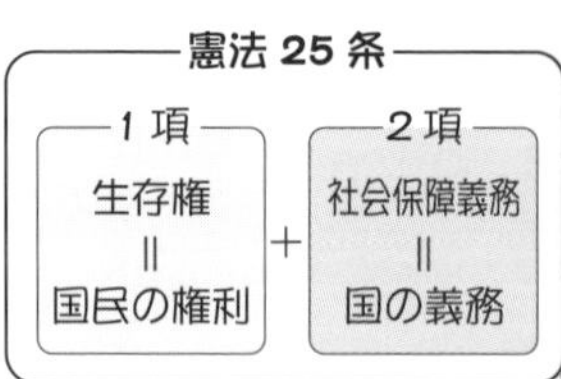

憲法25条の1項と2項は"一組のもの"。

国は、国民の生存権の確保という憲法上の要請に応えて、これまで、年金保険や健康保険の分野で**国民皆保険**を実現するなど、社会保障制度の充実に努めてきました。近時、現行の社会保障制度に対しては、さまざまな角度から問題点が指摘され、改善が求められています。しかし、現在の社会保障制度をまったく無視して、生存権をめぐる憲法上の問題を考えることはできません。現在の社会保障制度は、①**公的扶助**、②**社会福祉**、③**社会保険**の各制度から成り立っています。

社会保障制度

- **公的扶助**：公的扶助とは、人間としての最低限度の生活水準を下回るような困窮した生活状況に陥ったとき、その原因にかかわらず、その不足分を補う範囲で支給される給付のことである。その際、給付を受ける人が、将来の生活上の困難に備えて、一定の金銭を積み立てておくことは、給付の条件ではない。給付に要する費用は税金でまかなわれる。公的扶助の制度が**生活保護**である。

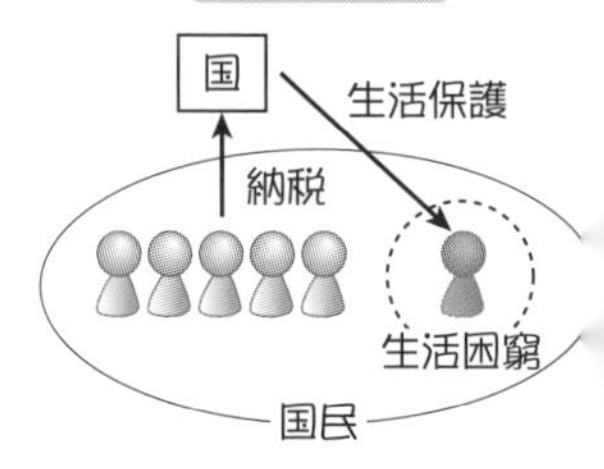

- **社会福祉**：障がいのある人や高齢者などは、心身の働きに制約があるために、そのことで社会生活上のさまざまな困難に直面する。足が不自由なために移動が困難になったり、認知症のために自立した生活が困難になったりする。社会福祉とは、このような生活上の困難を緩和したり解消したりするために、援助や介護などの福祉サービスを提供する仕組みである。**高齢者福祉**や**障がい者福祉**、**児童福祉**などが社会福祉に

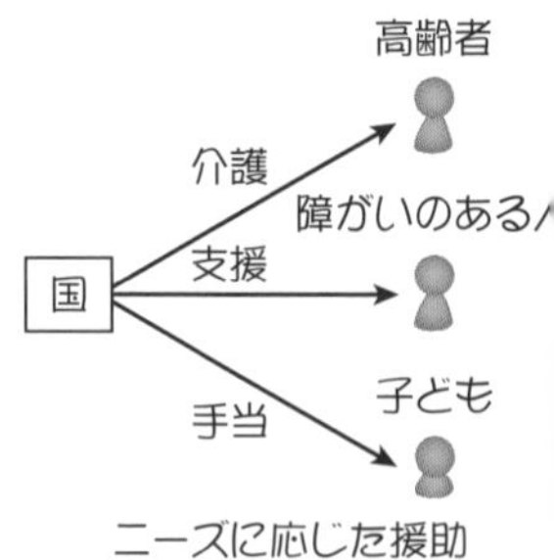

かかわる制度である。

- **社会保険**：社会保険とは、誰の身にも起こりうることであるが、いつ起こるかわからない生活上のリスク（病気や失業など）に備えて、人びとが一定の保険料を支払い、その保険料を財源にして病気にかかった人や失業した人に給付を行う仕組みである。社会保険の制度としては、**健康保険**や**年金保険**、**雇用保険**、**労災保険**、**介護保険**がある。

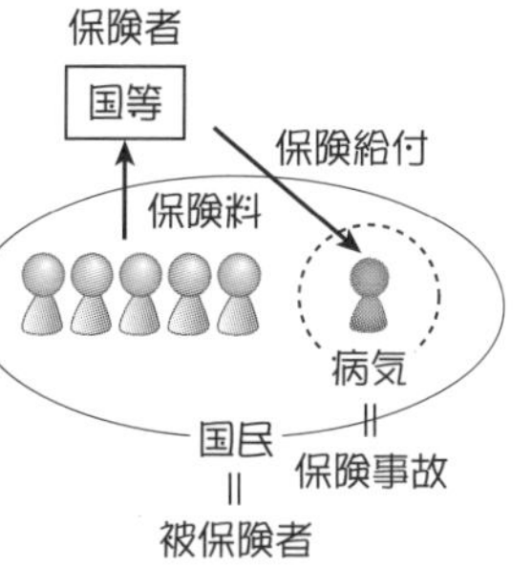

2 国民に「健康で文化的な最低限度の生活」を保障する生存権は、公的扶助や社会福祉、社会保険といった社会保障制度を通じて保障される権利です。しかし、憲法が示す「健康で文化的な最低限度の生活」という基準は、あまりにも抽象的で漠然としています。憲法の規定だけを手がかりにして、「札幌市の母と子ども2人の母子世帯に必要な最低限度の生活費は、○○万円である」といった具体的な判断を行うことには無理があります。時期や地域を特定すれば、経済学や家政学、栄養学などの生活科学の力を借りて、「最低限度の生活」水準をある程度客観的に定めることも可能かもしれません。しかし、それでもなおきっちりとした金額を出すことは難しいでしょう。

憲法25条
お渡ししたいのですが金額が……
生活が苦しくて……

国が「最低限度の生活」水準を具体的に確定し、個々の国民に生存権を保障する作業は、憲法25条を起点とした1つのプロセスとして理解することができます。たとえば、公的扶助である生活保護は、憲法25条が保障する「最低限度の生活」を確保するための“最後のセイフティネット”です。その意味で、生存権保障にとっても最も重要な制度と言えます。しかし、憲法は、生活扶助の制度を具体的にどのようにデザインするかについては何も規定していません〔1〕。生活扶助の内容や手続などの制度の仕組みを定めて、「最低限度の生活」水準を具体的に確定する作業は、生活保護法を制定する国会や、法律を執行する行政庁に任せる必要があります〔2・3〕。そして、定められた生活保護の基準に照らして、自治体の役所が、住民から申請のあったケースにいくら生活保護費を支給するかを判断することになります〔4〕。生活保護の申請をした住民は、生存権を具体化する一連のプロセスが問題なく動いている場合に、実際に「最低限度の生活」を営むだけの生活保護費を受け取

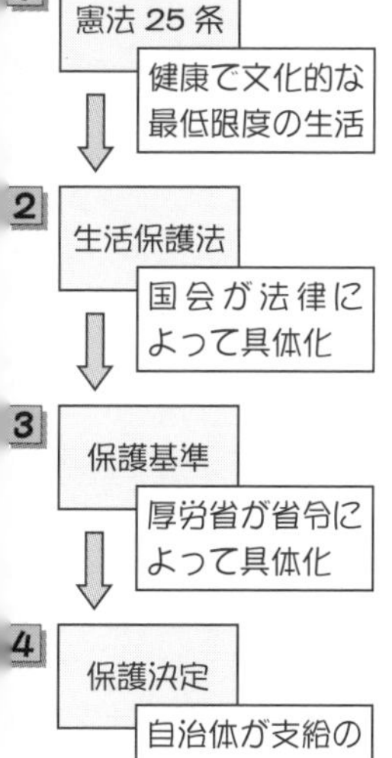

ることができます。

IMAGE

憲法→法律→命令→処分という一連のプロセスは、１本のパイプにたとえることができます。パイプのどこかが詰まると、「最低限度の生活」を支えるのに必要な生活保護費は、国民の手に渡りません。たとえば、“働ける”“子どもに面倒を見てもらえ”などと言って、自治体の職員が、生活保護の申請用紙を住民に渡さないケースがあるようです。生活保護は、住民の申請を待って保護の決定がなされるのが法律の建前ですから、申請書がもらえなければ、住民はそれ以上どうすることもできません。これは、自治体による保護決定の段階でパイプが詰まってしまったケースと言えるでしょう。

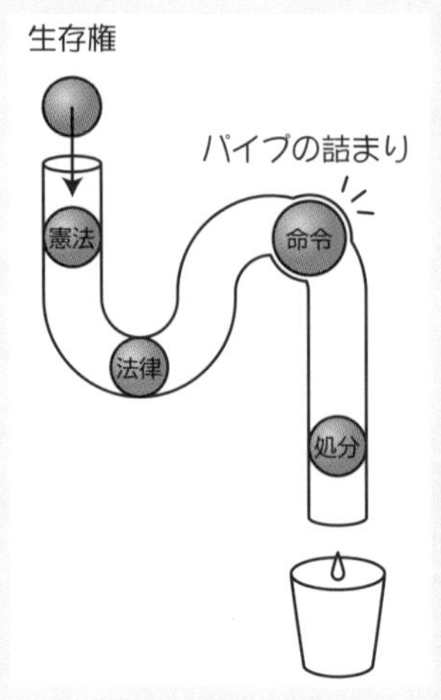

朝日訴訟

1　重い病気を押して国と闘い「人間裁判」とも呼ばれた**朝日訴訟**は、厚生労働省（当時の厚生省。以下、一般的に論ずる場合には、現行の名称を使う）による「最低限度の生活」の基準（保護基準）の決定の段階でパイプが詰まってしまった事件です〔☞ 判例１〕。憲法25条を受けて制定された生活保護法は、生活保護費を算定する際の基準の決定については、厚生労働省に委ねています。しかし、法律により委任を受けた厚生労働省が定めた保護基準が、国民の生活実態から見てきわめて低く抑えられ、決められた額では「健康で文化的な最低限度の生活」を割り込んでしまうような事態をどう考えるかが問題となります。この点が朝日訴訟で争われました。

朝日訴訟の原告であった朝日茂さんは、肺結核のため国立の岡山療養所に入所していました。朝日さんは、単身で収入もなかったために、生活保護法により医療扶助と生活扶助を受けていました。生活扶助については、日用品の購入に充てる名目で月額600円が支給されていました。昭和30年代の話です。その後、朝日さんは、実のお兄さんから毎月1500円の仕送りを受けることになりました。ところが、津山市の社会福祉事務所長は、毎月仕送りを受ける

朝日訴訟

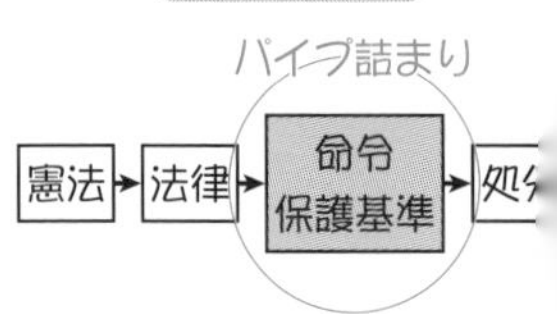

事件１

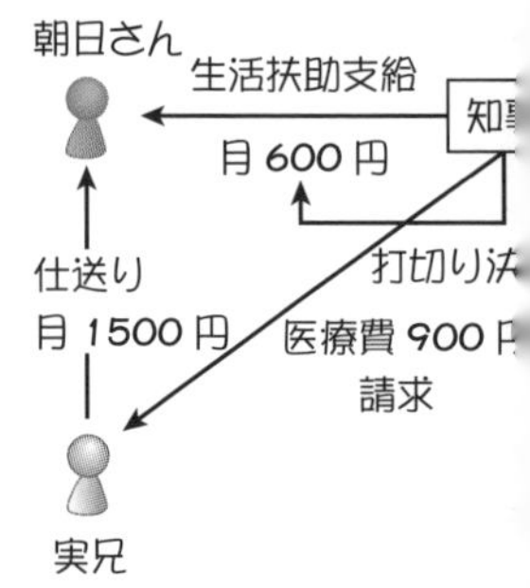

実兄から仕送りを得ても、朝
さんは相変わらず600円で生

判例１　朝日訴訟・最大判
昭42・5・24民集21巻
号1043頁
もとより、厚生大臣の定め
保護基準は、〔生活保護〕法
条２項所定の事項を遵守した
のであることを要し、結局に
憲法の定める健康で文化的な

低限度の生活を維持するにたりるものでなければならない。しかし、健康で文化的な最低限度の生活なるものは、抽象的な相対的概念であり、その具体的内容は、文化の発達、国民経済の進展に伴って向上するのはもとより、多数の不確定的要素を綜合考量してはじめて決定できるものである。したがつて、何が健康で文化的な最低限度の生活であるかの認定判断は、いちおう、厚生大臣の合目的的な裁量に委されており、その判断は、当不当の問題として政府の政治責任が問われることはあっても、直ちに違法の問題を生ずることはない。ただ、現実の生活条件を無視して著しく低い基準を設定する等憲法および生活保護法の趣旨・目的に反し、法律によって与えられた裁量権の限界をこえた場合または裁量権を濫用した場合には、違法な行為として司法審査の対象となることをまぬかれない。

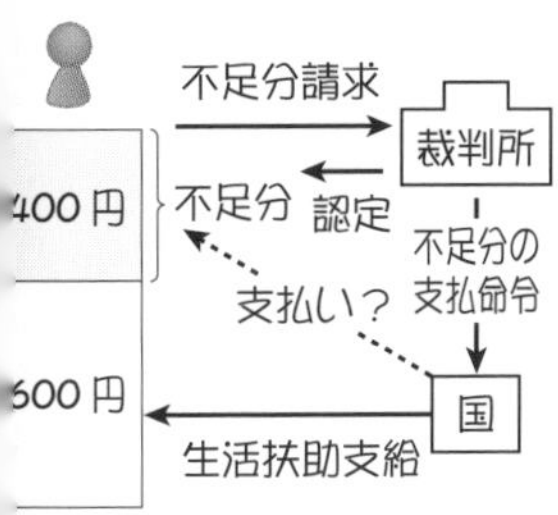

生存権は、不足分の請求を裁判を通じて争うことのできる権利か？

1500円のうち600円を日用品費として朝日さんの手許に残し、残りの900円を医療費の一部として朝日さんに負担させ、生活扶助を打ち切りました。

朝日さんは、この決定を不服として、岡山県知事に対し、仕送りのうちから日用品費として少なくとも1000円を控除するよう求めて不服申立てを行いましたが、却下されました。さらに、厚生大臣に対して不服申立てをしましたが、同じく却下されました。そこで、朝日さんは、日用品費600円の基準金額が、生活保護法の規定する「健康で文化的な最低限度の生活」水準を維持するのに十分ではない違法なものであると主張し、厚生大臣の不服申立却下の裁決の取消を求める行政訴訟を起こしました。

第1審の東京地裁は、朝日さんの主張を認め、厚生大臣の不服申立却下の裁決を取り消しました（東京地判昭35・10・19判時241号2頁）。第2審の東京高裁は、療養所に入所する者の日用品費を月額670円程度と認定しました。しかし、600円の基準月額がこれを約1割下回るものの、この程度の不足を理由に保護基準を違法と判断することはできないとして、第1審判決を取り消しました（東京高判昭38・11・4判時351号11頁）。朝日さんは、この判決を不服として上告しましたが、その途中で病状が悪化し亡くなってしまいました。朝日さんは、亡くなる直前に養子をとり、この養子夫妻が相続人として訴訟を承継しました。

2 日用品費を月額600円と決めた厚生省の保護基準は、昭和30年当時の一般国民の生活水準から見ても、また、朝日さんが療養所に入所していたという事情を考慮しても、きわめて低額です。朝日さんが、この額では「健康で文化的な最低限度の生活」水準を維持できないと訴えたのも無理がありません。では、朝日さんは、憲法25条の生存権を根拠にして、国から支給された600円では足りない部分を、さらに国に請求することができるでしょうか。このような訴えを受けた裁判所が、たとえば、最低限必要な日常品費を独自に1000円と算定して、不足分の400円を朝日さんに支払うよう国に命ずる判決を下すことができるかが問題となります。まず、憲法が保障する生存権という権利がどのような性質の権利か、ということを明らかにする必要があります。

ところで、多くの人が「権利」という言葉を聞いてすぐに思い浮かべるのは、契約などに基づいて生ずる私法上の権利ではないでしょうか。たとえば、AさんはBさんに1000万円を貸すこと約束し、利息を年5%、返済の期限を1年後とする契約を結んだとします。Aさんは、契約から1年後、元本と利息を合わせて1050万円を返すよう求める権利（債権）をBさんに対して持つことになります。かりにBさんが支払期限を過ぎてもお金を返さない場合には、Aさんは、Bさんに貸した1000万円と利息を弁済するよう求めて民事裁判を起こすことができます。裁判所が、契約が有効であると認めた場合には、Aさんの契約上の権利を根拠に、Bさんに1000万円と利息を支払うよう命ずる判決を下すことができます。

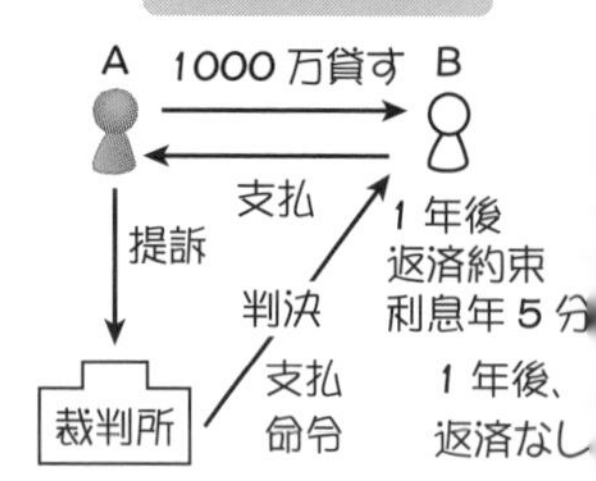

ところが、判例・通説によれば、憲法25条が規定する生存権は、私法上の権利のように、裁判を通じて相手方に直接金銭の支払いを求めることのできる権利ではないと解されています。生存権という権利は、「最低限度の生活」水準を割り込む貧困な生活を強いられているからと言って、その人が憲法25条を根拠にして、「最低限度の生活」水準に足りない生活費の補塡（ほてん）を求めて裁判を起こせるような権利ではないと言うのです。最高裁は次のように述べています。「すべての国民が健康で文化的な最低限度の生活を営み得るように国政を運営すべきことを国の責務として宣言したにとどまり、直接個々の国民に対して具体的権利を賦与したものではない」。

3 では、厚生労働省が規定した保護基準が、国民の生活実態から見てきわめて低く抑えられ、決められた額では「健康で文化的な最低限度の生活」を割り込んでしまうような場合、貧困な生活に陥った人は、裁判所によるいかなる救済も受けられないのでしょうか。人権は、国の権力を制限し、国の権力の行使の仕方に注文をつけるためのものです。そして、憲法は、国の法律や命令が憲法に適合しているか否かを審査する権限（違憲立法審査権）を裁判所に与え（81条）、人権の保障をより確実なものにしています〔☞ Mini Lecture 3〕。たしかに、憲法25条の規定だけを手がかりに、裁判所が「最低限度の生活」水準を算定し、個々の裁判でその基準を満たすだけの金銭の支払いを国に命ずることは難しいでしょう。しかし、貧困な状況に置かれた人が、裁判を通じて何らの法的な救済も得られないと言うのであれば、憲法が、「健康で文化的な最低限度の生活を営む権利」を保障していることの意味の大半が失われてしまいます。生

存権を規定した憲法25条は、せいぜいのところ、「政治的な努力目標」を定めたものということになります。このように、憲法25条を「政治的な努力目標」を掲げた規定と解釈する考えは、「**プログラム規定説**」と呼ばれています。

朝日訴訟の最高裁判決は、憲法25条をプログラム規定と理解する立場にかなり近いと言われています。憲法25条は、すべての国民が最低限度の生活を営みうるよう国政を運営する国の責務を宣言したもので、個々の国民に具体的権利を賦与したものではないと解されました。国民の具体的権利は、生存権を実現するために制定された生活保護法によってはじめて認められると言います。そして、生活保護は、厚生大臣の設定する保護基準に基づいて行うものとされるから、その具体的権利は、「厚生大臣が最低限度の生活水準を維持するにたりると認めて設定した保護基準による保護を受け得る」権利と理解すべきであるとされました。

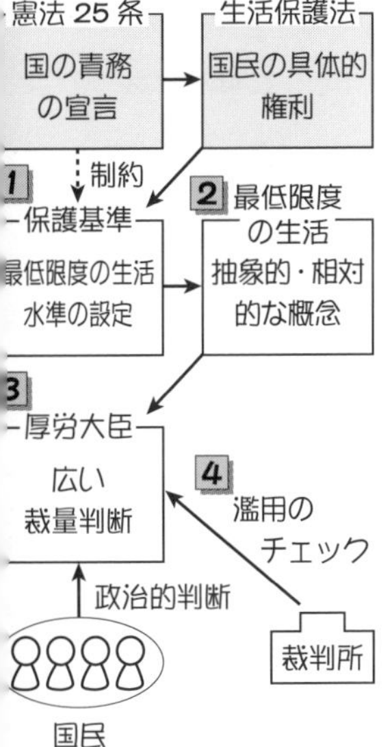

憲法と保護基準についての最高裁の立場

1. 保護基準は、憲法の定める「健康で文化的な最低限度の生活」を維持できるものでなければならない。
2. しかし、「最低限度の生活」という言葉は、抽象的で相対的なものであって、具体的な内容の決定に当たっては、明確にはできないさまざまな要素を総合的に考慮しなければならない。
3. その決定は、厚生労働大臣の広い裁量に委ねられていて、その判断の当否は、国民自身が判断すべき政治の問題である。
4. ただし、厚生労働大臣が、現実の生活条件を無視して著しく低い基準を定めるなど、憲法や生活保護法の趣旨や目的に反する場合には、違法な行為として司法審査の対象となる。

4 憲法25条を国の政治的責務を宣言した規定と解する最高裁の立場は、それを論理的に徹底すれば、プログラム規定説とほとんど変わらなくなるおそれがあります。法律の委任を受けた厚生労働大臣が、どんなに低額な保護基準を設定しても、それは、あくまでも国民が判断すべき政治の問題であって、憲法や法律上の問題にまったくならないとすれば、確かにそうなります。国民は、政府を批判する政治運動や選挙を通じて、不当な基準を定めた内閣の政治責任を追及するほかありません。

しかし、最高裁は、そこまで徹底した立場をとっていません。厚生労働大臣が、「現実の生活条件を無視して著しく低い基準を設定する等憲法および生活保護法の趣旨・目的に反し、法律によって与えられた裁量権の限界を超えた場合または裁量権を濫用した場合には、違法な行為として司法審査の対象となることをまぬかれない」としているからです。つまり、きわめて限定的ではありますが、厚生労働大臣による保護基準の設定が、法的問題として憲法や法律の観点から判断される場合があり、国民は、裁判所によって法的な救済を得られる可能性があるということです。そのため、朝日訴訟における最高裁判決の立場は、純粋な意味でプログラム規定説であるとは言えないでしょう。

堀木訴訟

1 次に問題となるのは、憲法25条が保障する生存権を具体化するための法律が十分でない場合、国民は、憲法25条を根拠に、この法律の合憲性を裁判で争うことができるかどうかということです。生存権は、憲法→法律→命令→処分という一連のプロセスがきちんと整えられることで、はじめて実現される権利ですが、この問題は、法律の段階でパイプが詰まってしまった場合の問題と言えます。

この点が裁判で争われたのが**堀木訴訟**です〔☞ 判例2〕。目が不自由だった堀木さんは、その障がいのために国民年金法に定められていた障害福祉年金を受けながら、夫と離婚して以来、子どもを一人で育てていました。しかし、障害福祉年金の給付額はきわめて低額で、年金だけで子どもを育てるのは、経済的にきわめて困難でした。国が、夫と生き別れて、一人で子どもを育てている母親を助けるために児童扶養手当法を制定したことを知り、堀木さんは、この児童扶養手当を受け取る資格を認めるよう兵庫県知事に求めました。

しかし、知事は、堀木さんに対して児童扶養手当の受給資格を認めませんでした。というのは、法律が、障害福祉年金と児童扶養手当の二重の受け取りを禁止していたからです。これを「**併給禁止**」

堀木訴訟

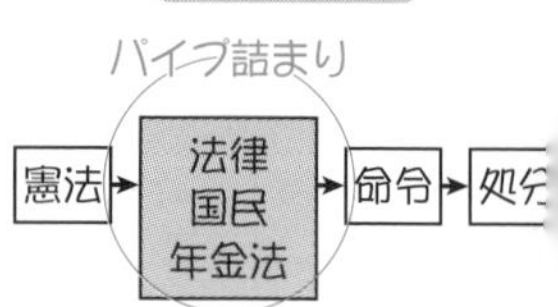

事件2

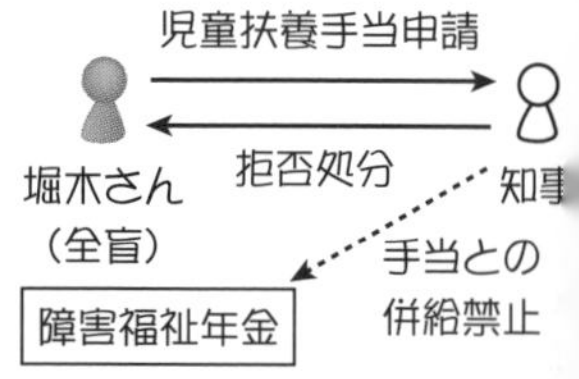

判例2 堀木訴訟・最大判
昭57・7・7民集36巻7号
1235頁
〔憲法25条の〕規定にいう「健康で文化的な最低限度の生活」なるものは、きわめて抽象的・相対的な概念であつて、その具体的内容は、その時々における文化の発達の程度、経済的・社会的条件、一般的な国民生活の状況等との相関関係にお

いて判断決定されるべきものであるとともに、右規定を現実の立法として具体化するに当たつては、国の財政事情を無視することができず、また、多方面にわたる複雑多様な、しかも高度の専門技術的な考察とそれに基づいた政策的判断を必要とするものである。したがつて、憲法25条の規定の趣旨にこたえて具体的にどのような立法措置を講ずるかの選択決定は、立法府の広い裁量にゆだねられており、それが著しく合理性を欠き明らかに裁量の逸脱・濫用と見ざるをえないような場合を除き、裁判所が審査判断するのに適しない事柄であるといわなければならない。

判例3　堀木訴訟控訴審・大阪高判昭50・11・10判時795号3頁

1　憲法第25条は、すべての生活部面についての社会福祉、社会保障及び公衆衛生の向上及び増進を図る諸施策の有機的な総合によつて、国民に対し健康で文化的な最低限度の生活保障が行われることを予定しているものと考えられるのである。結局同条第2項により国の行う施策は、個々的に取りあげてみた場合には、国民の生活水準の相対的な向上に寄与するものであれば足り〔る〕。

2　国が右のような努力を続けることによつて、国民の生活水準が相対的に向上すれば、国民の最低限度に満たない生活から脱却する者が多くなるが、それでもなお最低限度の生活を維持し得ない者もあることは否定することはできないので、この落ちこぼれた者に対し、国は更に本条第1項の「健康で文化的な最低生活の保障」という絶対的基準の確保を直接の目的とした施策をなすべき責務があるのである。

と言います。児童扶養手当法が制定された当時、国会は、障がいを持つ母親が一人で子どもを育てる場合でも、障害福祉年金さえ受け取っていれば、最低限度の生活水準を下回ることはないと判断しました。そのため、児童扶養手当の併給が禁止されたのです。堀木さんは、障害福祉年金と児童扶養手当の併給を禁止する法律は憲法25条に違反すると主張し、児童扶養手当の受給資格を認めなかった処分の取消を求めて裁判を起こしました。

2　堀木訴訟の最高裁判決は、最初に、憲法25条の1項と2項の関係について、「福祉国家の理念」を実現する規定として一体的に理解すべきことを確認し、控訴審の大阪高裁が示した1項と2項とを峻別する立場を退けました〔☞判例3〕。つまり、1項は、国が達成しなければならない大きな目標——「健康で文化的な最低限度の生活」保障——を宣言し、2項は、この目標を実現するために、社会福祉や社会保障などの諸制度を創設・拡充するよう国に命じていると言うのです。1項と2項とは“一組のもの”と理解されます。

最高裁は、次に、「最低限度の生活」を保障するためにどのような立法措置を講ずるかの判断は、国会に委ねられていると論じます。憲法は、「最低限度の生活」という大枠を定めた抽象的で相対的な基準しか国会に与えていないからです。そこで、国会は、文化の発達の程度や日本の経済的・社会的状況、国民生活の状況を見きわめながら、国の財政事情をも考慮しつつ、専門技術的な考察に基づいて「最低限度の生活」水準を具体的に確定していくことになります。要するに、憲法25条の趣旨を具体化するためにどのような立法措置を講ずるかは、国会の広い裁量に委ねられているということです。裁判所は、その国会の判断を尊重するのを建前としつつ、その判断が誰の目から見ても間違っていると言わざるを得ない場合にかぎって、その判断を覆すことができるにとどまると言います。このように、最高裁は、国会の判断をチェックする違憲審査基準として、きわめて緩やかな基準（合理性の基準）をとることを明らかにしました。

最高裁は、児童扶養手当法の制定の経緯から見れば、児童扶養手当は国民年金法を補完するための仕組みであり、障害福祉年金と同じ性格のものであると解します。いずれの制度も、不足分の生活費を補うための所得保障が目的であると言うのです。そして、最高裁は、働くことを困難にする事情（障がいと母子世帯）が2つ重なったとしても、それに比例して所得が低下するわけではないと言います。このような場合に、社会保障制度が全体として公平な給付を実現するよう、制度間で給付の調整をどのように行うかは、国会の判断に委ねられた問題であるとします。結局、障害福祉年金と児童扶養手当との併給を禁止するという国会の判断については、誰の目から見ても間違っていると判断されるほど明白な誤りはないと、最高裁は結論づけました。

ダブルパンチでも、衝撃は2倍になるわけではない。

生存権保障と裁判所の役割

1　学説は、判例と同じく、生存権を保障する憲法25条を唯一の根拠にして、「健康で文化的な最低限度の生活」を維持するのに必要な給付を国に直接請求できる権利ではないと解しています〔☞本章「朝日訴訟」〕。しかし、判例の立場——国会や行政に広い裁量権を認め、その判断にとんでもないミスでもない限り、憲法には違反しないとする立場——を厳しく批判します。この立場は、生存権の規定を政治的な努力目標とするプログラム規定説にきわめて近く、憲法25条が生存権を国民の「権利」と定めたことの意味が失われるおそれがあるからです。

学説においては、生存権という「権利」の性質をめぐってさまざまな見解が主張されてきました。通説によれば、生存権という権利は、表現の自由のような自由権とは違って、法律が制定されるまでは“休眠状態”に置かれる権利であるとされます〔1〕。このような権利は「**抽象的権利**」と呼ばれます。しかし、生存権は、それを具体化する法律がひとたび制定されると〔2〕、権利に“エネルギー”が充塡（じゅうてん）されて、憲法上の権利としての力を発揮すると言うのです〔3〕。

しかし、生存権は、法律から“エネルギー”を受け取ることで権利としての力を回復すると言っても、裁判を通じて、「最低限度の生活」を営めるだけの生活費を国に請求できる権利となるわけではありません。生存権の権利としての力は、別なかたちで発揮されることになります。

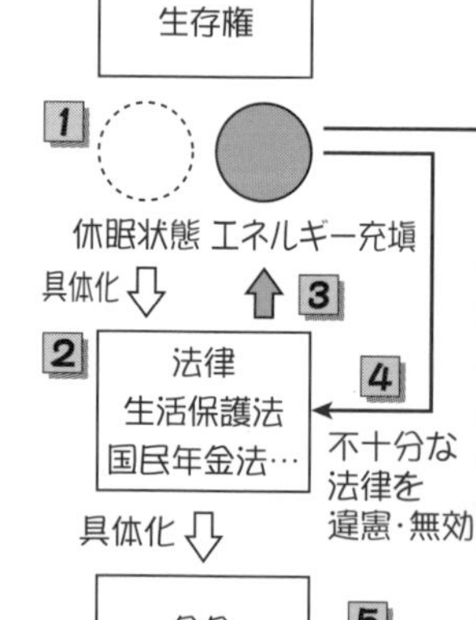

生存権の法的な効力

- 生存権は、“エネルギー”の元となった法律が国民に対して「最低限度の生活」を確保できるだけの給付を与えていない場合には、この法律を違憲無効とする力を持つ〔4〕。堀木訴訟のように、法律段階でパイプが詰まったときに発揮する力である。
- 生存権は、法律を実施するために行政が定めた給付の基準が、国民の「最低限度の生活」水準を明らかに下回っているような場合に、この行政の基準を違憲無効とする力を持つことになる〔5〕。朝日訴訟のように、行政が定めた基準段階でパイプが詰まったときに発揮される力である。

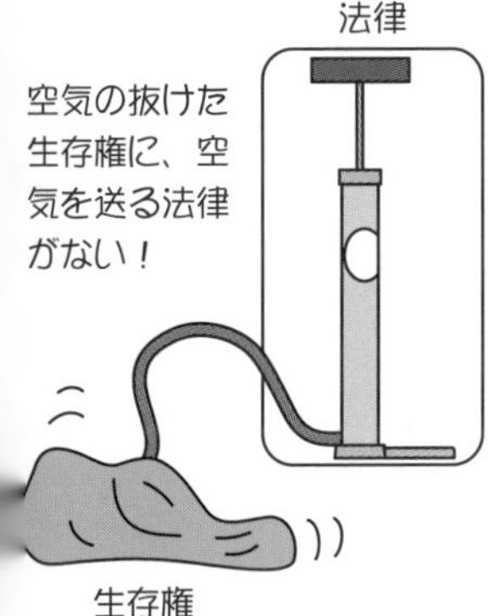

2 次の問題は、国会が、そもそも「最低限度の生活」を確保するために必要な立法措置を講ずるのを怠っていた場合に起こる問題です。つまり、生存権とそれを具体化する法律との間のパイプが完全にふさがってしまっている場合の問題です。もちろん、国民は、生存権の保障を求める政治活動に参加したり、そのような立法措置に賛同する候補者に選挙で投票したりするなどして、民主的な手続を通じて、国会の姿勢を正すことができます。

立法不作為
に基づく
国家賠償
請求訴訟
国民
国会
怠慢・放置

また、国民は、裁判を通じて、立法措置が講じられていないことから生じた損害を国に賠償するよう求めることができるとされています〔☞ 判例4〕。このような訴訟は「**立法不作為に基づく国家賠償請求訴訟**」と呼ばれています。裁判の場で国に損害賠償を命ずる判決が出されるならば、間接的ではありますが、国会に立法を促す効果を期待することができるでしょう。当初、最高裁は、損害賠償請求が認められる要件を厳しく絞っていましたが、近時、立法不作為を違憲と判断する判例も現れています〔☞ 判例5、第12章〕。

このように、生存権を実現するためのプロセスの各段階において、生存権を保障する義務を国が十分に果たしているかどうかを裁判で争うルートは、判例上も、徐々に拡大されてきました。現在、生存権は、裁判において一定の救済を得ることのできる権利であるという意味で、「**法的権利**」と理解してよいでしょう。

判例4 在宅投票制度廃止違憲訴訟・最判昭60・11・21民集39巻7号1512頁……国会議員の立法行為は、立法の内容が憲法の一義的な文言に違反しているにもかかわらず国会があえて当該立法を行うというごとき、容易に想定し難いような例外的な場合でない限り、国家賠償法一条一項の規定の適用上、違法の評価を受けないものといわなければならない。

判例5 在外日本人選挙権訴訟・最大判平17・9・14民集59巻7号2087頁

3 学説が取り組まなければならない次の問題は、法律や行政の基準に示された国の判断に対して、裁判所がどの程度コントロールを利かせることができるかということです。最高裁は、朝日訴訟と堀木訴訟を通じて、次のような立場を明らかにしました。「最低限度の生活」水準をどの点に定めて、社会保障制度をどのように組み立てていくかを決めるのは、国会や行政の仕事であって、裁判所はその判断をできるだけ尊重すべきである、という立場です。「**立法裁量論**」「**行政裁量論**」と呼ばれます。この考え方によれば、裁判所は、国会の明らかな判断ミスしかチェックできないことになります（明白性の原則）〔☞第10章〕。学説の課題は、国会や行政に広い裁量を認める最高裁の立場をいかにして克服していくかということです。

学説においては、生存権の保障における裁判所の役割を拡大するために、さまざまな解釈論が主張されてきました。**①生存権の二段構えの保障**、**②生存権と平等権の合わせ技**、**③制度の後退を禁止する原則**が代表的なアプローチです。この他にも、憲法25条を直接の根拠にして、最低限度の生活水準に達するために必要な生活費の給付を国に求めることができるとする“**言葉通りの具体的権利説**”も唱えられています。

学説のアプローチ

- **生存権の二段構えの保障**：「最低限度の生活」水準は、「人間としてのぎりぎりの生活」水準と「より快適な生活」水準との二段階に区別される。「人間としてのぎりぎりの生活」水準については、経済学や家政学、栄養学などの経験科学の知見に基づいて、ある程度の水準を確定することは可能である。しかし、それを超えた部分については、国家の財政状況や国民感情などを踏まえた複雑な政策的考慮が必要になるため、その判断は国会や行政に委ねざるを得ない。そして、「人間としてのぎりぎりの生活」水準については、ある程度明確な線引きができるため、裁判所は、その基準を手がかりに法律や行政の基準を厳しく審査することができる。
- **生存権と平等権の合わせ技**：「最低限度の生活」水準を厳密な数値で示すことには、限界がある。しかし、1つの国の社会保障制度のなかで、あるグループに属する人については、Aという金額が「最低限度の生活」水準、別なグループに

生存権の二重の構造

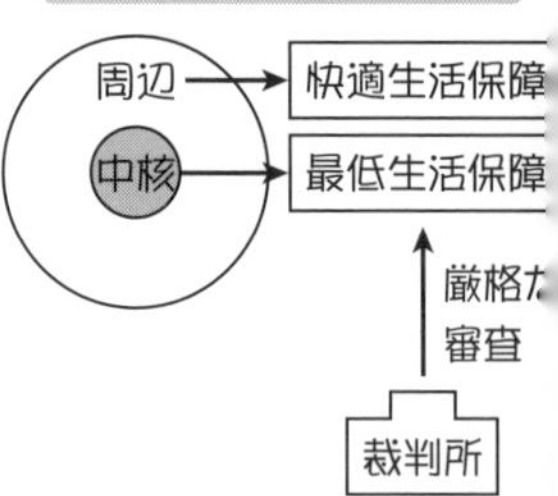

給付の水準の比較

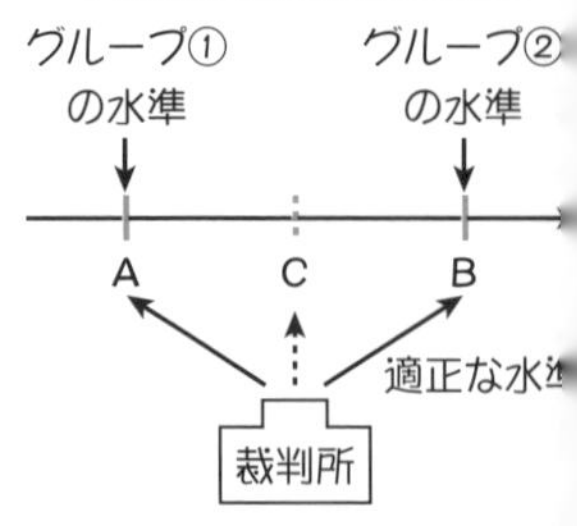

裁判所は、A の水準と B の水準の違いについて合理的理由があるかを審査する。

属する人については、Bという金額が「最低限度の生活」水準という具合に、国がそれぞれ別な水準を示している場合は、比較が問題となる平等権の問題として扱うことができる。この場合、裁判所は、自ら算定したCという金額を独自に示す必要はない。平等権の問題では、裁判所は、2つのグループを別異に取り扱うことに筋の通った根拠（「合理的理由」）があるかどうかを問題にすれば十分である〔☞第4章〕。とくに、「人間としてのぎりぎりの生活」の判断において差別的な取扱いが疑われる場合には、裁判所は、その取扱いの合理性を厳しく審査すべきである（厳格な合理性の基準）。

制度の後退禁止

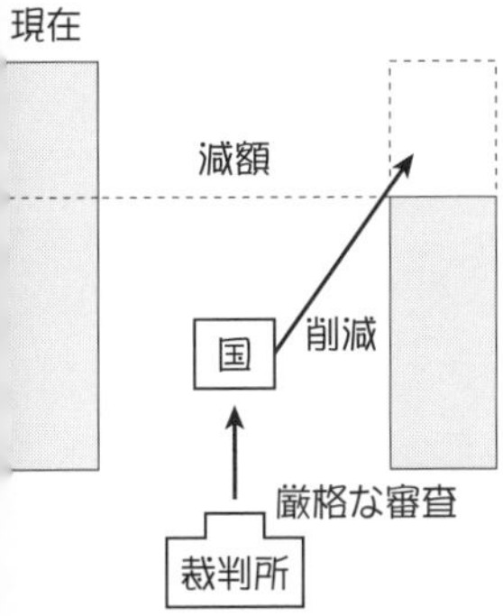

現在 減額 国 削減 厳格な審査 裁判所

●**制度の後退を禁止する原則**：現在、高齢化が進み国の社会保障費は年々ふくらみ、国の財政事情が悪化するなか、社会保障の給付水準が見直され、給付が切り下げられる事態が起こっている。年金の支給年齢も引き上げられている。しかし、国民の生活実態が大きく変化していないのに、「人間としてのぎりぎりの生活」にかかわる部分の給付を国が安易に切り下げることは、許されないはずである。そこで、裁判所は、国があえて給付の水準を引き下げる場合には、その引き下げの根拠を事実に即して厳しく審査すべきである。

4 国は、1960年から、加齢による心身の機能の低下から生ずる高齢者の特別な需要（食費・光熱費・保健衛生費などの増加）に応えるために、生活扶助費の加算（老齢加算）を行っていました。近時の社会保障制度の見直しの中で、国は、生活保護の保護基準を改定して、老齢加算を2004年度から段階的に減額・廃止することを決定しました。このような措置は、「制度の後退」を意味し、裁判所が憲法25条や生活保護法との関係でどのように判断するかが注目されました。

この問題に関する2つの最高裁判決は、行政による老齢加算の減額・廃止の決定自体は違法ではないと判断しました〔☞ 判例6 判例7〕。ただし、「制度の後退」となるような国の判断には、一定の歯止めをかけています。老齢加算は、70歳になると自動的に支給され、その後、高齢者の生活保障のためにかなりの期間支給されつづけるものです。そのため、このような加算を当てにして老後

判例6 最判平24・2・28民集66巻3号1240頁

判例7 最判平24・4・2判時2151号3頁

の生活設計を立てている人もいるはずです。最高裁は、厚生労働大臣の専門技術的かつ政策的な裁量を認めつつ、生活保護を受ける高齢者の「期待的利益」にできるかぎり配慮する必要があると述べています。急激な変更は、政策的に避けるべきでしょう。

STEP UP

1. 憲法が保障する人権はすべての国民に及びます。その意味で人権は普遍的な権利ではありますが（☞第２章）、それぞれの人権には、その保障の“コア”となる対象が想定されています。信教の自由であれば、歴史的に迫害を受けてきた宗教の信者であるし、**学問の自由**であれば、学問研究の中心である大学の教員ということになるでしょう（ポポロ事件・最大判昭 38・5・22 刑集 17 巻 4 号 370 頁）。

社会権保障の“コア”とされる対象は、国による政策の決定や変更がもたらす影響をまともに被る人々であり、そのため国は社会権保障を通じて、そのマイナスの影響を除去・緩和する責任を負うのです。生活に余裕のない人には、“嵐”（病気や不況など）じっと耐えしのぐことを可能にする“溜め”がないため、国の経済政策の変化のあおりをまともに受けることになります。また、子どもや障がいのある人は、他の人々や地域社会に支えられて生活しているため、その活動への国の規制や援助は、彼らの生活の質を大きく変えてしまう力を持ちます。このような国の政策によって影響を受けやすい人々は、“**傷つきやすい**”人々と呼ぶことができます。国の政策によって大きく傷つく可能性があるために、国にはこうした人々に配慮する責任があり、その責任が社会権保障の根拠の１つにもなっています。

2. とくに子どもは、親や教師をはじめとする社会のさまざまな人々の支えがあってはじめて、自律した１人の人間へと成長していきます。今の複雑な社会の中で、自分の“居場所”や“生きがい”を見つけ出して、自分らしく生きるためには、相当の知識とスキルが必要です。子どもにとって、教育は基本的なニーズです。そして、子どもが受ける教育は、かなりの部分、誰かによって“お膳立て”されたものです。“お膳立て”次第では、子どもの人生に取り返しのつかないダメージが残ります。子どもは教育の場面で、とりわけ“傷つきやすい”存在です。だからこそ、子どもの学習する権利——**学習権**——を第１に考え、学習をサポートする側には、子どもの学習権に応える責務があるとされます（旭川学力テスト事件・最大判昭 51・5・21 刑集 30 巻 5 号 615 頁）。

第12章

選　挙　権

「民主主義」(democracy) という言葉は、古代ギリシャ語の「デーモス demos による支配」という言葉に由来します。ここで言う demos を「国民」という言葉に置き換えるならば、民主主義は“国民による支配”を意味するでしょう。そして、国民自らがその国の政治に参加しているという手応えを感じるためには、国民が政治に参加できる仕組みが用意されていなければなりません。その代表的な仕組みが選挙です。最近、選挙に参加できる年齢が引き下げられて、18 歳から投票できるようになりました。

“1 人 1 票”は、選挙の大原則の 1 つです (平等選挙の原則)。すべての国民が政治の場で等しく扱われるべきならば、当然の原則です。しかし、成人した国民全員に 1 票ずつ与えればよい、といった単純な話ではありません。私たちは、政治に対する“自分の声”を 1 票に託します。そのとき、自分の“声の通りやすさ”ということも気になります。やはり、自分の声が政治に伝わりにくいと感じれば、投票に行く気も失せるでしょう。そのために、投票率が下がると、民主主義そのものが成り立たなくなります。

自分の投じた 1 票を、1 滴の“青の水滴”だとしましょう。そして、1 つのコップには、水がなみなみと注がれ、もう 1 つのコップには、半分しか水が注がれていないとします。それぞれに青の水滴を 1 滴落とすとすれば、色の変化は、水が半分しか入っていないコップのほうが大きいでしょう。つまり、同じ 1 滴の水滴でも、周りに与える影響力の面では、半分だけ水の入ったコップに落とされる水滴のほうが大きいということです。

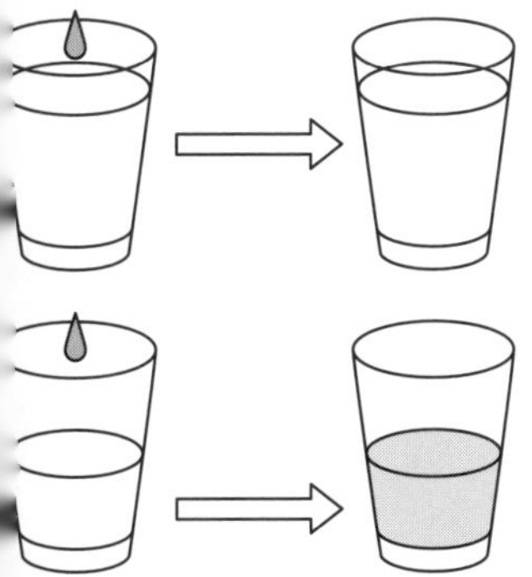

このことを選挙における 1 票に当てはめれば、選挙における 1 票が持つ影響力は、10 万人のなかの 1 票よりも、5 万人のなかの 1 票のほうが大きいと言えるでしょう。平等選挙の原則は、選挙の制度を作る場合、選挙における 1 票が持つ政治への影響力までも平等にすることまで求めているのでしょうか。この問題を中心に、選挙権について考えていきたいと思います。

選挙権と選挙の原則

1 日本国憲法は、「公務員を選定し、及びこれを罷免することは、国民固有の権利である」〔☞憲法15条①〕と定めています。大日本帝国憲法（明治憲法）では、公務員の任免に関しては、「天皇ハ行政各部ノ官制及文武官ノ俸給ヲ定メ及文武官ヲ任免ス」（明治憲法10条）と規定し、公務員を任命したり罷免したりする権限は、天皇の大権とされていました。明治憲法下では、公務員は"天皇に仕える官吏"だったのです。

しかし、国民主権を基本原理とする日本国憲法の下では、公務員の地位とその権限の行使は、突き詰めれば、国民の意思に基づくものでなければなりません。憲法は、公務員を選定したり罷免したりする権限を「**国民固有の権利**」と宣言することで、"国民のために仕事をする公務員"という新しい国民と公務員との関係を明らかにしたのです。それを受けて、憲法は、「すべて公務員は、全体の奉仕者であつて、一部の奉仕者ではない」〔☞憲法15条②〕と規定しています。つまり、明治憲法では、公務員は"天皇陛下のご威光"の下で職務を行っていたが、日本国憲法では、"国民全体の利益になる"という大義名分があって仕事をしているということです。

憲法15条 公務員を選定し、及びこれを罷免することは、国民固有の権利である。
② すべて公務員は、全体の奉仕者であつて、一部の奉仕者ではない。
③ 公務員の選挙については成年者による普通選挙を保障する。
④ すべて選挙における投票の秘密は、これを侵してはならない。選挙人は、その選択に関し公的にも私的にも責任を問はれない。

2 憲法15条は、国会議員や最高裁判所裁判官から、市町村の役場に勤める地方公務員の果てまで、すべて国民が直接選定・罷免することを求めているわけではありません。公務員の仕事の現場では、上位の権限を持つ公務員が、その権限の範囲で命令や指示を発して、下位の公務員が具体的な職務を行うことになるでしょう。憲法15条は、国民が直接「選定」した上位の公務員を通じて、間接的であれ、下位の公務員の地位や職務がコントロールされることを求めていると解されています。

3 国会議員、地方自治体の長と議員については、国民が選挙を通じて直接選定するものと定められています〔☞憲法43条・93条〕。選挙で選出された公務員は、国民（住民）の代表者ということになります。その場合、国民に与えられる選挙権は、国の選挙制度を前提とした権利であり、集団で行う選挙という活動に参加し投票する権

憲法43条 両議院は、全国民を代表する選挙された議員でこれを組織する。
憲法93条 地方公共団体には、法律の定めるところにより、その議事機関として議会を設置する。

② 地方公共団体の長、その議会の議員及び法律の定めるその他の吏員は、その地方公共団体の住民が、直接これを選挙する。

利ということになります。その意味で、選挙権は、表現の自由のように、国家の存在しない自然状態において各人が持つ「自然権」とは性格を異にします。

国民が選挙で投票する権利を持つためには、まず、投票する権利を持つ選挙人の集団である「選挙人団」を組織する必要があります。選挙とは、この選挙人団を構成する多数の人が行う集団的な行為ということになります。個々の選挙人が、この選挙という集団的な行為に参加して投票を行う権利が、選挙権という権利です。このような理解から、選挙権は二重の性質を持つ権利であると言われます。第1に、選挙に参加する個々の国民が持つ権利であるという性質です。第2に、選挙は、1人ひとりがバラバラに行えない集団的な行為であり、選挙という公的な制度を前提にした行為である点から、公務としての性質もあわせ持つと考えられています。このような理解は、**権利／公務二元説**と呼ばれています。

選挙権の性質

選挙権	国民の権利
	国民の公務

IMAGE

選挙は、たとえて言えば、学校の開校120周年をお祝いする行事で、それぞれの生徒が色の違ったパネルを掲げて、グラウンドに大きな人文字を作るのに似ています。生徒にはその行事に参加する権利があります。しかしだからと言って、生徒が自分勝手に好きな色のパネルを掲げては、肝心の人文字はできません。それぞれの生徒は、決められた色のパネルを指定された場所で掲げなければならない責任があります。つまり、パネルを掲げる行為は、1人ひとりの生徒がお互いに約束事を守って全員で成し遂げなければならない集団としての活動の一部でもあります。個人が全体に責任を負うという点で、公的な性質を帯びるわけです。選挙も同じように考えることができるでしょう。

4 選挙権は、選挙制度を前提にした権利です。したがって、選挙制度の定め方次第では、選挙権を持つ選挙人の範囲も選挙権の行使の仕方も違ってきます。憲法は、選挙の基本原則だけを規定するにとどめ、選挙制度の細かな部分については法律で決めるよう国会に命じています〔☞憲法47条〕。

憲法47条 選挙区、投票の方法その他両議院の議員の選挙に関する事項は、法律でこれを定める。

ただし、憲法は、**近代の選挙法の原則**でもある選挙の基本原則を規定しています。①**普通選挙**（憲法15条③）、②**平等選挙**〔☞憲法14

条・44条〕、③**秘密選挙**（憲法15条④）、④**自由選挙**、⑤**直接選挙**（憲法43条①）の5つです。

選挙の基本原則

- **普通選挙**：普通選挙とは、狭い意味では、財産や納税額のような財力を選挙権の要件にしない制度を言う。財力を要件とする制度は「**制限選挙**」と呼ばれている。広い意味では、財力のほか、人種、信条、性別、社会的身分、門地、教育の程度にかかわりなく、すべての成人に選挙権を与える制度を言う。
- **平等選挙**：平等選挙とは、選挙人が持つ選挙権の価値を等しくし、「1人1票」を原則とする制度を言う。この原則により、特定の選挙人にだけ複数の投票を認める**複数選挙**や、たとえば納税額の多さにより選挙人を等級分けして、等級ごとに代表者を選ぶ**等級選挙**は禁止される。
- **秘密選挙**：秘密投票とは、選挙人が誰に投票したかを秘密にする制度を言う。**投票の秘密**が守られることで、選挙人、とりわけ社会的に弱い地位にある人が、投票によって不利な立場に置かれることのないようにし、自由な投票を確保しようとする制度である。
- **自由選挙**：自由選挙とは、投票しない自由を認め、**棄権**しても罰金や公民権の停止、氏名の公表などの制裁を科されない制度をいう。ただし、日本国憲法には、自由選挙を定めた明文の規定はない。
- **直接選挙**：直接選挙とは、選挙人が代表者を直接選ぶ制度である。直接選挙は、**間接選挙**と区別されるが、間接選挙の場合、代表者の選出には、2つのプロセスがある。第1に、投票人である国民が、代表者を選出することになる選挙人を投票によって選ぶ。第2に、この選挙人が代表者を選ぶ。

憲法14条　すべて国民は、法の下に平等であつて、人種、信条、性別、社会的身分又は門地により、政治的、経済的又は社会的関係において、差別されない。

憲法44条　両議院の議員及びその選挙人の資格は、法律でこれを定める。但し、人種、信条、性別、社会的身分、門地、教育、財産又は収入によつて差別してはならない。

近代選挙法の原則	普通選挙
	平等選挙
	秘密選挙
	自由選挙
	直接選挙

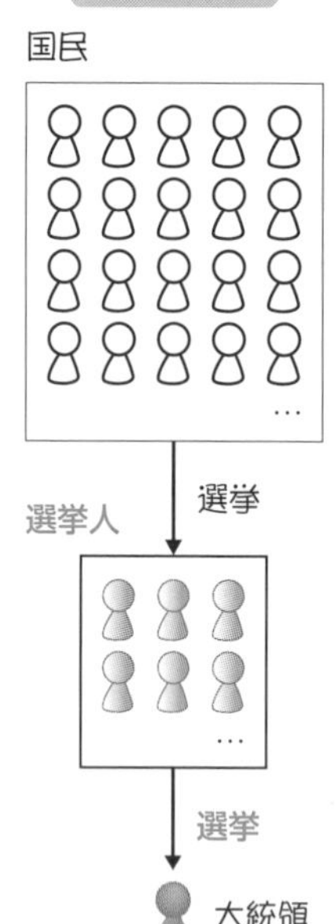

選挙区制度と議員定数の配分

1　選挙は、一般に、地域的なまとまり具合から選挙区の線引きが

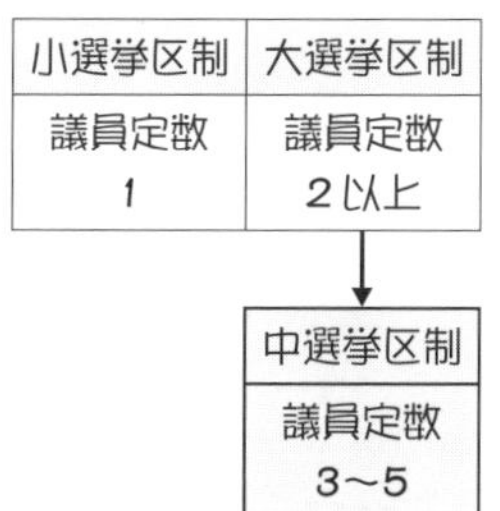

なされ、それぞれの選挙区ごとに選挙人の集団が組織され、投票を行います。それぞれの選挙区から何人の代表者が選出されるのか、つまり、選挙区に割り当てられる議員定数を基準に、選挙制度は、大まかに①**小選挙区制**と②**大選挙区制**に区別されます。小選挙区制とは、選出する議員定数が1人と定められている選挙制度です。これに対して、大選挙区制は、選出する議員定数が2人以上と定められている選挙制度を言います。

日本は、戦前から、衆議院選挙については、都道府県をいくつかの選挙区に分けて、それぞれの選挙区の議員定数を3人から5人と定めてきました。この制度は、全国を1つの選挙区としたり、都道府県を1つの選挙区としたりする大選挙区制とは区別して、「**中選挙区制**」と呼ばれてきました。

2 中選挙区制をとる場合、議員定数は、原則として、その選挙区の選挙人の数に比例して決められることになります。たとえば、戦後すぐに定められた議員定数の割り当てでは、選挙人約15万人に1人の割合で、各選挙区に議員定数が割り当てられました〔☞**表1**〕。しかし、産業構造の変化や都市化といった社会状況の変化から、選挙区間で大幅な人口の移動が生じます。

かりに20年後に**表1**の選挙区間で**表2**のような人口移動があったとします。このとき、各選挙区に割り当てられた議員定数に変わりがないとすれば、議員1人当たりの選挙人の数に大きな違いが出てきます。選挙人が減った選挙区Aでは8万人となり、人口が急激に増えた選挙区Dでは40万人になります。議員1人当たりの選挙人の数が最も少ないA選挙区を基準にしたとき（“1”としたとき）、最も多い選挙区Dは“5”ということになります。そこで、選挙区Aと選挙区Bとの議員1人当たりの選挙人の数の比率（較差）は、“1：5”と表されるわけです。

表1

	選挙区A	選挙区B	選挙区C	選挙区D
議員定数	3人	5人	4人	4人
議員1人当たりの選挙人の数	15万人	15万人	15万人	15万人
選挙人の数	45万人	75万人	60万人	60万人

20年後　選挙区A：人口減少　選挙区B・C・D：人口増加

表2

	選挙区A	選挙区B	選挙区C	選挙区D
議員定数	3人	5人	4人	4人
選挙人の数	24万人	180万人	150万人	160万人
議員1人当たりの選挙人の数	8万人	36万人	37.5万人	40万人
1票の較差	1	4.5	4.7	5

選挙区Aを“1”としたとき

3 **表2**では、人口移動によって、選挙区

Aの選挙人の1票が選挙に与える影響力は、選挙区Dの選挙人の5倍あるということです。つまり、選挙区Aの選挙人の1票には、選挙区Dの選挙人の1票の5倍もの価値があるということになります。

たとえて言えばこういうことです。学校の文化祭の出し物について、クラス委員の5人で決める場合と、クラス25人全員で決める場合を比べた場合、5人で決める委員の1人ひとりは、大きなプレッシャーを感じるでしょう。それは、それぞれの委員の発言が、クラスの出し物についての決定に大きな影響を与えるからであり、委員が担っている責任が重いからです。そして、委員が思いつきでいい加減な発言をしないように気をつけるのは、その発言に相応の重み――クラス全員で決める場合の5倍の価値――があると考えるからです。

形式的に見れば、選挙区Aの選挙人も選挙区Dの選挙人もそれぞれ1票が与えられています。しかし、議員1人当たりの選挙人の数に違いがあると、選挙に対する影響力や1票が持つ価値に違いが出てきます。選挙区Aの選挙人の1票には、選挙区Dの選挙人と比べて、5倍もの影響力や価値があると言えます。これが、**議員定数不均衡の問題**であり、この問題を平等選挙の原則からどのように考えるべきかが裁判で争われてきました。

議員定数不均衡と投票価値の平等

1 議員定数不均衡の問題を裁判所が審査することについて、最高裁は、当初、消極的でした〔☞ 判例1〕。憲法は、「選挙区、投票の方法その他両議院の議員の選挙に関する事項は、法律でこれを定める」（憲法47条）と規定し、選挙制度の詳細については国会の判断に委ねているからです。

しかし、最高裁は、議員1人当たりの選挙人の数の最大較差が1対4.99にまで広がっていた衆議院の定数不均衡が争われた事件において、従来の消極的な姿勢を改めることになります〔☞ 判例2〕。1976年判決において、最高裁は、国民にとって最も基本的な政治参加の場面である選挙については、「徹底した平等化」が求められるとし、憲法14条の法の下の平等は、選挙人の資格についての差

判例1　最大判昭39・2・5民集18巻2号270頁
各選挙区に如何なる割合で議員数を配分するかは、立法府である国会の権限に属する立法政策の問題であつて、議員数の配分が選挙人の人口に比例していないという一事だけで、憲法14条1項に反し無効であると断ずることはできない。

判例2　最大判昭51・4・14民集30巻3号223頁
憲法14条1項に定める法の下の平等は、選挙権に関しては

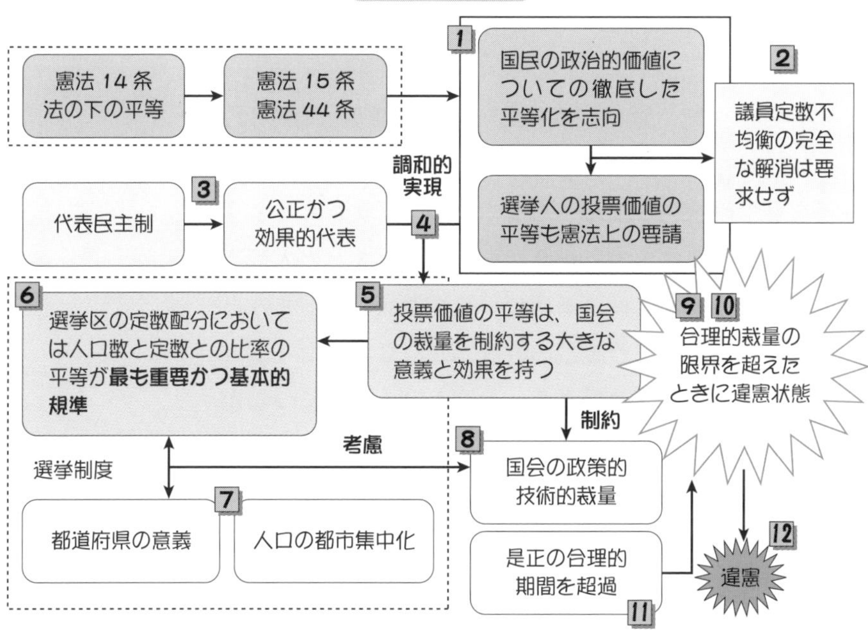

国民はすべて政治的価値において平等であるべきであるとする徹底した平等化を志向するものであり、右15条1項等の各規定の文言上は単に選挙人資格における差別の禁止が定められているにすぎないけれども、単にそれだけにとどまらず、選挙権の内容、すなわち各選挙人の投票の価値の平等もまた、憲法の要求するところであると解するのが、相当である。

別的な取扱いを禁止するだけでなく、「選挙権の内容、すなわち各選挙人の投票の価値の平等」もまた要請すると判示しました〔1〕。

2 しかし、最高裁は、「徹底した平等化」と言いながらも、続く判示のなかでこの要請を後退させていきます。この投票価値の平等は、具体的な選挙制度のなかで議員定数の不均衡を完全に解消すること（議員1人当たりの選挙人の数を完全に同一にすること）までは求めていないとします。

イメージとしては、現実の選挙制度は、大小さまざまな歯車や部品から組み立てられている精密な機械のようなものです。投票価値の平等もまたその歯車の1つです。選挙という機械の動きを良くするためには、場合によって、歯車の1つである投票価値の平等も多少の調整が必要になります。調整によっては、議員1人当たりの選挙人の数を完璧に合わせることは難しい場合がある、というのが最高裁の立場と言えるでしょう〔2〕。

3 最高裁は、憲法が採用している代表民主制から、2つの重要な目標または要請が導かれるとします。1つは、選挙された代表者を通じて、国民の利害や意見が公正かつ効果的に国政の運営に反映されることであり、もう１つは、政治が安定していることです〔**3**〕。この２つの要素も、選挙制度を組み立てる大切な歯車であると考えられます。

投票価値の平等と並んで、選挙制度にとって特に重要な歯車は、**公正かつ効果的な代表**という目標です。国民の代表を選ぶ選挙制度は、国民の多様な意思や意見がまんべんなく政治に反映されるような仕組みであることが望まれます。かりに東京や大阪などの大都市圏に人口が集中している状況で投票価値の平等を徹底してしまうと、人口の少ない地域から選出される議員の数は、かなり減るでしょう。そうなると、その地域に住む人の民意のいくつかは、政治につながるパイプを失うおそれがあります。それが極端に進めば、その選挙制度は、“公正かつ効果的な代表という目標から見ると問題あり”とされるでしょう。そのため、投票価値の平等を「唯一絶対の基準」とすることはできないのです。

4 最高裁によれば、国会は、公正かつ効果的な代表の実現と政治の安定の要請を踏まえ、また、衆議院と参議院のそれぞれにおいて考慮しうるその他の事項を考慮しながら、適切な選挙制度を具体的に決定できるとされます。投票価値の平等は、これらの考慮事項との関連で調和的に実現されるべき要請である、と最高裁は言います〔**4**〕。

しかし、投票価値の平等は、選挙制度を作る他の歯車との関係で、どこまでも妥協を強いられるというわけではありません。現実の選挙制度において投票価値の不平等が生じている場合、その不平等は、国会が正当に考慮することのできる重要な政策や理由によって根拠づけられる必要があります。最高裁は、その限りで、投票価値の平等には「大きな意義と効果」があると判示しました〔**5**〕。

そして、この事件で問題となった中選挙区制を選挙制度として採用する場合にも、各選挙区に何人の議員を配分するかの決定において、各選挙区の選挙人の数と配分される議員定数との比率の平等は、「最も重要かつ基本的な基準」とされるべきことは当然です

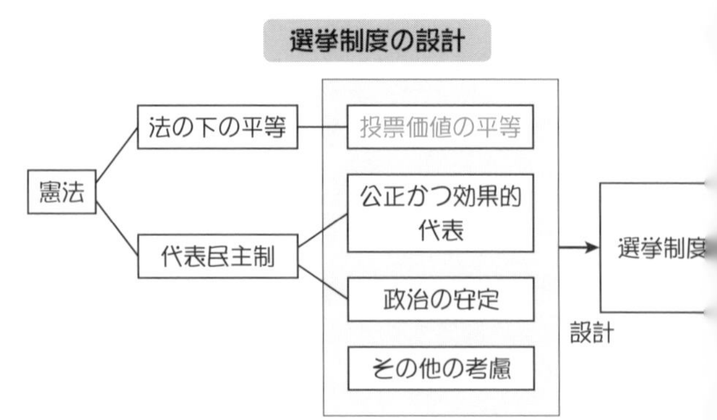

〔6〕。ただし、最高裁が、それ以外にもまた考慮されるべき要素をいくつか指摘していることに注意すべきです〔7〕。

議員定数不均衡の合憲性

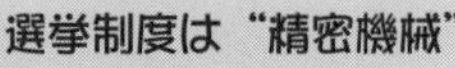

1 選挙制度は、大小さまざまな歯車や部品からなる精密な機械のようなものです。どの歯車や部品を使ってどう組み立てるかは、いわば“職人芸”のようなものです。そして、その仕事は憲法上国会に任されています（憲法47条）。国会は、選挙における選挙区制と議員定数の配分を決定する際に、多種多様で複雑微妙な要素をどの程度考慮し、それを具体的な決定にどこまで反映するかを判断します〔8〕。しかし、その判断の正しさを決める客観的な基準は存在しない、というのが最高裁の立場です。

したがって、裁判所の立場としては、国会にある程度自由に判断できる余地を広く残しながら（立法裁量）、その裁量判断が合理的なものであるかどうかを判断することになります。そして、投票価値の不平等が、「国会において通常考慮しうる諸般の要素をしんしゃくしてもなお、一般的に合理性を有するものとはとうてい考えられない程度に達している」場合には、それを正当化する特別な事情がない限り、違憲となると、最高裁は述べています〔9〕。

2 1976年判決では、最大較差1対4.99という投票価値の不平等が問題となりました。最高裁は、2つの点からその合理性を判断しました。

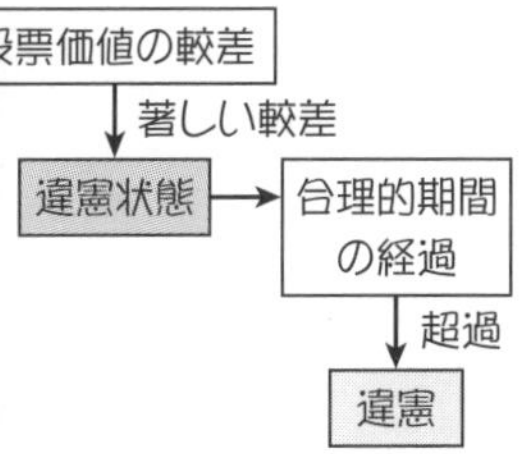

最高裁の合理性の判断

- **投票価値の較差**：投票価値の較差が著しく広がっている場合には、その較差を是正しない国会の判断は不合理となる。約1対5の較差は、「急激な社会的変化に対応するについてのある程度の政策的裁量を考慮に入れてもなお、一般的に合理性を有するものとはとうてい考えられない程度に達している」と判断される〔10〕。しかし、投票価値に著しい不平等があるというだけでは、直ちに違憲とは判断されない。
- **合理的期間の経過**：国会は、投票価値の不平等が生じた原因や人口の長期的な動きをよく見きわめたうえで、議員定数の改正を行うべきである。そのためには、ある程度の“経過観察”の期間――**合理的期間**――が必要である。このような合理的期間を超えてもなお、議員定数の改正を行わない場合に違憲となる。この事件では、約1対5という較差は、一朝一夕に生まれるような較差ではなく、かなり前から生じていたと考えられ、また、直前の議員定数の改正から8年あまり経過していることからすれば、合理的期間を経過している〔11〕。

以上のような判断に基づいて、最高裁は、選挙当時、公職選挙法が定める議員定数の配分規定は、全体として憲法の選挙権の平等の要請に違反し、違憲であったと結論づけました〔12〕。

3 しかし、最高裁は、違憲と判断された議員定数配分規定に基づき実施された選挙そのものは無効とはしませんでした。それは、選挙を無効にしたところで、直ちに憲法が期待するような“合憲の状況”が生ずるわけではないし、かえって、法的にも政治的にも社会に混乱をもたらすという理由からでした。

選挙無効から生ずる混乱

- 実施された選挙を全部無効とし、衆議院の議員が全員議員としての資格を失うとすれば、判決が出るまでのあいだに衆議院が可決し成立させた法律の効力まで疑わしくなる。
- 衆議院の議員がいないため、投票価値の不平等を解消するための法改正もできなくなるおそれがある。
- 投票価値の較差が極端に広がっている一部の選挙区の選挙だけを無効にするとしても、その後の衆議院の活動も、投票価値の不平等を解消するための法改正も、問題とされた選挙区から選出された代表者抜きで行わなければならない。

最高裁は、結局、判決の主文において、選挙が違法であったことを宣言しましたが、選挙そのものは無効とはしませんでした。このような判決の手法は「**事情判決**」と呼ばれます。この手法は、もともとは、行政処分の取消の場合に適用されるものでした（行政事件

ダムの用地の取得にミスがあ
たが、今さらダムは壊せない

行政事件訴訟法 31 条　取消訴訟については、処分又は裁決が違法ではあるが、これを取り消すことにより公の利益に著しい障害を生ずる場合において、原告の受ける損害の程度、その損害の賠償又は防止の程度及び方法その他一切の事情を考慮したうえ、処分又は裁決を取り消すことが公共の福祉に適合しないと認めるときは、裁判所は、請求を棄却することができる。この場合には、当該判決の主文において、処分又は裁決が違法であることを宣言しなければならない。

訴訟法 31 条)。行政事件訴訟法では、裁判所が行政処分を違法として取り消してしまうと、公の利益に著しい損害をもたらし、結果として公共の福祉に適合しない事態が生ずる場合には、この処分を取り消さないことができるとされています。

最高裁は、行政処分の取消に適用される事情判決の手法の背後には、ほかの場合にも通用する「法の一般原則」が潜んでいると考えました。そして、選挙の無効が問題となる場合にも、この法の一般原則が当てはまると考えたのでした。

較差の程度と合理的期間

1 1976 年の最高裁判決は、議員 1 人当たりの選挙人の数の最小値と最大値の比が、1 対 4.99 にまで広がっている状態を違憲と判断しました〔☞ 判例 2〕。ただ、最高裁は、憲法上許される較差の限界を数字で示したわけではありません。その意味で、最高裁は、“1 対 4.99 の較差はあまりにひどい”という結論を述べたにすぎません。そこで、憲法が要請する投票価値の平等の観点からすれば、具体的に何対何までの較差であれば、憲法上許される較差と言えるかが、その後問われることになりました。

1976 年判決以降の最高裁判決の流れを見ると、中選挙区制の下では、最高裁は、投票価値の不平等が違憲とされる境目については、

最高裁判決の流れ

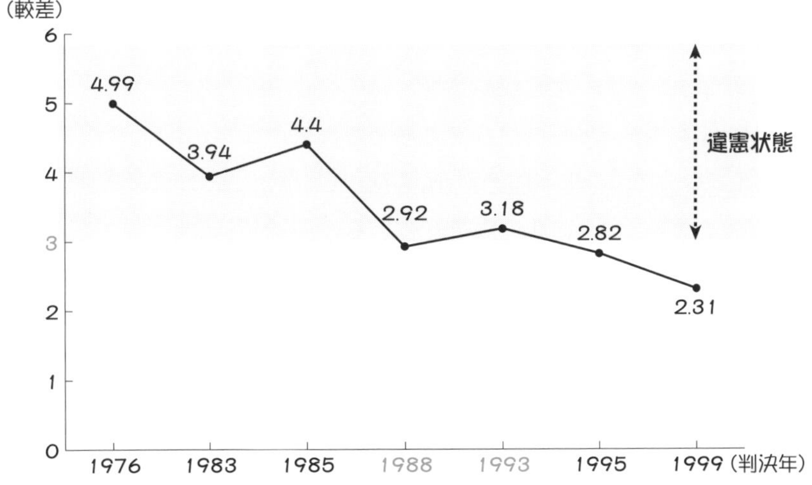

1対3を1つの目安にしていたように思われます。1対2.92の較差が問題となった1988年判決では、最高裁は、この較差を合憲としています〔☞ 判例3〕。しかし、1993年判決では、一転して、1対3.18の較差を違憲と判断しました〔☞ 判例4〕。

判例3 最判昭63・10・21民集42巻5号277頁

判例4 最大判平5・1・20民集47巻1号67頁

しかし、学説は、1対3の基準は緩すぎるとして、最高裁の立場には批判的です。第1に、選挙権という国民にとってきわめて重要な権利において差別が生じていることを重視すれば、裁判所は、このような差別的な取扱いについてもっと厳格に審査すべきだからです。なお、外国にいる国民に対して投票する仕組みを用意していなかったことが争われた訴訟では、最高裁はかなり厳格な審査を行っています〔☞ 判例5〕。第2に、"1人1票"を原則とする平等選挙の観点からすれば、1対2以上の較差を認めることは、議員1人当たりの選挙人数が少ない選挙区の選挙人に、2票以上の投票を認めることと等しいからです。

較差 1：4 の場合

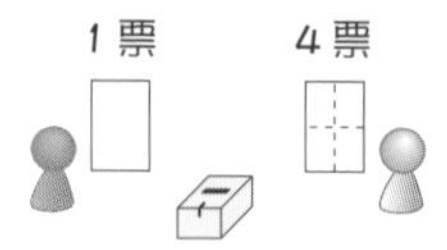

判例5 在外日本人選挙権訴訟・最大判平17・9・14民集59巻7号2087頁

2 最高裁は、投票価値の不平等が憲法上見過ごすことのできない程度に広がっていたとしても、それだけで、問題となっている議員定数の配分規定を違憲とするわけではありません。この点は、最高裁の1983年判決により明確に示されました〔☞ 判例6〕。1983年判決では、1対3.94にまで開いていた投票価値の不平等は、「違憲状態」にあると判断されました。しかし、最高裁は、議員定数の不均衡を是正するための法改正に必要な「合理的期間」は、問題となった選挙当時には経過していなかったとし、議員定数の配分規定を違憲であるとは宣言しませんでした。

判例6 最大判昭58・11・7民集37巻9号1243頁

1970年の段階では、選挙区間における議員1人当たりの人口の較差は、最大1対4.83でした。そして、1975年の法改正により較差は、1対2.92にまで縮まりました。最高裁は、この改正をもって投票価値の不平等状態はいちおう解消されたと見ました。ところが、1983年判決で問題となった1980年の選挙時には、較差が、1対3.94まで広がっていたのでした。問題の選挙が行われたのは、法改正から約5年後、その施行日から計算すれば約3年半後でした。最高裁は、法改正後から選挙時までのいずれかの時点で、投票価値の不平等が「違憲状態」に転化したと考えました。しかし、最高裁は、「憲法上要求される合理的期間内における是正がされなかつたものと断定することは困難であるといわざるをえない」と述べて、議員定数の配分規定を違憲とは宣言しませんでした。

しかし、最高裁は、1985年判決では、同じ議員定数の配分規定に基づき実施された1983年の衆議院選挙について、「憲法上要求される合理的期間内の是正が行われなかったものと評価せざるを得ない」として、この配分規定を違憲としました〔☞判例7〕。この判断の決め手となったのは、第1に、違憲と判断した1976年判決と同じく、直前の法改正から約8年が経過していたことでしょう。第2に、1対3.94の較差を「違憲状態」にあると判断した1983年判決が指摘するように、前回選挙の時点で、すでに較差が「違憲状態」にあったことは、国会も認識できたはずであるということです。

判例7 最大判昭60・7・17民集39巻5号1100頁

3 合理的期間は、議員定数の不均衡の進行具合を観察し、議員定数の配分規定の改正にこぎ着けるまでの政治的な調整のために必要な時間として、憲法が国会に認めた改正までの猶予期間です。その意味で、合理的期間の判断は、議員定数の不均衡が投票価値の平等を損なっている配分規定を、裁判所が違憲と判断する前に置かれた1つの“クッション”の役割を果たしています。議員定数の配分規定を改正する作業は、政治的にきわめて難しい作業です。議員定数を減らされる選挙区の議員にとってみれば、死活問題です。また、選挙で獲得した議席の“数”がものを言う議院内閣制では、政党にとって“勝てる選挙区”の定数が減ることには、やはり強く抵抗するでしょう。この点から、合理的期間という“クッション”は、国会にとってたいへんありがたいはずです。しかし、合理的期間がいったいどのくらいの期間なのかは、はっきりしません。

また、議員定数の配分規定を改正するのを国会がさぼっていても、現に国会議員である議員にとっては“実害”はありません。なぜなら、裁判所が議員定数の配分規定を違憲と判断しても、実施された選挙自体は無効にならないからです（事情判決の法理）。つまり、議員の地位は“安泰”なのです。したがって、議員定数の配分規定を違憲とする判決には、法改正を国会に促すための強制力がないのです。しかし、この合理的期間や事情判決のために、国会が、議員定数の不均衡が目に余る状態に達しているのに、必要な法改正になかなか取りかからないというのでは、困ります。

そこで、最高裁の裁判官は、個別意見のなかで、実効性のある判決の仕方についていろいろと提案しています〔☞判例7 寺田治郎・

木下忠良・伊藤正己・矢口洪一裁判官の補足意見〕。たとえば、「将来効判決」と呼ばれる判決の手法です。この手法は、違憲と判断された議員定数の配分規定に基づいて実施された選挙を直ちに無効とするのではなく、国会に配分規定を改正する時間的な余裕を与え、その期間を経過した時点で選挙を無効とする判決の手法です。いわば、“時限爆弾”つきの判決と言えるでしょう。国会は、“爆弾”が爆発する前に必要な法改正を行い、再選挙を実施するよう強制されることになります。

将来効判決

タイマースタート
発動
違憲判決
選挙無効
改正の猶予期間

小選挙区制における議員定数不均衡

1 議員定数の不均衡の問題は、小選挙区制においても問題となります。小選挙区制の場合は、各選挙区から1人の議員が選出される選挙制度で、各選挙区が同数の選挙人になることで、投票価値の平等は確保されます。そして、選挙区の区割りを行う際に、選挙人の数に違いがあれば、それが直ちに議員定数の不均衡につながります。小選挙区制の場合、“議員1人当たりの選挙人の数＝選挙区の選挙人の数”だからです。また、定数の割当ての問題がなく、選挙区の区割りにのみ注意を向ければよいため、較差の是正は、中選挙区制ほど難しくないと言われます。

1994年の公職選挙法の改正により、衆議院については、それまでの中選挙区制から、小選挙区選挙と比例代表選挙とを組み合わせた「小選挙区比例代表並立制」が導入されました。改正当時、小選挙区の定数は300人です。議員定数を配分するに当たっては、まず、47都道府県に1人ずつ定数を割り当てたうえで、残りの253は、都道府県の人口数に比例して割り振られました。この方式は、「1人別枠方式」と呼ばれます。さらに、都道府県ごとに、なるべく人口が均等になるようにして、割り当てられた定数と同じ数だけの選挙区を作り、それぞれの選挙区に定数1を割り当てました。ところが、このような方式で区割りを行った結果、人口較差が2倍を超える選挙区が28も生じました。しかし、最高裁は、1976年判決の枠組みを使い、この方式を合憲とする判決を下しました〔☞ 判例8〕。その後、最大較差1対2.17にまで広がった選挙区割りについても、合憲と判断されました〔☞ 判例9〕。

衆議院の小選挙区制

47
253
都道府県頭割分
人口比例分

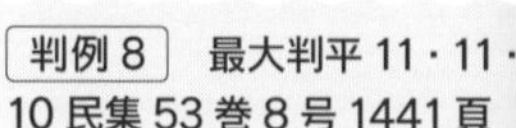
判例8 最大判平11・11・10民集53巻8号1441頁

判例9 最大判平19・6・13民集61巻4号1617頁

判例10　最大判平23・3・23民集65巻2号755頁

2　衆議院の小選挙区制をめぐっては、憲法上の要請ではない、1人別枠方式が較差を生じさせている点をどう見るかが大きな問題となりました。

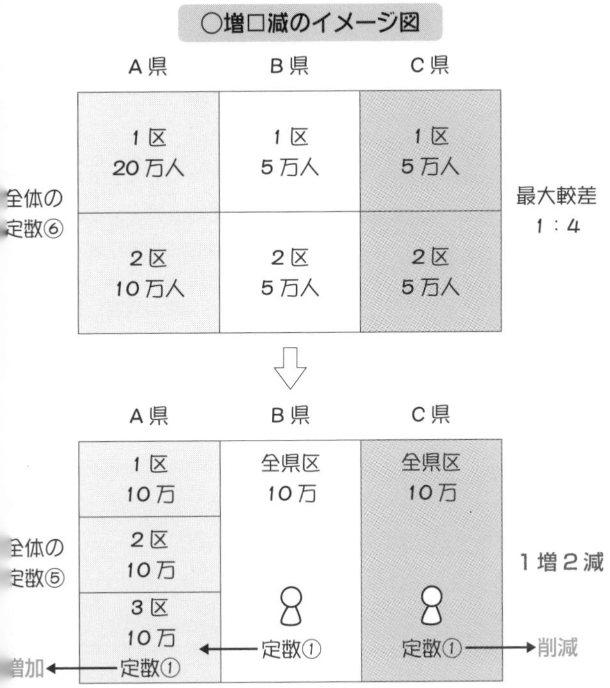

〇増□減のイメージ図

	A県	B県	C県	
全体の定数⑥	1区 20万人	1区 5万人	1区 5万人	最大較差 1：4
	2区 10万人	2区 5万人	2区 5万人	

⇩

	A県	B県	C県	
全体の定数⑤	1区 10万	全県区 10万	全県区 10万	1増2減
	2区 10万			
増加←	3区 10万 定数①	←定数①	定数①→	削減

この点について、最高裁は2011年に、"選挙制度改革から10年が経過した現在では、2倍を超える投票価値の較差を生む1人別枠方式を正当化できる説得的な根拠はない"とする新たな判決を下しました〔☞判例10〕。1人別枠方式は、定数が大きく減る地域に生ずる急激な変化を緩和し、選挙制度改革を円滑に実現するための配慮から設けられたものとされました。そして、新しい選挙制度が定着し、国政が安定した現在では、この方式の存在意義は失われたと、最高裁は判断したのでした。

2012年12月に実施された衆議院議員選挙は、判例10で違憲状態とされた規定に基づいて行われました。この時の衆議院解散総選挙の直前に、判例10の趣旨に沿ったかたちで法改正がなされ、1人別枠方式が廃止されるとともに、最大較差を2倍以下に抑えるいわゆる「0増5減」が成立しました。しかし、違憲判決から選挙までの期間として1年9ヶ月しかなく、この法改正を実際の選挙区割に反映させるだけの時間的な余裕はありませんでした。

選挙当時の最大較差は、1対2.425にまで広がっており、投票価値の平等に反する状態でした。問題は、国会に猶予期間として認められている合理的期間を過ぎているかどうかであり、過ぎていると判断されれば、違憲が確定します。最高裁は1976年に下された判例2以降の判例を整理し、その判断枠組み――投票価値の較差→合理的期間の経過→事情判決――に対して新しい見方を示しました〔☞判例11〕。最高裁によれば、この3段階の判断枠組みは、問題の重要性から慎重な手順を踏むというよりは、「憲法の予定している司法権と立法権との関係に由来するもの」とされます。"選挙制度が投票価値の平等に違反する状態だ"と裁判所が判断しても、

判例11　最大判平25・11・20集民245号1頁
衆議院議員の選挙における投票価値の較差の問題について、当裁判所大法廷は、これまで、〔1〕定数配分又は選挙区割りが前記のような諸事情を総合的に考慮した上で投票価値の較差において憲法の投票価値の平等の要求に反する状態に至っているか否か、〔2〕上記の状態に至っている場合に、憲法上要求される合理的期間内における是正がされなかったとして定数配分規定又は区割規定が憲法の規定に違反するに至っているか否か、〔3〕当該規定が憲法の規定に違反するに至っている場合に、選挙を無効とすることなく選挙の違法を宣言するにとどめるか否かといった判断の枠組みに従って審査を行ってきた。こうした段階を経て判断を行う方法が採られてきたのは、単に事柄の重

選挙制度のどこをどう手直しするかは、国会の幅広い裁量に委ねられています。とすれば、裁判所にできることは、ある程度の方向性とゴールを定めて、ゴールを目指して進む国会を叱咤激励することです。国会に一生懸命走る姿勢が見られないときには、厳しく叱り、国会が頑張っているときには大いに褒めてあげ、一層努力するように激励するということです。

要性に鑑み慎重な手順を踏むというよりは、憲法の予定している司法権と立法権との関係に由来するものと考えられる。すなわち、裁判所において選挙制度について投票価値の平等の観点から憲法上問題があると判断したとしても、自らこれに代わる具体的な制度を定め得るものではなく、その是正は国会の立法によって行われることになるものであり、是正の方法についても国会は幅広い裁量権を有しており、上記の判断枠組みのいずれの段階においても、国会において自ら制度の見直しを行うことが想定されているものと解される。

IMAGE

選挙制度の問題については、国会は“怠け癖のついた子ども”であり、裁判所は、すぐに怠けようとする子どもを何とか勉強させようと“家庭教師”のような関係かもしれません。裁判所は、子どもに代わって学校で試験を受けてくることはできません。“替え玉受験”は不正だからです。家庭教師にできるのは、駄々をこねる子どもをなだめすかして教科書を何とか開かせ、あまりにやる気がないようであれば厳しくしかりつけ、よい点数をとったら“あめ玉”をあげると約束し、成績が上がれば、“やればできるじゃない”と言って自信を持たせたりすることです。家庭教師にとって大切なことは“手綱さばき”であり、適切なタイミングで手綱を引いたり、緩めたりすることです。

３段階の判断枠組みは、手綱の引き具合を調節するための仕組みと理解することができます。裁判所は、較差が“違憲状態”であると判断して、国会に較差是正を促し、怠慢な態度を示せば、合理的期間はとうに過ぎており“違憲”であると宣言して、是正に着手するよう圧力をかけます。しかし、裁判所は、事情判決の法理を使わずに、“選挙無効”の判決を下せるでしょうか。ここにおいて、３段階の判断枠組みの“本気度”が問われます。それがなければ、この判断枠組みは、緊張感を欠いた裁判所と国会の“なれ合い”を生むことになるでしょう。

判例 12　最大判平 27・11・25 民集 69 巻 7 号 2035 頁

3　最高裁は、その後、判例 10 、判例 11 、判例 12 という 3 つの判決において、最大較差が 2 倍を超えている点については、投票価値の平等に反する違憲状態であると判断しています。2012 年の 0 増 5 減の改正が改正当時 2 倍以下に較差を抑えたことについて、最高裁が一応評価している点からすれば、投票価値の平等の要請が許容する最大較差は 2 倍以下ということになりそうです。実際に、判例 13 では、0 増 6 減の措置をとった 2017 年の改正により最大較差が 2 倍以下に抑えられたことをもって、最高裁は違憲状態は解消されたとしました。1 人 1 票の原則からすれば、許されるぎりぎりの限度でしょう。直近の判決である 判例 14 は、2 倍を超える較差（1 対 2.079）を合憲としています。

近時の最高裁判決の動向

判決	直近の改正	選挙実施日	最大較差	合理的期間	反対意見
2007 年 判例 9	2002 年 5 増 5 減	2005.9.11	1 対 2.17 合憲		3 裁判官
2011 年 判例 10	2002 年	2009.8.30	1 対 2.304 違憲状態	2007 年後 合理的期間内	2 裁判官
2013 年 判例 11	2012 年（未執行）0 増 5 減	2012.12.16	1 対 2.425 違憲状態	2011 年後 合理的期間内	3 裁判官
2015 年 判例 12	2012 年	2014.12.14	1 対 2.129 違憲状態	2011 年後 合理的期間内	3 裁判官
2018 年 判例 13	2017 年	2017.10.22	1 対 1.979 合憲		2 裁判官

判例 13　最大判平 30・12・19 民集 72 巻 6 号 1240 頁

判例 14　最大判令 5・1・25 裁判所ウェブサイト

判例 10 、判例 11 、判例 12 の判決において注目されるのは、合理的期間の判断です。いずれも合理的期間内であると判断されていますが、この期間の起点は、較差が違憲状態にあることを国会が認識した時点、つまり、多くの場合は最高裁が違憲状態と判断した判決時となるでしょう。問題は、この合理的期間が純粋に“時間的な要素”だけで判断されるかどうかです。最高裁は、①単に期間の長短だけでなく、②是正のために採るべき措置の内容、③そのために検討を要する事項、④実際に必要となる手続や作業等の諸般の事情を総合考慮して、国会における是正の実現に向けた取組が司法の判断の趣旨を踏まえた立法裁量権の行使として相当なものであったといえるか否かという観点から評価すべきとします。

合理的期間を判断するための考慮要素（☞ 判例 11 ）

- **期間**：国会が較差を違憲状態にあると認識したのは、2011 年 3 月 23 日（判例 10 の判決日）であり、選挙まで 1 年 9 ヶ月しかなかった。
- **是正措置**：投票価値の平等に反する状態を是正することを最

優先し、1人別枠制を廃止し、較差を2倍未満とするために0増5減による定数配分の見直しを行う。

- **手続・作業**：1人別枠制の廃止は、「制度の仕組みの見直しに準ずる作業」を要する。国会が新たな区画割の基準に関する枠組みを作り、その基準に基づいて区画審が新しい区画割の改定案を勧告し、国会がその案に基づいて区画割の法改正を行う。2段階の法改正が必要となる。

⇒ 判例10 に基づき、選挙前の時点において是正の実現に向けた一定の前進と評価し得る法改正が成立に至っていたと言える。したがって、合理的期間内である。

最高裁は、判例11 において合理的期間を過ぎていないと結論づけました。最高裁は、判例10 において示された方向性に沿って、国会が投票価値の平等の実現に向けて着実に取り組んでいることに“エール”を送ったと言えるでしょう。“その調子、その調子。もっと頑張れ！”というわけです。判例12 における最高裁のスタンスも同様です。そして、近時下された 判例13 と 判例14 は、都道府県への定数配分に関して、人口比をより正確に反映すると言われる新方式（アダムス方式）が2016年の法改正によって導入されたことを前提にしています（ただし、いずれの選挙時にも未実施）。これが最高裁の“応援モード”を支える根拠となっています。

しかし、投票価値の平等に反する状態とは、法の下の平等を保障する憲法14条に違反する状態です。しかも、国民の政治的価値の平等という民主主義の根幹にかかわる問題です。法の支配の原則からすれば、司法権は、立法権による人権侵害に対して速やかな救済を与えることを第1に考えなければなりません。それが、憲法が本来予定する司法権と立法権の関係です。憲法上の考慮というよりは、実際上の考慮から生まれた合理的期間論に、あまり過大な役割を割り当てるべきではありません。

参議院における議員定数不均衡

1 次に問題となるのは、参議院の選挙区選挙です。参議院の選挙区選挙は、都道府県を1つの単位としています。議員定数は、都道府県の人口に応じて割り当てられており、定数2（改選1）の選挙区から定数10（改選5）の選挙区まであります。参議院の場合、議員定数の不均衡は衆議院以上に深刻です。第1に、議員1人当たりの選挙人の数の最大較差が、1対6を超えている時期がありました。第2に、選挙人の数が少ない選挙区が、それよりも多い選挙人の数を持つ選挙区よりも多くの選挙区を持つという、いわゆる「逆転現象」も生じていました。

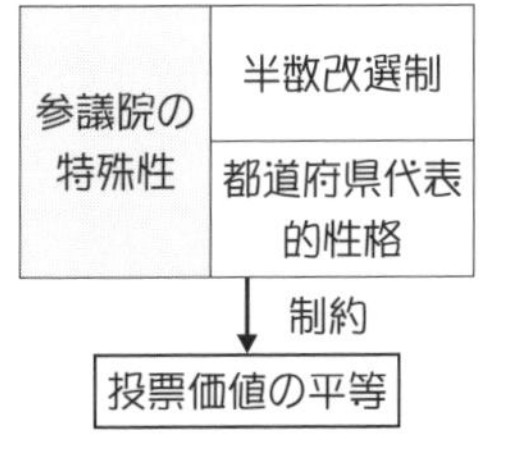

最高裁は、参議院について憲法が半数改選制（したがって、選挙区に割り当てられる定数は偶数でなければならない）をとっていること、参議院の選挙区選挙が都道府県代表的な性格を持つことなど、参議院の特殊性を強調して、議員定数の不均衡を合憲としました〔☞ 判例15〕。しかし、最大較差1対6.59にまで達した議員定数不均衡については、参議院の特殊性や、参議院が一方で議員定数の不均衡を生まない比例代表選挙を行っていることを考慮しても、「もはや到底看過することができないと認められる程度に達していたもの」と言わざるを得ないとしました〔☞ 判例16〕。ただし、最高裁は、合理的期間は経過していないとして違憲とはしませんでした。

その後、法改正（1994年）により参議院の議員定数不均衡は、おおむね1対5前後で推移しています。最高裁は、この較差を合憲と判断していますが〔☞ 判例17〕、次第に、較差是正を厳しく求める個別意見や、違憲とする反対意見を書く裁判官も増えていました〔☞ 判例18 判例19〕。

判例15 最大判昭58・4・27民集37巻3号345頁

判例16 最大判平8・9・11民集50巻8号2283頁

判例17 最大判平12・9・6民集54巻7号1997頁

判例18 最大判平16・1・14民集58巻1号56頁

判例19 最大判平21・9・30民集63巻7号1520頁

→ 2006年法改正による定数是正（4増4減）の合憲性が争われる。

2 2004年の最高裁判決〔☞ 判例18〕をうけて、国会は、2006年に公職選挙法を改正し、参議院の定数不均衡を是正しました。その結果、最大較差は1対4.75まで縮まりました。改正後に行われた参議院選挙をめぐる訴訟では、最大較差1対4.86が合憲と判断されました〔☞ 判例19〕。しかし、同じ定数配分規定で実施された2010年の参議院選挙の効力が争われた訴訟で、最高裁は、選挙時の1対5の最大較差を違憲状態にあると判示しました〔☞ 判例20〕。

判例20 最大判平24・10・17集民241号91頁

最高裁は、選挙制度をどのようなものにするかについては、国会の合理的な裁量に委ねられているとする立場を維持しつつ〔☞本章「議員定数不均衡と投票価値の平等」〕、その合理性を判断するにあたっては、これまでの選挙制度の変遷や社会の変化を考慮する必要があると述べました。最高裁が、最大較差1対5を違憲状態としたポイントは3つあります。

参議院の議員定数不均衡を違憲状態としたポイント

- **参議院の役割**：現在、衆議院も参議院も政党に重きを置いた同質的な選挙制度となっており、急速に変化する社会の情勢のもとで、議員の任期の長い参議院が国政で大きな役割を果たすようになってきている。参議院についても、さらに適切に民意が反映されるよう投票価値の平等の要請について十分に配慮すべきである。
- **較差の継続**：ほぼ一貫して人口の都市部への集中が続いてきた状況のもとで、都道府県を単位として各選挙区に偶数の定数を定める選挙制度の仕組みは、基本的には見直しがなされず、数十年間の長期にわたって5倍前後の大きな較差が維持されてきた。
- **都道府県の意義**：都道府県を参議院の選挙区の単位としなければならないことは、憲法上の要請ではない。むしろ、都道府県を選挙区の単位として固定することが、投票価値の大きな不平等状態を長期にわたって継続させる原因となっている。総定数を増やすことが難しい状況では、都道府県を各選挙区の単位とする仕組みを維持しながら、投票価値の平等を実現することは著しく困難である。

最高裁は、現行の参議院の選挙制度を抜本的に見直すことには相応の時間が必要であり、この点を指摘した2009年の大法廷判決〔☞ 判例19 〕から約9ヶ月後に実施された本件選挙までに、このような抜本的な見直しを行うことは困難であったことを認めました。そのため、本件選挙までのあいだに定数配分規定を改正しなかったことが、憲法に違反するとはいえないと結論づけます。ただし、最高裁は、「現行の選挙制度の仕組み自体の見直しを内容とする立法的措置を講じ、できるだけ速やかに違憲の問題が生ずる前記の不平

等状態を解消する必要がある」ことを付言しました。

判例 21　最大判平 26・11・26 民集 68 巻 9 号 1363 頁

→ 2012 年法改正による定数是正（4 増 4 減）の合憲性が争われる。

3　最高裁は 判例 21 において、衆議院に関する 判例 11 の 3 段階の判断枠組みが参議院においても適用されることを確認し、合理的期間の判断についても 判例 11 が示した考慮に基づき総合的に判断されるとしました。参議院については、衆議院以上に合理的期間を長くとる必要があることは容易に想像できます。最高裁が述べるように、参議院の場合には、定数を増減させるような“小手先の改正”ではままならず、判例 20 が指摘するように、都道府県を単位とする選挙区の組み立てそのものにメスを入れなければならないからです。そして、このような見直しには、参議院のあり方をも踏まえた高度に政治的な判断が求められます。

判例 21 で争われた選挙は、判例 20 が下されてから約 9 ヶ月後に実施されました。このような短期間に、参議院のあり方を踏まえた高度に政治的な判断や課題の検討を経て、具体的な選挙制度を策定して法改正にこぎ着けるのは無理です。最高裁は、そのような困難な状況において、とりあえず「4 増 4 減」の措置を行い、法律の付則で 2016 年の参議院選挙までに抜本的な見直しを検討し結論を得るとした法改正が成立したことを評価します。実際に、参議院の選挙制度に関する検討機関が立ち上げられ、判例 20 の趣旨に沿って検討が進められていることも指摘します。最高裁はこれらのことを総合的に考慮して、合理的期間は経過していないと結論づけました。最高裁は、衆議院と同様、参議院についても“応援モード”を崩しませんでした。

県と県の合区

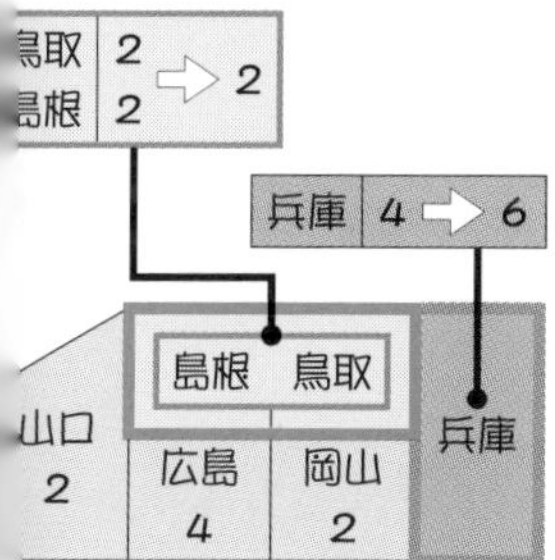

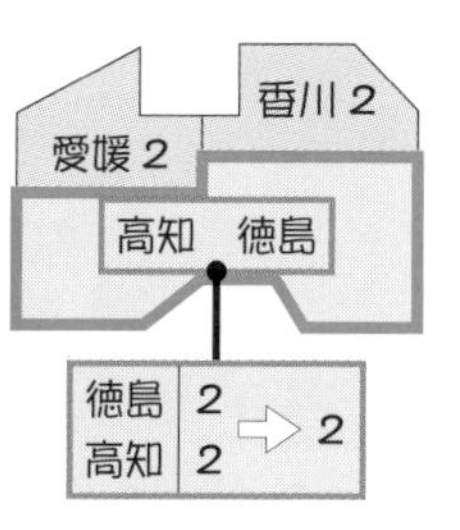

参議院の選挙区選挙については、2015 年に法改正が行われ、選挙人の数が少ない鳥取県と島根県、徳島県と高知県が「合区」され、都道府県を選挙区の単位とする選挙制度のあり方が一部崩れました。参議院に都道府県代表として性格を与えるかどうかは、今後、憲法改正の論議の場で論議されることになるでしょう。なお、最高裁は 2017 年に下した 判例 22 において、判例 21 は選挙区の区域を定めるに当たり、都道府県という単位を用いること自体を不合理としたものではないとしました。

判例 22　最大判平 29・9・27 民集 71 巻 7 号 1139 頁

→ 2015 年法改正による合区導入後の較差の合憲性が争われる。

4　2018 年に選挙制度が一部改正されて、選挙区選挙において定数が 2 増え、最大較差が 3 倍以下（1 対 2.99）に抑えられました。また、比例代表選挙では、定数が4増えるとともに、「特別枠制度」が設けられました。従来は、選挙人名簿に載せられた候補者の当選順位は、選挙で得た得票数によって決まりました（非拘束式名簿）。今回の改正で政党はこれとは別に、優先的に当選すべき候補者とその順位を名簿に掲げることができるようになりました。

この2018年の改正の評価が問題となったのが、判例23です。国会は、合区を導入した2015年の改正にあたって、その附則において、次回の通常選挙に向けて選挙制度の抜本的な見直しについて引き続き検討し、「必ず結論を得る」旨を定めていました。最高裁は、判例22において、投票価値の較差のさらなる是正に向けての立法府の「強い決意」が示されたものと考えました。しかし、2018年の改正は、最高裁の目からすれば、「選挙制度の抜本的な見直し」からはほど遠いものでした。

最高裁は、特に、合区された県の投票率が軒並み低く、無効投票率も高かったことを憂慮し、国会が合区解消の問題にメスを入れられなかったことに、失望感を滲ませます。そのため、2018年改正について、較差是正の取り組みが「大きな進展を見せているとはいえない」という厳しい評価を与えました。最高裁は、“応援モード”から“引き締めモード”に切り替えたかに見えます。しかし、参議院の選挙制度改革は、事柄の性質上、「漸進的にならざるを得ない面がある」と一定の理解を示します。最高裁は、較差是正を指向する姿勢が国会から失われたわけでないと見て、投票価値の不均衡は、違憲の問題が生ずる程度の著しい不平等状態にあったとは言えないと結論づけました。

判例23　最大判令2・11・18裁判所ウェブサイト

→　2018年法改正による較差縮小と特別枠制度の導入後の較差の合憲性が争われる。

STEP UP

1.　選挙権は、1人に1票ずつ保障されていればよいわけではなく、1人1人に与えられた1票の価値が等しくなければなりません。また、選挙権が与えられていたとしても、実際に投票できなければ、選挙権は意味を持ちません。日本の投票の方式は、原則として、投票所に行って投票用紙に候補者名や政党名を投票用紙に自分で書くことを求めています（公職選挙法44条①・46条①）。しかし、病気や怪我、身体の障がいなどのために投票所で自書により投票することが難しい人もいます。そのような場合には、代理投票や郵便投票などの配慮が必要になります。

かつて、郵便投票が不正に使われたことなどから郵便投票が廃止され、在宅での投票ができなくなった時期がありました。足に重い障がいのある人は、特に雪の積もった真冬に選挙が行われると、投票所に出向くのが困難となり、投票できなくなりました。そこで、原告は、国会が在宅投票制度を廃止し、またその復活を怠っているのは選挙権の侵害であるとして、国会議員を訴える国家賠償請求訴訟を起こしました〔在宅投票制度廃止違憲訴訟・第11章 **判例4**〕。最高裁は、立法行為（不作為）が国家賠償法上違法とされるのは、立法の内容が憲法の一義的な文言に違反しているのにあえて立法したといった「容易に想定し難い例外的な場合」に限られるとし、原告の訴えを退けました。

2. その後、最高裁は、外国にいる日本国民が衆議院選挙において選挙権が行使できなかったことが争われた事件で（裁判中に、法改正により比例選挙については投票できるようになりました）、在外日本国民の選挙権の行使を制限することは違憲であるとの判断を示しました〔在外日本人選挙権訴訟・第11章 **判例5**〕。最高裁は、国が選挙権とその行使を制限することは原則として許されないとし、制限できる場合を厳しく限定しました。そのハードルはきわめて高く、「制限をすることなしには選挙の公正を確保しつつ選挙権の行使を認めることが事実上不能ないし著しく困難であると認められる場合」でなければ、選挙権とその行使の制限はできないとしました。本件では、①法律が改正され、先行して実施されている比例選挙ではすでに在外投票が繰り返されていること、また、②通信手段が地球規模で目覚ましい発展を遂げていることを指摘し、在外日本人にも候補者個人の情報を適正に伝えることに著しい困難はないとし、在外日本人に対する選挙権の制限を違憲と判断しました。

3. さらに、最高裁は、在外日本人が最高裁判所の裁判官の国民審査を行えないことを違憲とする判決を下しました〔在外日本人国民審査権訴訟・最大判令4・5・25民集76巻4号711頁〕。最高裁は、国民審査の制度を次のように位置づけます。①憲法15条は公務員を選定し罷免する権利を「国民固有の権利」としており、国民審査の制度は、この主権者の権利を具体化したものであること。②最高裁は、法律等が憲法に適合するか否かを決定する終審裁判所であり、このような最高裁の地位と性格に鑑み、国民審査の制度が設けられたこと。③憲法が、衆議院議員総選挙の際に国民審査を行うと定めていること。以上のことから、「憲法は、選挙権と同様に、国民に対して審査権を行使する機会を平等に保障しているものと解するのが相当である」としました。選挙権＝国民審査権ということがストレートに言えるかは議論の分かれるところではあります。しかし、そう言えるとすれば、この事件にも在外日本人選挙権訴訟で最高裁が示した厳しい基準が当てはまります。最高裁は結論として、在外日本人が国民審査を行えない法制度の現状を違憲であることを確認する判決を下しました。

日本国憲法

昭和21年11月3日公布
昭和22年 5 月3日施行

日本国民は、正当に選挙された国会における代表者を通じて行動し、われらとわれらの子孫のために、諸国民との協和による成果と、わが国全土にわたつて自由のもたらす恵沢を確保し、政府の行為によつて再び戦争の惨禍が起ることのないやうにすることを決意し、ここに主権が国民に存することを宣言し、この憲法を確定する。そもそも国政は、国民の厳粛な信託によるものであつて、その権威は国民に由来し、その権力は国民の代表者がこれを行使し、その福利は国民がこれを享受する。これは人類普遍の原理であり、この憲法は、かかる原理に基くものである。われらは、これに反する一切の憲法、法令及び詔勅を排除する。

日本国民は、恒久の平和を念願し、人間相互の関係を支配する崇高な理想を深く自覚するのであつて、平和を愛する諸国民の公正と信義に信頼して、われらの安全と生存を保持しようと決意した。われらは、平和を維持し、専制と隷従、圧迫と偏狭を地上から永遠に除去しようと努めてゐる国際社会において、名誉ある地位を占めたいと思ふ。われらは、全世界の国民が、ひとしく恐怖と欠乏から免かれ、平和のうちに生存する権利を有することを確認する。

われらは、いづれの国家も、自国のことのみに専念して他国を無視してはならないのであつて、政治道徳の法則は、普遍的なものであり、この法則に従ふことは、自国の主権を維持し、他国と対等関係に立たうとする各国の責務であると信ずる。

日本国民は、国家の名誉にかけ、全力をあげてこの崇高な理想と目的を達成することを誓ふ。

第1章　天　皇

第1条　天皇は、日本国の象徴であり日本国民統合の象徴であつて、この地位は、主権の存する日本国民の総意に基く。

第2条　皇位は、世襲のものであつて、国会の議決した皇室典範の定めるところにより、これを継承する。

第3条　天皇の国事に関するすべての行為には、内閣の助言と承認を必要とし、内閣が、その責任を負ふ。

第4条　天皇は、この憲法の定める国事に関する行為のみを行ひ、国政に関する権能を有しない。

②　天皇は、法律の定めるところにより、その国事に関する行為を委任することができる。

第5条　皇室典範の定めるところにより摂政を置くときは、摂政は、天皇の名でその国事に関する行為を行ふ。この場合には、前条第一項の規定を準用する。

第6条　天皇は、国会の指名に基いて、内閣総理大臣を任命する。

②　天皇は、内閣の指名に基いて、最高裁判所の長たる裁判官を任命する。

第7条　天皇は、内閣の助言と承認により、国民のために、左の国事に関する行為を行ふ。

一　憲法改正、法律、政令及び条約を公布すること。
二　国会を召集すること。
三　衆議院を解散すること。
四　国会議員の総選挙の施行を公示すること。
五　国務大臣及び法律の定めるその他の官吏の任免並びに全権委任状及び大使及び公使の信任状を認証すること。
六　大赦、特赦、減刑、刑の執行の免除及び復権を認証すること。
七　栄典を授与すること。
八　批准書及び法律の定めるその他の外交文書を認証すること。
九　外国の大使及び公使を接受すること。
十　儀式を行ふこと。

第8条　皇室に財産を譲り渡し、又は皇室が、財産を譲り受け、若しくは賜与することは、国会の議決に基かなければならない。

第2章　戦争の放棄

第9条　日本国民は、正義と秩序を基調とする国際平和を誠実に希求し、国権の発動たる戦争と、武力による威嚇又は武力の行使は、国際紛争を解決する手段としては、永久にこれを放棄する。

②　前項の目的を達するため、陸海空軍その他の戦力は、これを保持しない。国の交戦権は、これを認めない。

第３章　国民の権利及び義務

第 10 条　日本国民たる要件は、法律でこれを定める。

第 11 条　国民は、すべての基本的人権の享有を妨げられない。この憲法が国民に保障する基本的人権は、侵すことのできない永久の権利として、現在及び将来の国民に与へられる。

第 12 条　この憲法が国民に保障する自由及び権利は、国民の不断の努力によつて、これを保持しなければならない。又、国民は、これを濫用してはならないのであつて、常に公共の福祉のためにこれを利用する責任を負ふ。

第 13 条　すべて国民は、個人として尊重される。生命、自由及び幸福追求に対する国民の権利については、公共の福祉に反しない限り、立法その他の国政の上で、最大の尊重を必要とする。

第 14 条　すべて国民は、法の下に平等であつて、人種、信条、性別、社会的身分又は門地により、政治的、経済的又は社会的関係において、差別されない。

②　華族その他の貴族の制度は、これを認めない。

③　栄誉、勲章その他の栄典の授与は、いかなる特権も伴はない。栄典の授与は、現にこれを有し、又は将来これを受ける者の一代に限り、その効力を有する。

第 15 条　公務員を選定し、及びこれを罷免することは、国民固有の権利である。

②　すべて公務員は、全体の奉仕者であつて、一部の奉仕者ではない。

③　公務員の選挙については、成年者による普通選挙を保障する。

④　すべて選挙における投票の秘密は、これを侵してはならない。選挙人は、その選択に関し公的にも私的にも責任を問はれない。

第 16 条　何人も、損害の救済、公務員の罷免、法律、命令又は規則の制定、廃止又は改正その他の事項に関し、平穏に請願する権利を有し、何人も、かかる請願をしたためにいかなる差別待遇も受けない。

第 17 条　何人も、公務員の不法行為により、損害を受けたときは、法律の定めるところにより、国又は公共団体に、その賠償を求めることができる。

第 18 条　何人も、いかなる奴隷的拘束も受けない。又、犯罪に因る処罰の場合を除いては、その意に反する苦役に服させられない。

第 19 条　思想及び良心の自由は、これを侵してはならない。

第 20 条　信教の自由は、何人に対してもこれを保障する。いかなる宗教団体も、国から特権を受け、又は政治上の権力を行使してはならない。

②　何人も、宗教上の行為、祝典、儀式又は行事に参加することを強制されない。

③　国及びその機関は、宗教教育その他いかなる宗教的活動もしてはならない。

第 21 条　集会、結社及び言論、出版その他一切の表現の自由は、これを保障する。

②　検閲は、これをしてはならない。通信の秘密は、これを侵してはならない。

第 22 条　何人も、公共の福祉に反しない限り、居住、移転及び職業選択の自由を有する。

②　何人も、外国に移住し、又は国籍を離脱する自由を侵されない。

第 23 条　学問の自由は、これを保障する。

第 24 条　婚姻は、両性の合意のみに基いて成立し、夫婦が同等の権利を有することを基本として、相互の協力により、維持されなければならない。

②　配偶者の選択、財産権、相続、住居の選定、離婚並びに婚姻及び家族に関するその他の事項に関しては、法律は、個人の尊厳と両性の本質的平等に立脚して、制定されなければならない。

第 25 条　すべて国民は、健康で文化的な最低限度の生活を営む権利を有する。

②　国は、すべての生活部面について、社会福祉、社会保障及び公衆衛生の向上及び増進に努めなければならない。

第 26 条　すべて国民は、法律の定めるところにより、その能力に応じて、ひとしく教育を受ける権利を有する。

②　すべて国民は、法律の定めるところにより、その保護する子女に普通教育を受けさせる義務を負ふ。義務教育は、これを無償とする。

第 27 条　すべて国民は、勤労の権利を有し、義務を負ふ。

②　賃金、就業時間、休息その他の勤労条件に関する基準は、法律でこれを定める。

③　児童は、これを酷使してはならない。

第 28 条　勤労者の団結する権利及び団体交渉その他の団体行動をする権利は、これを保障する。

第 29 条　財産権は、これを侵してはならない。

②　財産権の内容は、公共の福祉に適合するやうに法律でこれを定める。

③　私有財産は、正当な補償の下に、これを公共のために用ひることができる。

第 30 条　国民は、法律の定めるところにより、納税の義務を負ふ。

第 31 条　何人も、法律の定める手続によらなければ、その生命若しくは自由を奪はれ、又はその他の刑罰を科せられない。

第32条　何人も、裁判所において裁判を受ける権利を奪はれない。

第33条　何人も、現行犯として逮捕される場合を除いては、権限を有する司法官憲が発し、且つ理由となつてゐる犯罪を明示する令状によらなければ、逮捕されない。

第34条　何人も、理由を直ちに告げられ、且つ、直ちに弁護人に依頼する権利を与へられなければ、抑留又は拘禁されない。又、何人も、正当な理由がなければ、拘禁されず、要求があれば、その理由は、直ちに本人及びその弁護人の出席する公開の法廷で示されなければならない。

第35条　何人も、その住居、書類及び所持品について、侵入、捜索及び押収を受けることのない権利は、第三十三条の場合を除いては、正当な理由に基いて発せられ、且つ捜索する場所及び押収する物を明示する令状がなければ、侵されない。

②　捜索又は押収は、権限を有する司法官憲が発する各別の令状により、これを行ふ。

第36条　公務員による拷問及び残虐な刑罰は、絶対にこれを禁ずる。

第37条　すべて刑事事件においては、被告人は、公平な裁判所の迅速な公開裁判を受ける権利を有する。

②　刑事被告人は、すべての証人に対して審問する機会を充分に与へられ、又、公費で自己のために強制的手続により証人を求める権利を有する。

③　刑事被告人は、いかなる場合にも、資格を有する弁護人を依頼することができる。被告人が自らこれを依頼することができないときは、国でこれを附する。

第38条　何人も、自己に不利益な供述を強要されない。

②　強制、拷問若しくは脅迫による自白又は不当に長く抑留若しくは拘禁された後の自白は、これを証拠とすることができない。

③　何人も、自己に不利益な唯一の証拠が本人の自白である場合には、有罪とされ、又は刑罰を科せられない。

第39条　何人も、実行の時に適法であつた行為又は既に無罪とされた行為については、刑事上の責任を問はれない。又、同一の犯罪について、重ねて刑事上の責任を問はれない。

第40条　何人も、抑留又は拘禁された後、無罪の裁判を受けたときは、法律の定めるところにより、国にその補償を求めることができる。

第4章　国　会

第41条　国会は、国権の最高機関であつて、国の唯一の立法機関である。

第42条　国会は、衆議院及び参議院の両議院でこれを構成する。

第43条　両議院は、全国民を代表する選挙された議員でこれを組織する。

②　両議院の議員の定数は、法律でこれを定める。

第44条　両議院の議員及びその選挙人の資格は、法律でこれを定める。但し、人種、信条、性別、社会的身分、門地、教育、財産又は収入によつて差別してはならない。

第45条　衆議院議員の任期は、四年とする。但し、衆議院解散の場合には、その期間満了前に終了する。

第46条　参議院議員の任期は、六年とし、三年ごとに議員の半数を改選する。

第47条　選挙区、投票の方法その他両議院の議員の選挙に関する事項は、法律でこれを定める。

第48条　何人も、同時に両議院の議員たることはできない。

第49条　両議院の議員は、法律の定めるところにより、国庫から相当額の歳費を受ける。

第50条　両議院の議員は、法律の定める場合を除いては、国会の会期中逮捕されず、会期前に逮捕された議員は、その議院の要求があれば、会期中これを釈放しなければならない。

第51条　両議院の議員は、議院で行つた演説、討論又は表決について、院外で責任を問はれない。

第52条　国会の常会は、毎年一回これを召集する。

第53条　内閣は、国会の臨時会の召集を決定することができる。いづれかの議院の総議員の四分の一以上の要求があれば、内閣は、その召集を決定しなければならない。

第54条　衆議院が解散されたときは、解散の日から四十日以内に、衆議院議員の総選挙を行ひ、その選挙の日から三十日以内に、国会を召集しなければならない。

②　衆議院が解散されたときは、参議院は、同時に閉会となる。但し、内閣は、国に緊急の必要があるときは、参議院の緊急集会を求めることができる。

③　前項但書の緊急集会において採られた措置は、臨時のものであつて、次の国会開会の後十日以内に、衆議院の同意がない場合には、その効力を失ふ。

第55条　両議院は、各々その議員の資格に関する争訟を裁判する。但し、議員の議席を失はせるには、出席議員の三分の二以上の多数による議決を必要とする。

第56条　両議院は、各々その総議員の三分の一以上の出席がなければ、議事を開き議決することができない。

② 両議院の議事は、この憲法に特別の定のある場合を除いては、出席議員の過半数でこれを決し、可否同数のときは、議長の決するところによる。

第57条　両議院の会議は、公開とする。但し、出席議員の三分の二以上の多数で議決したときは、秘密会を開くことができる。

② 両議院は、各々その会議の記録を保存し、秘密会の記録の中で特に秘密を要すると認められるもの以外は、これを公表し、且つ一般に頒布しなければならない。

③ 出席議員の五分の一以上の要求があれば、各議員の表決は、これを会議録に記載しなければならない。

第58条　両議院は、各々その議長その他の役員を選任する。

② 両議院は、各々その会議その他の手続及び内部の規律に関する規則を定め、又、院内の秩序をみだした議員を懲罰することができる。但し、議員を除名するには、出席議員の三分の二以上の多数による議決を必要とする。

第59条　法律案は、この憲法に特別の定のある場合を除いては、両議院で可決したとき法律となる。

② 衆議院で可決し、参議院でこれと異なつた議決をした法律案は、衆議院で出席議員の三分の二以上の多数で再び可決したときは、法律となる。

③ 前項の規定は、法律の定めるところにより、衆議院が、両議院の協議会を開くことを求めることを妨げない。

④ 参議院が、衆議院の可決した法律案を受け取つた後、国会休会中の期間を除いて六十日以内に、議決しないときは、衆議院は、参議院がその法律案を否決したものとみなすことができる。

第60条　予算は、さきに衆議院に提出しなければならない。

② 予算について、参議院で衆議院と異なつた議決をした場合に、法律の定めるところにより、両議院の協議会を開いても意見が一致しないとき、又は参議院が、衆議院の可決した予算を受け取つた後、国会休会中の期間を除いて三十日以内に、議決しないときは、衆議院の議決を国会の議決とする。

第61条　条約の締結に必要な国会の承認については、前条第二項の規定を準用する。

第62条　両議院は、各々国政に関する調査を行ひ、これに関して、証人の出頭及び証言並びに記録の提出を要求することができる。

第63条　内閣総理大臣その他の国務大臣は、両議院の一に議席を有すると有しないとにかかはらず、何時でも議案について発言するため議院に出席することができる。又、答弁又は説明のため出席を求められたときは、出席しなければならない。

第64条　国会は、罷免の訴追を受けた裁判官を裁判するため、両議院の議員で組織する弾劾裁判所を設ける。

② 弾劾に関する事項は、法律でこれを定める。

第5章　内　閣

第65条　行政権は、内閣に属する。

第66条　内閣は、法律の定めるところにより、その首長たる内閣総理大臣及びその他の国務大臣でこれを組織する。

② 内閣総理大臣その他の国務大臣は、文民でなければならない。

③ 内閣は、行政権の行使について、国会に対し連帯して責任を負ふ。

第67条　内閣総理大臣は、国会議員の中から国会の議決で、これを指名する。この指名は、他のすべての案件に先だつて、これを行ふ。

② 衆議院と参議院とが異なつた指名の議決をした場合に、法律の定めるところにより、両議院の協議会を開いても意見が一致しないとき、又は衆議院が指名の議決をした後、国会休会中の期間を除いて十日以内に、参議院が、指名の議決をしないときは、衆議院の議決を国会の議決とする。

第68条　内閣総理大臣は、国務大臣を任命する。但し、その過半数は、国会議員の中から選ばれなければならない。

② 内閣総理大臣は、任意に国務大臣を罷免することができる。

第69条　内閣は、衆議院で不信任の決議案を可決し、又は信任の決議案を否決したときは、十日以内に衆議院が解散されない限り、総辞職をしなければならない。

第70条　内閣総理大臣が欠けたとき、又は衆議院議員総選挙の後に初めて国会の召集があつたときは、内閣は、総辞職をしなければならない。

第71条　前二条の場合には、内閣は、あらたに内閣総理大臣が任命されるまで引き続きその職務を行ふ。

第72条　内閣総理大臣は、内閣を代表して議案を国会に提出し、一般国務及び外交関係について国会に報告し、並びに行政各部を指揮監督する。

第73条　内閣は、他の一般行政事務の外、左の事務を行ふ。

一　法律を誠実に執行し、国務を総理すること。

二　外交関係を処理すること。

三　条約を締結すること。但し、事前に、時宜によつては事後に、国会の承認を経ることを必要とする。

四　法律の定める基準に従ひ、官吏に関する事務を掌理すること。

五　予算を作成して国会に提出すること。

六　この憲法及び法律の規定を実施するために、政令を制定すること。但し、政令には、特にその法律の委任がある場合を除いては、罰則を設けることができない。

七　大赦、特赦、減刑、刑の執行の免除及び復権を決定すること。

第74条　法律及び政令には、すべて主任の国務大臣が署名し、内閣総理大臣が連署することを必要とする。

第75条　国務大臣は、その在任中、内閣総理大臣の同意がなければ、訴追されない。但し、これがため、訴追の権利は、害されない。

第6章　司　法

第76条　すべて司法権は、最高裁判所及び法律の定めるところにより設置する下級裁判所に属する。

②　特別裁判所は、これを設置することができない。行政機関は、終審として裁判を行ふことができない。

③　すべて裁判官は、その良心に従ひ独立してその職権を行ひ、この憲法及び法律にのみ拘束される。

第77条　最高裁判所は、訴訟に関する手続、弁護士、裁判所の内部規律及び司法事務処理に関する事項について、規則を定める権限を有する。

②　検察官は、最高裁判所の定める規則に従はなければならない。

③　最高裁判所は、下級裁判所に関する規則を定める権限を、下級裁判所に委任することができる。

第78条　裁判官は、裁判により、心身の故障のために職務を執ることができないと決定された場合を除いては、公の弾劾によらなければ罷免されない。裁判官の懲戒処分は、行政機関がこれを行ふことはできない。

第79条　最高裁判所は、その長たる裁判官及び法律の定める員数のその他の裁判官でこれを構成し、その長たる裁判官以外の裁判官は、内閣でこれを任命する。

②　最高裁判所の裁判官の任命は、その任命後初めて行はれる衆議院議員総選挙の際国民の審査に付し、その後十年を経過した後初めて行はれる衆議院議員総選挙の際更に審査に付し、その後も同様とする。

③　前項の場合において、投票者の多数が裁判官の罷免を可とするときは、その裁判官は、罷免される。

④　審査に関する事項は、法律でこれを定める。

⑤　最高裁判所の裁判官は、法律の定める年齢に達した時に退官する。

⑥　最高裁判所の裁判官は、すべて定期に相当額の報酬を受ける。この報酬は、在任中、これを減額することができない。

第80条　下級裁判所の裁判官は、最高裁判所の指名した者の名簿によつて、内閣でこれを任命する。その裁判官は、任期を十年とし、再任されることができる。但し、法律の定める年齢に達した時には退官する。

②　下級裁判所の裁判官は、すべて定期に相当額の報酬を受ける。この報酬は、在任中、これを減額することができない。

第81条　最高裁判所は、一切の法律、命令、規則又は処分が憲法に適合するかしないかを決定する権限を有する終審裁判所である。

第82条　裁判の対審及び判決は、公開法廷でこれを行ふ。

②　裁判所が、裁判官の全員一致で、公の秩序又は善良の風俗を害する虞があると決した場合には、対審は、公開しないでこれを行ふことができる。但し、政治犯罪、出版に関する犯罪又はこの憲法第三章で保障する国民の権利が問題となつてゐる事件の対審は、常にこれを公開しなければならない。

第7章　財　政

第83条　国の財政を処理する権限は、国会の議決に基いて、これを行使しなければならない。

第84条　あらたに租税を課し、又は現行の租税を変更するには、法律又は法律の定める条件によることを必要とする。

第85条　国費を支出し、又は国が債務を負担するには、国会の議決に基くことを必要とする。

第86条　内閣は、毎会計年度の予算を作成し、国会に提出して、その審議を受け議決を経なければならない。

第87条　予見し難い予算の不足に充てるため、国会の議決に基いて予備費を設け、内閣の責任でこれを支出することができる。

② すべて予備費の支出については、内閣は、事後に国会の承諾を得なければならない。

第88条 すべて皇室財産は、国に属する。すべて皇室の費用は、予算に計上して国会の議決を経なければならない。

第89条 公金その他の公の財産は、宗教上の組織若しくは団体の使用、便益若しくは維持のため、又は公の支配に属しない慈善、教育若しくは博愛の事業に対し、これを支出し、又はその利用に供してはならない。

第90条 国の収入支出の決算は、すべて毎年会計検査院がこれを検査し、内閣は、次の年度に、その検査報告とともに、これを国会に提出しなければならない。

② 会計検査院の組織及び権限は、法律でこれを定める。

第91条 内閣は、国会及び国民に対し、定期に、少くとも毎年一回、国の財政状況について報告しなければならない。

第8章 地方自治

第92条 地方公共団体の組織及び運営に関する事項は、地方自治の本旨に基いて、法律でこれを定める。

第93条 地方公共団体には、法律の定めるところにより、その議事機関として議会を設置する。

② 地方公共団体の長、その議会の議員及び法律の定めるその他の吏員は、その地方公共団体の住民が、直接これを選挙する。

第94条 地方公共団体は、その財産を管理し、事務を処理し、及び行政を執行する権能を有し、法律の範囲内で条例を制定することができる。

第95条 一の地方公共団体のみに適用される特別法は、法律の定めるところにより、その地方公共団体の住民の投票においてその過半数の同意を得なければ、国会は、これを制定することができない。

第9章 改　正

第96条 この憲法の改正は、各議院の総議員の三分の二以上の賛成で、国会が、これを発議し、国民に提案してその承認を経なければならない。この承認には、特別の国民投票又は国会の定める選挙の際行はれる投票において、その過半数の賛成を必要とする。

② 憲法改正について前項の承認を経たときは、天皇は、国民の名で、この憲法と一体を成すものとして、直ちにこれを公布する。

第10章 最高法規

第97条 この憲法が日本国民に保障する基本的人権は、人類の多年にわたる自由獲得の努力の成果であつて、これらの権利は、過去幾多の試錬に堪へ、現在及び将来の国民に対し、侵すことのできない永久の権利として信託されたものである。

第98条 この憲法は、国の最高法規であつて、その条規に反する法律、命令、詔勅及び国務に関するその他の行為の全部又は一部は、その効力を有しない。

② 日本国が締結した条約及び確立された国際法規は、これを誠実に遵守することを必要とする。

第99条 天皇又は摂政及び国務大臣、国会議員、裁判官その他の公務員は、この憲法を尊重し擁護する義務を負ふ。

第11章 補　則

第100条 この憲法は、公布の日から起算して六箇月を経過した日から、これを施行する。

② この憲法を施行するために必要な法律の制定、参議院議員の選挙及び国会召集の手続並びにこの憲法を施行するために必要な準備手続は、前項の期日よりも前に、これを行ふことができる。

第101条 この憲法施行の際、参議院がまだ成立してゐないときは、その成立するまでの間、衆議院は、国会としての権限を行ふ。

第102条 この憲法による第一期の参議院議員のうち、その半数の者の任期は、これを三年とする。その議員は、法律の定めるところにより、これを定める。

第103条 この憲法施行の際現に在職する国務大臣、衆議院議員及び裁判官並びにその他の公務員で、その地位に相応する地位がこの憲法で認められてゐる者は、法律で特別の定をした場合を除いては、この憲法施行のため、当然にはその地位を失ふことはない。但し、この憲法によつて、後任者が選挙又は任命されたときは、当然その地位を失ふ。

判例索引

最高裁判所

高等裁判所

地方裁判所

簡易裁判所

事項索引

事項索引

サ　行

タ　行

ナ　行

ハ　行

マ 行

ヤ 行

ラ 行

ワ 行

著者紹介

岩本一郎（いわもと　いちろう）

北星学園大学経済学部教授

『北海道と憲法』（法律文化社・2000年）〔共著〕
『世界の人権保障』（三省堂・2017年）〔共著〕
『教材憲法判例〔第5版〕』（北海道大学出版会・2020年）〔共著〕
『はじめての憲法学〔第4版〕』（三省堂・2021年）〔共著〕

絵で見てわかる人権【第3版】

2011年3月31日　第1版1刷発行
2023年3月31日　第3版1刷発行

著　者－岩 本 一 郎
発行者－森 口 恵美子
印刷所－シナノ印刷㈱
製本所－㈱グ リ ー ン
発行所－八千代出版株式会社
〒101-0061　東京都千代田区神田三崎町2-2-13
TEL03-3262-0420
FAX03-3237-0723
振替00190-4-168060
＊定価はカバーに表示してあります。
＊落丁・乱丁本はお取替えいたします。

ISBN 978-4-8429-1852-5